R. VALLERY-RADOT

# UN COIN
## DE
# BOURGOGNE

(LE PAYS D'AVALLON)

TROISIÈME ÉDITION

PARIS

PAUL OLLENDORFF, ÉDITEUR

28 bis, RUE DE RICHELIEU, 28 bis

1893

Tous droits réservés.

# UN COIN

DE

# BOURGOGNE

## DU MÊME AUTEUR

**Journal d'un Volontaire d'un an**, 14ᵉ édition. (Librairie Hetzel). 1 vol. in-18. . . . . . . . . . .   3 fr.

**L'Étudiant d'aujourd'hui**, 4ᵉ édition. (Librairie Hetzel). 1 vol. in-18 . . . . . . . . . . . . .   3 fr.

**Madame de Sévigné**, 2ᵉ édition. (Librairie Lecène et Oudin). 1 vol. in-18 . . . . . . . . . . . .   3 fr. 50

(*Ouvrages couronnés par l'Académie française*)

**M. Pasteur.** Histoire d'un savant par un ignorant, 11ᵉ édition. (Librairie Hetzel). 1 vol. in-18. . . .   3 fr. 50

R. VALLERY-RADOT

# UN COIN
## DE
# BOURGOGNE

(LE PAYS D'AVALLON)

TROISIÈME ÉDITION

PARIS

PAUL OLLENDORFF, ÉDITEUR

28 *bis*, RUE DE RICHELIEU, 28 *bis*

1893

Tous droits réservés.

# PRÉFACE

Un jour, après avoir voyagé en plein Morvan et admiré le lac des Settons, qui va se perdre, comme un fiord de Norwège, à travers des détours infinis, dans d'immenses solitudes, nous passions à Montsauche, célèbre à quelques lieues de là par son hôtel de ville et son musée. Un peu de scepticisme se mêlait à notre curiosité. De quelles collections imprévues pouvait bien être propriétaire ce musée cantonal? Il tient tout entier dans une chambre modeste de la maison commune, et on a bien vite fait le tour des vitrines. Mais l'idée maîtresse qui a dirigé l'organisation d'ensemble est originale. On a réuni dans ce petit espace tout ce qui pouvait intéresser les habitants du pays. Depuis une hache de bronze, qui remonte à des milliers d'années, jusqu'à des sabots et des manches de fouets, tous les objets, vieux ou nouveaux, trouvés ou fabriqués dans la région, sont rassemblés là. Au milieu de ces souvenirs apparaît un tableau d'honneur où sont inscrits les noms des habitants du canton qui sortirent de la foule, soit par une action d'éclat, soit par un trait de courage, soit par une preuve de dévouement. Dans une bibliothèque sont rangés des livres publiés sur la Bourgogne. Enfin, çà et là, se dressent des statuettes et des maquettes données par un enfant du pays, le sculpteur Gautherin. Ainsi se conserve dans cette salle étroite l'histoire industrielle, artistique et morale de ce canton; ainsi demeurent les pensées et les sentiments de ceux qui ont vécu sur ce coin de terre.

C'est après cette visite au musée de Montsauche et pendant un séjour près d'Avallon que nous est venue l'idée de faire ce petit livre. Essayer d'écrire une histoire de France vue à travers un arrondissement et quelques communes voisines, associer à tous les souvenirs nationaux un détail précis et local, s'arrêter à chaque étape devant une grande figure du temps et du pays, et grouper autour de cette physionomie les idées, les usages, les mœurs d'autrefois, n'y aurait-il pas là une tentative qui, pouvant être facilement généralisée pour beaucoup de coins de France, donnerait au public l'amour du sol provincial et la curiosité de tout ce qui s'y rattache?

R. VALLERY-RADOT.

Marrault (Yonne), 1892.

# UN COIN
# DE BOURGOGNE

## LES GROTTES D'ARCY-SUR-CURE

Stalactites et stalagmites. — Du grand Désert au Trou du Renard. — La grotte des Fées. — L'homme préhistorique.

Dans ce voyage à vues réduites autour d'un petit coin de terre, on peut commencer par se donner le luxe de remonter au delà des temps historiques. Il suffit de s'arrêter, entre Cravant et Avallon, à la station d'Arcy-sur-Cure. Après deux kilomètres de marche, on arrive vers les grottes célèbres dont les vieilles géographies enthousiastes faisaient une des merveilles du monde. Une montagne sans grande élévation, mais rendue imposante par les arbres dont elle est envahie, semble, par un mouvement tournant, vouloir étreindre la rivière de la Cure, lente et silencieuse à cet endroit. Le bord est couvert d'un gazon qui n'est guère foulé que le jour de la fête des grottes, au mois d'août, quand on vient de tous les environs déjeuner sur l'herbe et pénétrer à la file, avec des cris de joie et de peur, dans les salles éclairées pour la circonstance par des feux de Bengale. Mais le voyage solitaire, un jour d'été, cause dans ce grand silence une impression plus profonde. Derrière un bouquet d'arbres, — cachée comme si quelque magicien des *Mille et une Nuits* avait voulu la dissimuler, — s'arrondit une arcade cintrée. Une vieille porte de chêne, une porte de cave, fermée à double tour, défend l'ouverture de cette caverne mystérieuse. Comme elle est comprise dans la propriété du château voisin, le touriste fera bien d'écrire d'avance au régisseur du château. Ce personnage, important pour Arcy, demeure dans la commune et n'aime pas qu'on le dérange brusquement, au pied levé. Il s'appelle Eugène Trémeau. Une fois prévenu, il daigne aller lentement au-devant de vous. Il s'assure que vous avez deux bougies, une pour lui d'abord, une pour vous après, vous félicite si vous êtes vêtu d'un costume à l'épreuve de la boue et chaussé de souliers à double semelle, tire une clef de geôlier et vous fait pénétrer, tête baissée, dans le sombre caveau.

La brusque transition de la lumière du jour à une obscurité absolue vous empêche d'abord de distinguer quoi que ce soit. Eugène Trémeau, avec une voix de vieux sergent, qui prend dans le vaste silence des sonorités dominatrices, vous avertit que vous êtes dans la salle d'entrée, dans le vestibule, salle appelée autrefois « le Grand Désert ». Une énorme empreinte, creusée dans le sol, porte ce nom glorieux : l'empreinte du pied de Charlemagne. Puis arrive un passage étroit : il faut marcher courbé et s'avancer à tâtons. Peu à peu les regards commencent à s'habituer aux ténèbres. Nous voici dans une salle spacieuse, « la salle des Mille Colonnes ». Toutes ces formes étranges ressemblent aux congélations des fontaines ou des cascades en plein hiver. Mais combien de milliers d'années représentent ces grandes stalactites qui pendent des voûtes et ces larges stalagmites qui s'élèvent sur le sol, les unes et les autres formées par des gouttes d'eau qui, tombées une à une, ont laissé en s'évaporant une parcelle infiniment petite de carbonate de chaux qu'elles tenaient en dissolution? Ce travail des siècles continue. On entend de minute en minute ces gouttes qui tombent. Pas une lueur du jour ne perce ces cavernes, pas un bruit du dehors n'arrive jusque-là. Le long des parois sont inscrits des noms à l'infini, noms tracés jadis à l'aide de la fumée des torches ou des cordes goudronnées. L'évocation de tous ceux qui ont passé là et qui n'ont laissé d'autre trace que leur signature inscrite dans la nuit cause une impression lugubre. C'est quelque chose d'analogue à ce qu'on éprouve quand on se promène dans les ruines de Pompéï, comme si l'on survivait seul à un monde disparu. Encore, à Pompéï, la vue du soleil et l'horizon de la mer donnent-ils à ces souvenirs une teinte de poésie. Mais au fond de ces grottes, ainsi que pour le voyageur perdu dans les catacombes, « on ne voit que la nuit », on n'entend que le silence. Et l'on continue à travers les salles qui toutes ont été dénommées par quelque vieux caprice de l'imagination populaire. Après « la salle des Glaciers », voici « la chapelle de la Vierge », où l'on peut, avec beaucoup de bonne volonté, reconstituer une statue de femme portant un enfant dans ses bras. La « salle de la Boucherie » correspond plus exactement aux apparences de blocs de viande et de jambon que l'on croirait suspendus aux voûtes et comme attachés par des crocs invisibles. On descend, on monte, puis on redescend encore et on entre dans « la grande salle des Draperies ». Ainsi défilent, à travers tant d'images plus ou moins fantastiques, les noms les plus justes ou les plus inattendus, donnés par un groupe de visiteurs ou quelque passant fantaisiste. On pénètre sous une voûte élevée, on marche sur un sol uni. C'est « la salle de Danse », que l'on appelait au xviii$^e$ siècle « la salle du Bal ou de M. le Prince ». Pendant que le gardien promène sa bougie entre les cloisons fines et transparentes, de quelques stalactites qui, blanches comme l'albâtre, prennent subitement des teintes lumineuses et presque roses, on s'attend à voir entrer, tourner et disparaître des djinns, tout un monde imaginaire, léger et fuyant.

Les chauves-souris avaient transformé la pièce suivante en quartier général. Dans leur vol silencieux, elles passaient et repassaient au milieu de ces ténèbres comme des oiseaux de mort. Il n'en reste plus, mais on voit les traces de leur passage : ce sont des montagnes entières d'excréments solidifiés qui ressemblent à un gisement de guano du Pérou. On avance encore. Tout à coup une stalactite se dresse comme une croix dans ce lieu désolé. C'est « le Calvaire ». Puis « la chapelle de Sainte-Marguerite », où Jeanne d'Arc, d'après on ne sait quelle légende lointaine, serait venue prier, avant d'aller à Auxerre. Mais dans ce pays bourguignon les légendes ont peu de prise, et, dans cette même salle, le brave Eugène Trémeau vous arrache à cette douce vision de Jeanne d'Arc pour vous montrer, se détachant de la voûte, une stalactite énorme et grossière : « La Tête de Veau », vous dit-il avec emphase. Un passage où l'on glisse vous amène à « la salle des Éboulements ». Puis, comme toujours, ce sont des noms, ou simples comme « le Pain de Sucre », ou mystiques comme « le Cierge pascal », ou justes comme « les Vagues de la mer ». Il semble que l'on arrive à marée basse et que l'on enjambe des vagues de plus en plus formées. A l'horizon sombre s'ouvre le célèbre « Trou du Renard ». Il faut y passer en rampant à plat ventre. Le jeu n'en vaut pas la bougie. Deux salles s'ouvrent encore, deux salles où l'on retrouverait peut-être, en cherchant bien, le nom de Buffon, qui vint, en 1740 et en 1759, visiter ces grottes, se glisser dans ces défilés, et emporta, en souvenir, plus que sa part de stalactites. On est au bout. La longueur totale des grottes est de 876 mètres. On revient sur ses pas, on contourne « un Lavoir des Fées », on arrive au lac appelé jadis l'Étang. Le jour où l'on pourra y faire glisser une barque, dont le nom est tout trouvé, la barque de Caron, on aura l'illusion complète d'un sombre voyage aux enfers. Quand, après s'être promené une heure et demie dans ces couloirs, qui tour à tour s'élargissent et se rétrécissent, s'être plié en deux, avoir cherché un appui sur ces blocs glissants, on aperçoit enfin la faible lumière du jour qui passe à travers la fissure de la porte d'entrée, on éprouve la joie et la douceur de vivre.

Comme je demandais à mon guide, en éteignant les bougies sous le ciel bleu, s'il avait pu constater quelque accroissement dans toutes ces concrétions, depuis qu'elles sont sous sa garde, il me répondit qu'il avait fait une expérience assez curieuse. A un certain endroit, une stalactite, tombant du haut de la voûte, touche une stalagmite qui monte du sol : on pouvait faire passer autrefois, dans l'interstice à peine visible de ces deux blocs presque joints, une feuille de papier. Ce si faible interstice est aujourd'hui soudé : pour obtenir ce résultat imperceptible il a fallu vingt ans.

Si l'imagination s'enfonce dans les lointains des siècles écoulés, la réalité dépasse encore toutes les rêveries. Certaines découvertes faites à Arcy-sur-Cure ont été des plus curieuses. Il ne faut pas interroger sur ces souvenirs du passé le gardien de la grotte. La mise au jour, en 1829, d'un fragment de mâchoire d'hippopotame, trouvé sous la couche stalagmitique, le touche peu. Mais, malgré son léger dédain de l'archéologie, remontez le bord gazonné de la Cure et allez, deux cents mètres plus haut, jusqu'à l'endroit où s'ouvre une large grotte que l'on appelle la grotte des Fées. Là, de bien autres trouvailles ont été faites. Dans une notice publiée, en 1852, par les comptes rendus de l'Académie des sciences, M. Robineau-Desvoidy racontait avoir recueilli, dans cette grotte des Fées, qu'il nommait, pour la distinguer de l'autre, la caverne ossifère d'Arcy-sur-Cure, des fragments d'ossements. L'éléphant, le rhinocéros, le cheval, l'âne, le bœuf, le renne, le daim, le chevreuil, l'hyène et l'ours des cavernes, tels étaient les animaux qu'il avait déterminés avec soin. Un savant auxerrois, M. Monceaux, continua, en 1859, d'autres fouilles dans la même grotte. Il revint avec une provision considérable d'ossements pareils. A l'aide de nombreux fragments, il put reconstituer le squelette du grand ours que l'on peut admirer aujourd'hui encore, armé de sa mâchoire formidable, dans une grande vitrine du musée d'Auxerre. Cette même année 1859, et dans la même séance de la Société des sciences de l'Yonne, M. Monceaux lut une notice d'un géologue, le marquis de Vibraye, qui, après avoir fait, de son côté, des explorations dans la grotte, disait avoir trouvé une mâchoire inférieure d'homme. Pouvait-on, avec ce simple morceau de mâchoire humaine, dire en toute assurance : C'est de la même époque et du même gisement que le reste? M. Monceaux déclara que, malgré ses nombreuses recherches personnelles, il n'avait pas encore rencontré de débris humains dans cette grotte, et, sans nier la découverte de M. de Vibraye, il attendait, ajoutait-il, de plus amples renseignements pour être fixé sur la valeur de cette mâchoire. N'avait-elle pas pu, en effet, être mêlée, par quelque hasard, à ces débris d'animaux préhistoriques? Toutefois, deux membres de l'Académie des sciences, M. de Quatrefages et M. Hamy, ont assuré que cette mâchoire célèbre appartenait bien à un des types de la race humaine la plus reculée. Front bas, arcades sourcilières très saillantes, mâchoire en avant, tel était le signalement de cette race dont on retrouve les débris dans les bas niveaux quaternaires.

On appelle période quaternaire le commencement de la période géologique où nous vivons. A cette époque l'homme fut le contemporain d'animaux comme le mammouth, qui était un éléphant colossal aux longues défenses recourbées, l'ours déjà nommé, le rhinocéros, dont les narines étaient séparées par une cloison osseuse, le grand félin des cavernes, qui ressemblait à la fois à un lion et à un tigre, le cerf, appelé dans les catalogues de musées le grand cerf d'Irlande, dont la ramure atteignait un développement fantastique, le renne, qui, lui, n'est pas rayé de la liste des animaux vivants, mais qui s'avance de plus en plus vers le Nord comme s'il fuyait devant la civilisation.

Celui qui devait être le roi de la terre commença par habiter modestement des cavernes semblables à cette grotte des Fées. Vêtu d'une peau de bête, il n'avait pour se défendre que des silex taillés à grands éclats et à peine appointés. Les animaux féroces, partout répandus, lui disputaient sa part de territoire. C'était la lutte pour la vie dans la grande et terrible acception du mot. Peu à peu, chasseurs ou chassés, les hommes se réunirent. Ils s'appelaient à l'aide de sifflets pratiqués dans des cornes de renne ou de cerf. Avaient-ils une hiérarchie? On peut le croire en voyant des instruments, fabriqués aussi avec des bois de cerf ou de renne. Ce ne sont ni des armes ni des outils : on les appelle des bâtons de commandement; ils sont à peu près semblables à ceux que portent encore aujourd'hui des chefs indiens. Des dessins, des profils d'animaux, comme ceux que les enfants s'amusent à crayonner, ornent ces bâtons. L'homme des cavernes se parait souvent d'un collier de dents arrachées aux cerfs qu'il avait tués. Un archéologue, M. Rivière, a trouvé, il y a vingt ans, au milieu des grottes de Menton, un squelette qui portait un collier de ce genre. Aujourd'hui encore la canine du cerf est recherchée dans certains pays comme un objet rare. Aux chasses de la cour d'Autriche, l'empereur François-Joseph l'offre, après la curée, au plus marquant de ses invités qui la fait monter en or et la porte comme un objet précieux.

Premiers essais de société, premières notions d'art, premiers soucis de parure, notre siècle a reconstitué ces chapitres primitifs de l'humanité en fouillant les profondeurs des cavernes. Et, pendant que ces souvenirs remontent à la mémoire avec leur cortège de quelques remarques précises et d'hypothèses infinies, on entend dans la solitude siffler et passer triomphalement le train d'Avallon à la sortie d'un tunnel. Ce panache de vapeur est comme un point d'exclamation placé au bout de la phrase qui commence à l'âge de pierre.

# DRUIDES, GAULOIS ET MOINES

Vue d'Avallon. — Évocation des Druides. — Vercingétorix et César. — Temples et Villas. — Triomphe du christianisme. — Monastère de la Pierre-qui-Vire.

Lorsque, après avoir quitté Arcy-sur-Cure pour entrer dans le Morvan, on aperçoit, entre les deux stations de Sermizelles et de Vassy, la ville d'Avallon, il semble qu'elle soit en pays plat. Le vieux beffroi, appelé la Tour de l'Horloge, et l'église Saint-Lazare, qui seuls se détachent au loin, paraissent ne faire qu'un seul et même monument. Rien n'annonce que l'on arrive à une des plus jolies, une des plus coquettes, une des plus pittoresques villes de France, selon les épithètes admiratives que n'ont cessé de prodiguer, soit, en témoignage d'impression immédiate, les touristes qui ont traversé cette petite ville, soit, dans un sentiment de reconnaissance, les capitaines retraités qui viennent y finir leurs jours. Aussi, à distance, et même sur le quai de la gare, le voyageur peu curieux et pressé est-il tenté de mettre sur le compte de la rhétorique provinciale les descriptions trop louangeuses qu'il a pu lire. A la descente du train, cette manière de voir ne subit pas grand changement. L'avenue de la gare ressemble aux avenues de toutes les gares. Rangée de platanes, installation de cafés, rien ne manque à la perspective habituelle.

Mais, après avoir longé la promenade des Capucins et ses vieux arbres, traversez la place du Grand-Cours, où se dresse la statue de Vauban sur son socle de granit; prenez à gauche la Grande-Rue, la rue commerçante et pourtant si paisible; dirigez-vous immédiatement vers la Tour de l'Horloge, passez sous ce beffroi aux étages percés de croisées en pierre; arrêtez-vous un instant devant le portail mutilé de l'église Saint-Lazare; jetez un coup d'œil sur cette architecture fleurie du XII° siècle avec ses colonnettes, l'une torse, l'autre travaillée avec un art si souple que l'on dirait un paquet de cordes s'élevant en spirale; passez devant les maisons silencieusement recueillies à l'ombre de la vieille église et, une fois que vous serez arrivé à l'extrémité de la ville, sur une promenade publique où il n'y a jamais personne, regardez.

De cette large terrasse, plantée de tilleuls, bâtie

presque à pic et dressée en amphithéâtre, la vue s'étend sur un vaste horizon boisé. Au bas verdoie la vallée du Cousin et passe la rivière avec ses cascatelles qui jettent çà et là des éclairs et des franges d'argent sur les eaux sombres. De tous côtés, les bois montent à l'assaut des pentes et des rochers, bois touffus, bois sévères. C'est bien là le commencement du Morvan, nom formé de deux mots celtiques dont le sens veut dire : Montagne noire. C'est ainsi qu'il y a en Écosse — dont tant de paysages sont comme l'agrandissement majestueux des paysages avallonnais — une montagne appelée le Morven.

Jadis les druides vivaient à l'ombre de ces forêts. A la moindre réminiscence de vieilles pages sur ce qu'était la Gaule il y a plus de deux mille ans, la vision de ces grands prêtres avec leur robe blanche et leur serpe d'or, — la serpe qui, au renouvellement de l'année, servait à cueillir le gui de chêne, — se lève devant l'esprit. Voulez-vous passer la journée à vous enfoncer dans ces souvenirs? Prenez un des sentiers qui courent à travers les cent mètres de rochers servant d'appui à la terrasse. Au bas, sur la route de Lormes, des jardins gravissent les pentes de la ville, disputant la place aux rochers, tandis que sur un point des ceps de vigne grimpent en bataillons serrés vers les anciens remparts. Çà et là, une vieille tour coiffée en éteignoir ou une tourelle en saillie donnent à

Avallon, bâti sur sa montagne de granit, un reste de physionomie guerrière. Les maisons des faubourgs du Cousin semblent, à la suite de quelque éboulement, avoir glissé des hauteurs de la ville jusque dans la vallée. Partout ce ne sont que des tanneries dont la forte et saine odeur pénètre les rues sinueuses.

A quelques pas des habitations, la campagne s'ouvre. Que vous vous engagiez dans le chemin des Iles-la-Baume, îles qui seraient célèbres si elles étaient au fond de la Suisse, ou que vous vous enfonciez, du côté opposé, dans le chemin qui passe près du pont qui porte le joli nom de Pont-Claireau, votre vue sera cernée par d'admirables rochers. Il y en a de toutes parts et de toutes les formes : les uns plantés verticalement comme des menhirs ; d'autres posés comme de larges pierres, ainsi que sont les dolmens. Parfois, surtout au milieu des Iles-la-Baume, quelques quartiers de roches ont roulé jusqu'au fond de la rivière, à faire croire que, dans les commencements du monde, des géants, debout et en face les uns des autres, se sont battus sur ces bords à coups de pierres énormes. Ce n'est là qu'un caprice d'imagination, mais on peut se laisser aller à des rêveries moins vagues sur l'âme primitive de ceux qui, disséminés dans le pays, habitaient des huttes à peu près semblables à celles qui servent encore d'abri aux bûcherons. Les druides, dans leurs sanctuaires de chênes, exerçaient leur puissance religieuse. La forêt était leur temple. A certains jours, ils se réunissaient de tous les points de la Gaule pour élire leur chef suprême. Une hiérarchie savante donnait au druidisme une véritable organisation.

Au premier degré, les druides proprement dits : ils étaient à la fois ministres religieux, conseillers politiques, juges, et surtout philosophes entourés de disciples, qui étaient les fils des grands de la nation. Puis venaient les eubages, c'est-à-dire ceux qui passaient pour connaître les secrets de la nature. L'éducation du peuple leur était confiée. Enfin arrivaient les bardes, qui chantaient les héros morts ou vivants. Les vivants avaient leur part de gloire comme celle des morts dont les Gaulois voyaient partout l'intervention. Mais plus grand encore que ce souvenir était l'enthousiasme pour le chef qui était là, que l'on pouvait entendre et suivre. Aussi, les jours d'un grand homme ou d'un homme en qui le peuple avait mis sa confiance étaient-ils si précieux que les druides allaient jusqu'à faire des sacrifices humains pour obtenir du ciel, par l'holocauste d'existences honorées, mais secondaires, la protection d'une existence utile. Prêtres et justiciers, ils immolaient les coupables. Un double sentiment de mysticisme et d'expiation s'étendait ainsi sur les œuvres de sang. C'était si bien cette pensée qui dirigeait leurs bras homicides que, sauf pour le rachat de telle ou telle vie humaine et la punition des criminels, ils apparaissaient dans leur sérénité comme les représentants de l'étude et de la paix. Ils ne prenaient point part aux combats. Étaient-ils eux-mêmes attaqués? Ils offraient leur vie en levant leurs bras vers le ciel, comme des martyrs, mais en proférant des anathèmes contre leurs ennemis. De quelles imprécations les vrais druides, ceux qui étaient pénétrés de leur mission, durent-ils charger la mémoire de César qui, à quelques lieues de la place où nous sommes, au bas du plateau d'Alise-Sainte-Reine, fit tomber l'indépendance de la Gaule!

# I

Dans ce grand silence des bois remplis, au printemps, de genêts d'or, en été, de grandes digitales pourprées, en automne, de bruyères qui s'étalent en touffes violettes, dans cette solitude profonde, une évocation non plus des groupes de prêtres, mais une simple et héroïque figure vous accompagne. C'est Vercingétorix. Sa statue, sur le Mont-Auxois, qui est à quelques lieues de là, domine la plaine des Laumes, où des milliers et des milliers d'hommes ont péri. Le récit de cette lutte contre

César tient en quelques lignes dans les abrégés d'histoire. Mais, par une des journées comme celles que je vous souhaite, qui sont une halte dans la vie, journée de touriste ou d'écolier en vacances, le grand et puissant souvenir de notre première union nationale s'élève dans la mémoire avec tous les détails classiques, subitement rajeunis par ce voisinage. Plans de batailles, chocs d'armées, actes d'héroïsme, tout revit en un instant.

César semblait être le maître de la Gaule lorsque le chef d'un clan d'Auvergne entreprit la résistance à l'armée romaine. Il commença par unir, dans une même pensée et pour ce suprême espoir, les peuplades de la Gaule qui s'épuisaient en luttes intestines. Guerre contre l'ennemi commun ! Ce fut le texte de ses discours d'un patriotisme féroce, suivant l'épithète d'un historien latin. Les foules l'acclamaient et le suivaient. Mais ce conquérant par la parole obtint de ses compatriotes quelque chose de plus difficile encore que leur réconciliation et que leur enthousiasme : il les disciplina. Il changea non leur courage, mais la forme impétueuse et inutile de ce courage. Au moment d'un combat, les Gaulois, moitié bravoure, moitié fanfaronnade, se précipitaient contre l'ennemi, tête haute et poitrine découverte. Pour peu que l'ennemi fût calme, solidement armé, appuyé par des réserves, cette fougue se brisait et s'émiettait. Vercingétorix réprima ce besoin de témérité qui avait été plus d'une fois puni par la défaite. Au lieu de l'attaque immédiate et qui avait pour tactique l'élan seul du premier choc, il apprit à ses troupes les ressources de la défensive. Puis, comprenant qu'il fallait que le pays tout entier se résolût aux derniers sacrifices, et que là où les Romains s'avanceraient il n'y eût plus que des ruines, que tout leur échappât, les vivres, les abris et les hommes, il incendia les bourgades.

Seule, la ville de Bourges, jurant de se défendre, obtint, par ses supplications, de rester debout. Vercingétorix se laissa toucher. Il était humain, — c'est ce qui ajoute à sa gloire, — mais cette miséricorde permit à César de prendre la ville, de s'y installer en vainqueur et de continuer la guerre. Le centre de l'insurrection était en Auvergne. César commença le siège de Gergovie, à huit kilomètres de Clermont-Ferrand. Il tenta l'assaut. Au moment où les soldats romains étaient sur le point d'atteindre les remparts, la cavalerie gauloise, conduite par Vercingétorix, se précipita et déborda toutes les légions romaines. César fut vaincu. La défaite retentit jusque sur les bords de la Loire. Les bagages, le trésor de l'armée romaine, tout ce que César avait laissé à Nevers, dont il avait fait un centre d'approvisionnements, tomba entre les mains des Gaulois. Vercingétorix n'avait qu'à continuer la campagne en faisant une guerre d'arrière-garde et d'embuscades. Ne pas risquer le tout pour le tout dans une bataille rangée, mais couper les communications, tomber sur les colonnes en marche, surprendre les convois, ce plan a souvent réussi aux peuples envahis pour rejeter l'ennemi hors du territoire. Lorsque César battit en retraite et se dirigea vers Besançon, qui était une place d'armes des plus importantes pour l'armée romaine, Vercingétorix passa par Dijon, Thil-Châtel et, plaçant trois camps sur des hauteurs, intercepta les trois routes qui pouvaient conduire César vers la Saône par Gray, Pontailler ou Chalon.

« Il faut, disait Vercingétorix aux chefs de sa cavalerie, aux grands chefs qui représentaient les États de toute la Gaule, il faut attaquer les Romains dans l'embarras de leur marche. » Mais il avait peine à retenir l'impétuosité des Gaulois ivres de leurs succès précédents. Les cavaliers jurèrent de ne rentrer dans leurs foyers, de ne revoir ni leurs femmes, ni leurs parents, ni leurs enfants avant d'avoir deux fois traversé les rangs ennemis.

Vercingétorix avait partagé sa cavalerie en trois corps après en avoir laissé toutefois une partie sur une hauteur (la butte de Montseaujon), puis il avait placé toute son infanterie le long d'une petite rivière qui s'appelle la Vingeanne. Les troupes romaines marchaient en colonne de route. Séparées par leurs bagages, les légions se suivaient à une grande distance l'une de l'autre. Dès que l'avant-garde parut, un des corps de la cavalerie gauloise lui barra le chemin. Les deux autres se préparèrent à attaquer l'armée romaine sur les flancs.

La colonne romaine s'arrête et prend ses dispositions de combat. César donne des ordres, divise lui aussi sa cavalerie en trois corps. Le combat commence sur tous les points à la fois, tandis que les Germains, qui constituaient la cavalerie de César, gagnent la butte de Montseaujon, en chassent les Gaulois et les repoussent jusqu'à la rivière de la Vingeanne. A la vue de cette déroute, la cavalerie gauloise prise de panique s'enfuit. Vercingétorix dut battre en retraite avec toute l'armée gauloise.

Le surlendemain, les vaincus arrivaient à Alésia, aujourd'hui Alise-Sainte-Reine. Vercingétorix avait depuis longtemps réservé cette ville, située sur le Mont-Auxois, comme un refuge en cas de défaite. C'était l'endroit le mieux choisi pour se défendre en attendant des renforts. César ne pouvait songer à emporter de haute lutte le plateau du Mont-Auxois que des rochers à pic rendaient inaccessible. Il résolut d'investir Alésia.

L'armée gauloise, placée hors des murailles de la ville, campait sur un versant de la montagne et était protégée sur son front par un large fossé et un mur en pierres sèches. César commença par établir ses camps autour du Mont-Auxois et vingt-trois redoutes gardées par des petits postes reliés entre eux. Les premiers jours, il y eut dans la grande plaine des Laumes, qui s'étend au bas du Mont-Auxois, un engagement de cavalerie. Les Gaulois furent vaincus et le camp de Vercingétorix faillit être forcé. Alors, sentant qu'Alésia serait perdue si César parvenait à achever la ligne d'investissement, Vercingétorix mit tout son espoir dans l'arrivée d'une armée de secours. Il réunit ses cavaliers, leur ordonna de partir pendant une nuit et les conjura, une fois qu'ils se seraient dispersés, de se répandre sur tout le territoire de la Gaule et d'appeler aux armes, pour venir secourir Alésia, tous les hommes en âge de combattre. La cavalerie s'échappa à la tombée de la nuit et Vercingétorix fit rentrer ses troupes derrière les murs d'Alésia.

César, prévoyant qu'il pourrait avoir à lutter à la fois contre l'armée de Vercingétorix et contre une armée venant de la Gaule, fit élever dans la plaine des Laumes des retranchements qui le garantissaient de ce double danger. Les assiégés avaient pour trente jours de vivres. Des semaines d'attente et d'angoisses se passèrent avant que l'armée de secours se montrât. Elle parut enfin sur les hauteurs qui s'élèvent à l'ouest du Mont-Auxois.

Le lendemain, les cavaliers descendaient dans la plaine des Laumes. Des cris de joie s'élevèrent de la ville assiégée. C'était le salut, c'était la délivrance! Les soldats de Vercingétorix étaient impatients de sortir. César disposa son armée sur les deux lignes opposées de retranchements. Ordre fut donné à la cavalerie d'engager le combat. Pendant quelque temps les Gaulois parurent avoir l'avantage. Alors une clameur immense, qui s'éleva de l'armée assiégée et de l'armée de secours, encouragea dans tous les rangs des Gaulois l'espoir de l'indépendance. Le combat dura depuis midi jusqu'au coucher du soleil. La victoire semblait indécise, lorsque les Germains, à la solde de César, se précipitèrent en escadrons serrés, chargèrent les Gaulois et les culbutèrent. Les assiégés revinrent s'enfermer dans la ville.

Que sert de raconter maintenant les vains efforts pour rompre le cercle de l'armée romaine, le combat de nuit où l'armée de secours des Gaulois fut de nouveau repoussée, puis la suprême et décisive épreuve où les Gaulois réunis se jetèrent sur toutes les lignes et où César lui-même, vêtu de pourpre, descendit dans la plaine, encouragea ses soldats, les entraîna et, par un mouvement tournant qu'il ordonna à la cavalerie, fit prendre les Gaulois à revers et les écrasa? Ce fut un sauve-qui-peut. Ce fut la déroute. La nuit tomba sur ce grand destin qui s'achevait.

Vercingétorix, qui n'avait pu trouver la mort, résolut de faire à son pays un dernier sacrifice et de s'offrir en victime à César. Couvert de ses armes, monté sur son plus beau cheval, il descondit au galop les pentes d'Alésia. César, sachant que Vercingétorix devait venir en vaincu, était assis sur un siège de juge et, entouré d'officiers, il attendait. Après avoir tourné en cercle autour de ce tribunal, Vercingétorix jeta silencieusement aux pieds de César son épée, son javelot et sa lance. Peu touché de ce dernier trait d'héroïsme, le proconsul ordonna aux licteurs de saisir Vercingétorix. On le conduisit à Rome; on l'enferma dans un souterrain glacial, la prison Mamertine. Il y resta six ans. Ne fallait-il pas qu'il servît, comme un otage, au triomphe de César? Enfin, sur l'ordre dédaigneux de César, Vercingétorix fut tué par un esclave.

## II

Cela se passait 52 ans avant Jésus-Christ. Maîtres du pays, les Romains firent d'Avallon une station militaire. Un camp s'éleva presque en face de la ville, sur l'autre rive du Cousin. On a abusé des camps de César : on en a mis partout. Mais on peut en reconstituer un, sans supercherie, sur le plateau des Alleux, protégé de trois côtés par des rochers abrupts. Le camp, c'était encore l'état de siège, la mainmise brutale. Or la pensée des Romains allait bien au-delà de ce premier acte : ils cherchaient à s'assimiler les vaincus. Pas de persécution ouverte contre le culte établi, tel fut le premier principe de leur politique. Aussi nulle violence ne fut-elle exercée contre le druidisme. Les gouverneurs se bornèrent à empêcher l'élection d'un druide suprême et à interdire les sacrifices humains, qui se faisaient près des chênes sacrés.

Mais, comme c'était empêcher, d'une part, la hiérarchie et les rendez-vous de peuple qu'elle pouvait provoquer, et, d'autre part, couper court à la terreur mystique exercée par les sacrifices, le culte se trouvait être frappé, sans tapage et sans scandale, dans ses deux grandes manifestations. Qu'importaient dès lors aux Romains les croyances druidiques, réduites à elles-mêmes, la persuasion des Gaulois à l'immortalité de l'âme, et, derrière leur dieu suprême, plus ou moins vague, une série de petits dieux qui étaient comme les intermédiaires entre l'humanité et ce dieu trop éloigné, trop inaccessible? N'y avait-il pas, d'ailleurs, dans ce polythéisme, une ressemblance entre la religion gauloise et la religion romaine, et les vainqueurs ne pouvaient-ils espérer que ces dieux gaulois ne tarderaient pas un jour à se confondre avec les dieux de Rome?

En attendant la réconciliation des deux cultes, les intérêts matériels des vainqueurs et des vaincus ne tardèrent pas à se mêler. César s'efforça de rendre la soumission facile, presque tentante. La prospérité de la Gaule commença très peu de temps après la défaite : « Voyez cette Gaule, disait le Romain Marc-Antoine, elle est aujourd'hui cultivée comme l'Italie. Des communications nombreuses et sûres sont ouvertes d'une frontière à l'autre. »

Mais ce fut surtout le gendre d'Auguste (successeur de César), ce fut Agrippa qui fit exécuter les immenses travaux de communication dont les vestiges existent encore. Quatre grandes routes partaient de Lyon. Une des plus importantes était celle qui allait de Lyon à Boulogne-sur-Mer en passant par Autun. Le département de l'Yonne en conserve plus d'une trace. Formée souvent d'un blocage de pierres et de cailloux de grosseur inégale, souvent aussi de matériaux et de scories trouvés sur place, cette route, dont la largeur variait de $2^m,50$ à $5^m,50$, passe non loin de la commune de Magny, au hameau d'Etrée; puis à Avallon, à Arcy-sur-Cure et à Auxerre, d'où elle se dirige vers Troyes, Reims, Amiens, pour aboutir enfin à Boulogne-sur-Mer. Après l'établissement de ces grandes routes, et comme un témoignage plus durable de conquête, des écoles furent bâties, des temples s'élevèrent.

A très peu de distance d'Avallon, sur la montagne appelée le Montmarte, on a retrouvé, en 1822, les ruines d'un temple dédié, selon les uns, à Jupiter, selon les autres à Mercure, selon d'autres enfin, et le nom même de cette montagne semble bien leur donner raison, au dieu Mars. Les dieux de Rome avaient fini par triompher. Ainsi peu à peu, sans violence, par le fait seul de la possession romaine, la Gaule sociale, politique et religieuse était transformée.

Peu à peu également, une classe nouvelle, la classe moyenne, s'était faite et s'enrichissait. Souvent, tout autour d'Avallon, dans le hasard des coups de pioche, on rencontre des tuiles à rebords et des poteries romaines. C'est l'indication de demeures gallo-romaines qui étaient disséminées dans notre pays. Parfois même des restes entiers de maisons surgissent dans les fouilles. Il est une sorte de villa que l'on découvrit ainsi, non loin de Quarré-les-Tombes, à Auxon. Le propriétaire du sol se servit malheureusement des morceaux de mosaïques pour empierrer le chemin. A quelques kilomètres de là, on mit au jour, en 1837, les ruines d'une autre maison, au milieu d'un bois, près de Saint-Germain-des-Champs. Une salle de bains était pavée d'une large mosaïque. Ce fut au château de Chastellux que fut transportée cette mosaïque ornée de dessins qui représentaient des vases et des animaux fantaisistes. De tels débris permettaient de reconstituer la vie facile et heureuse d'un Gallo-Romain.

Rien ne semblait devoir troubler cette paix et cette prospérité lorsque passa sur la terre une doctrine nouvelle qui disait aux vaincus, aux opprimés, aux humiliés de la vie : « Heureux ceux qui pleurent ! Heureux ceux qui souffrent » ! L'esclave, que la civilisation romaine traitait avec un grand mépris, était regardé par cette religion comme une créature immortelle, pouvant s'élever par ses propres mérites jusqu'à obtenir la récompense d'un Dieu. Alors, dans l'âme de ces Gaulois où l'influence du druidisme avait laissé — comme une étincelle prête à tout allumer — la préoccupation des choses divines et mystérieuses, un enthousiasme se manifesta pour la doctrine du Christ. Persécutés d'abord, les chrétiens, devenus maîtres, brisèrent tous les dieux du paganisme. Des évêques, comme saint Martin de Tours, accompagnés de leurs religieux, ainsi qu'un chef est suivi de soldats, parcouraient la Gaule, abattaient les chênes sacrés et les temples romains.

On prétend qu'en 375 saint Martin vint à Avallon, qu'il y renversa un temple d'Apollon pour le remplacer par une chapelle, à la place même où s'élève aujourd'hui l'église Saint-Martin. S'il en fut ainsi, saint Martin dut aller dans la même journée jusqu'au Montmarte. Les mutilations que portent les statues retrouvées sur ces hauteurs indiquent la hâte et la joie de détruire. Parmi les médailles que l'on déterra, la plus ancienne représentait Trajan, qui fut empereur romain cent ans après Jésus-Christ, et la plus moderne représentait l'empereur Valentinien, qui mourut en 375.

On peut, à l'aide de ces deux dates, placer l'édification et la ruine du temple.

Trente ans après cette dernière date, l'invasion des barbares se précipita comme une inondation sur la Gaule. Son unité fut détruite, puis elle faillit devenir la proie d'Attila. Les Francs, qui étaient une des fractions des peuples barbares et avaient contribué à chasser du sol Attila et ses Huns, proclamèrent roi leur chef Clovis. Il résolut d'être maître de la Gaule, réussit, battit les dernières armées romaines et la Gaule s'appela désormais le royaume des Francs. Le christianisme, dans sa pureté primitive, s'efforça d'adoucir les vainqueurs. La guerre était partout. Pour échapper au monde, à ses haines et à ses luttes, on fuyait aux déserts. Ainsi furent fondés les premiers monastères.

### III

Après cette promenade sur les bords du Cousin, où se lèvent devant la mémoire tant de faits qui contribuent à expliquer un des très petits paragraphes de l'histoire de la civilisation en France, on peut, le lendemain, à l'aide d'une carriole ou avec des jambes de vingt ans, si l'on ne recule pas devant une longue étape de troupiers, se donner le spectacle de ce qu'était un monastère dans les premiers temps du christianisme.

Le mieux est de passer d'abord par Quarré-les-Tombes, chef-lieu de canton, célèbre par les cercueils de pierre qui sont rangés autour de l'église. Que de discussions ont été provoquées par l'examen de ces cercueils! Comme il n'y avait pas d'inscription sur les pierres massives formant couvercle et qu'on ne trouvait aucun ossement dans ces tombeaux conservés à fleur de terre, toutes les hypothèses avaient le champ libre. Ce qui paraît le plus vraisemblable, c'est qu'à une époque extrêmement lointaine il y avait à Quarré une entreprise de pompes funèbres. Ce commerce s'étendant au loin, on gardait en réserve un dépôt de ces lourdes tombes. Celles qui ont été inutilisées par la mort ont servi à la construction de l'église et à l'entretien des maisons. Parfois un large cercueil transformé est devenu un banc où viennent s'asseoir les vieux, une marche d'escalier où jouent les enfants.

Au delà de Saint-Léger-Vauban, sur un plateau triste et gris, s'étalent çà et là des rochers couverts de genêts. Partout, de quelque côté que l'on regarde, on aperçoit sur les collines des bois serrés, des bois immenses, qui donnent une impression de tristesse et de solitude. Une route s'ouvre au milieu de chênes, de houx et de fougères. Après bien des heurts, causés par le mauvais état du chemin raviné, apparaît brusquement la Pierre-qui-Vire, la célèbre pierre, vieux dolmen, énorme rocher plat reposant sur d'autres rochers qui lui servent de piédestal. On a cru longtemps que c'était un autel où les druides accomplissaient leurs sacrifices. Ceux dont l'imagination est nourrie de vieilles légendes vous montrent encore avec complaisance des rigoles creusées le long du granit et qui semblent être le passage réservé au sang des victimes. Mais tous les archéologues sont d'accord aujourd'hui pour écarter ces destinations fantastiques. Anciennes sépultures ou pierres de souvenir qui rappelaient soit un grand homme, soit un événement mémorable, voilà ce que signifiaient les pierres appelées pierres druidiques. Une statue colossale de la Vierge, placée sur la Pierre-qui-Vire, domine cette masse imposante.

C'est à cet endroit même qu'il y a une quarantaine d'années un curé d'Avallon, l'abbé Muard, après avoir fait à la Trappe un séjour qui lui donna un immense désir de silence et de recueillement, s'arrêta, suivi de quatre disciples. L'endroit était inculte, l'isolement était complet. Dans ce désert, l'abbé Muard songea à reconstituer une colonie monastique vivant sous la règle de saint Benoît. Le travail manuel, le défrichement des terres, la mise en culture des forêts, étaient au nombre des obligations que saint Benoît, ce fondateur de la paix, comme il fut appelé, imposait aux moines en plein vi⁰ siècle. Disciplinés ainsi, les moines rendirent dans ce temps-là des services semblables à ceux que rendent aujourd'hui les écoles d'agriculture. Ils transcrivaient en outre et conservaient des manuscrits. Les lettres et les sciences étaient entre leurs mains.

Ce n'était plus de manuscrits qu'il s'agissait quand l'abbé Muard disait à ses disciples : « C'est ici qu'il faut planter notre tente. » Seule, et avant tout projet de prédication, la mise en culture de ce coin sauvage encombré de rochers et de broussailles le tentait. Le domaine ressemblait peu à un terrain d'avenir : il appartenait au marquis de Chastellux, qui l'offrit généreusement.

Une cabane, recouverte de chaume, fut construite à la hâte. Un des compagnons faisait l'office de menuisier. Le soir, son établi était transformé en couchette destinée à l'abbé Muard, qui était devenu pour ses disciples le Père Muard. Trois autres moines dormaient sur des planches comme les soldats dorment à la salle de police. Restait au quatrième une caisse remplie de paille. Tout en préparant leurs premiers essais de culture, ils se nourrissaient de quelques légumes qu'on leur apportait de Saint-Léger et buvaient l'eau d'une source voisine. De charpentiers et de menuisiers qu'ils étaient, ils voulurent s'improviser architectes. Dès qu'un moine remue un moellon, il rêve immédiatement de cathédrale et d'immense monastère. Ce qui reste à la Pierre-qui-Vire témoigne de ces pensées démesurées. **Les grands bâtiments aux teintes grises, le granit prodigué comme pour résister aux siècles à venir, tout s'organisa d'année en année dans des proportions pleines d'anachronisme.**

Après avoir parcouru ces grands espaces depuis de longues heures, vous pouvez vous croire un de ces voyageurs du temps jadis que la règle de saint Benoît prescrivait aux moines de recevoir. Mais, avant de sonner à la porte d'entrée, pénétrez à gauche, dans le parloir extérieur. Là courent le long des murs quelques inscriptions qui résument les pensées tour à tour consolantes ou menaçantes qui sont le fond du christianisme : « S'il est doux de vivre ici, il est doux d'y mourir... Un jour les louanges du monde vous affligeront. Un jour le mépris du monde vous réjouira... Il n'y a point de paix pour les pécheurs. »

Dans le monastère, tout est à peu près vide. Les cellules sont désertes. Dans le jardin, la nature a presque repris possession du vaste potager qui était le luxe du monastère, parce qu'il était un beau tour de force accompli sur les rochers et sur les ronces. A l'écart, sous des sapins, une vingtaine de croix indiquent le cimetière où reposent les premiers bénédictins enterrés sans cercueil, dans leur robe de bure noire. Le plan de la chapelle a quelque ressemblance avec la vieille église peu éloignée de

Montréal, mais il lui ressemble comme une copie massive peut ressembler au modèle exquis du xiie siècle, dont Viollet-le-Duc s'était épris, qu'il répara avec joie et qu'il a si souvent signalé dans son *Dictionnaire d'architecture*.

Ce qu'on peut admirer à la Pierre-qui-Vire, c'est ce qui est en dehors du monastère : le Chemin de croix établi sur le bord du Trinquelin. Reprenez, en dehors du couvent, la route qui mène au rond-point de la Pierre-qui-Vire. Une fois là, descendez un sentier rocailleux qui passe à travers les bruyères, les bouleaux et les chênes. Allez jusqu'au bas, près de l'eau que l'on entend, dans ce grand silence, courir et bouillonner. Une barrière est placée à quelques pas. Il suffit de la pousser. Des plaques de bronze, encastrées dans des quartiers de rochers et surmontées de croix de granit, indiquent les étapes de la Passion, au milieu d'un chaos de rocs qui surplombent. De temps en temps, un renfoncement de verdure, un bouquet d'arbres forment comme une halte. Puis, de stations en stations qui montent, le calvaire continue.

Dans cette solitude, qui n'est troublée que par le bruit de la cloche du monastère et le murmure doux et profond du torrent, se déroule le martyre du Christ. Et ce décor si simple, cette reconstitution monacale, si étrange pour notre temps, vous donnent la vision de ce que dut être l'existence des premiers religieux qui inaugurèrent, il y a plus de treize siècles, la vie monastique en Bourgogne. Ce sont eux qui, dans des centres agricoles pareils, abattirent les forêts dont l'étendue formait jadis toutes les campagnes de l'Auxois, si fertiles aujourd'hui.

# VÉZELAY

Aspect de la basilique. — Comment fut fondé le premier monastère. — Girart de Roussillon. — Pouvoir de l'abbaye. Saint Bernard et la seconde croisade. — Luttes de l'abbaye et de la commune de Vézelay. — Passé détruit. — Reconstitution. — Mérimée et Viollet-le-Duc. — La basilique. — Autrefois et aujourd'hui.

Un écrivain, qui a parcouru la Bourgogne, il y a une vingtaine d'années, M. Émile Montégut, comparait la situation de l'église abbatiale de Vézelay, placée au sommet d'une montagne qui domine tout le paysage, à l'arche de Noé quand elle s'arrêta sur le mont Ararat. « Je me plais à croire, ajoutait-il, que quelque prédicateur du moyen âge aura trouvé avant moi cette comparaison, tant elle s'impose aisément à l'esprit. »

Jamais, en effet, église féodale n'apparut plus fièrement campée. Tout semble lui être soumis : les villages, les bois, les collines lointaines, l'im mense étendue de ce pays « bossillé », selon l'épithète si juste du maréchal Vauban. A mesure qu'on s'approche de la montagne, la basilique se dresse de toute sa hauteur comme l'image matérielle de l'Église au temps de son triomphe dans ce monde. Une grande route, dont la longueur pour arriver au pied de Vézelay permet d'interminables rêveries, contourne lentement la petite ville qui étale et développe, avec un reste d'orgueil, ses jardins en terrasse, établis sur les anciens chemins de ronde et de défense. Çà et là, pour boucher les brèches et cacher les ruines, le lierre jette son épaisse verdure. Et de plus en plus dominatrice apparaît la basilique, dernier témoin de tout un passé disparu.

Si l'on veut suivre chronologiquement l'histoire de l'abbaye de Vézelay, qui fut à deux reprises un point central de l'histoire de France, on fera bien de s'arrêter au bas de la montagne, au village de Saint-Père. Le premier monastère de Vézelay fut bâti là. Il s'élevait, selon une tradition locale, non loin de la petite église, de la délicieuse miniature de cathédrale, à la place même du cimetière où l'on voit encore de vieilles arcades rompues, qui cherchent à se rejoindre dans le vide, au-dessus d'un pêle-mêle de tombes abandonnées et de croix arrachées, mises en tas, qui achèvent de pourrir dans la poussière des morts. Endroit sinistre, enclavé au milieu des masures basses où la vie continue.

Les résumés d'histoire de la Bourgogne racontent que ce monastère fut fondé, vers l'an 863, par Gérard ou, pour mieux orthographier son nom, par Girart de Roussillon. Ce personnage, moitié historique, moitié légendaire, mérite un peu mieux que cette notion succincte. Il devint le héros d'un de ces vieux poèmes, — qu'on appelle une chanson de geste, — que les trouvères et les jongleurs du moyen âge, introduits dans les châteaux, durent réciter plus d'une fois aux hauts et puissants barons qui voulaient être distraits de leur sombre solitude. Girart possédait d'immenses domaines et commandait de grandes armées. Fallait-il réellement trente jours pour faire le tour de ses terres, et le sol de France résonnait-il sous le poids de ses hommes d'armes? La chanson de geste le dit, mais il faut sans doute en rabattre. Ce qui est certain, c'est que son pouvoir lui permettait de traiter presque d'égal à égal avec le roi. Ce privilège lui parut insuffisant : il se révolta contre Charles le Chauve. Mais, vaincu, ruiné, il fut obligé de se cacher et de gagner durement sa vie. A l'inverse de ces bergers qui devenaient grands seigneurs dans les contes de fées, ce grand seigneur fut contraint de se faire charbonnier, si l'on en croit toujours le poème. Sa femme, la gentille Berthe, dut s'improviser couturière. Parfois, quand elle voyait passer des nobles, le souvenir des jours heureux lui devenait douleur et elle pleurait silencieusement. Un jour, à la vue d'un comte et d'un duc qui joutaient l'un contre l'autre, son chagrin fut si fort que Girart lui dit : « Pars, quitte-moi, je te jurerai que jamais plus tu ne me verras, ni toi, ni tes parents. — J'entends là, répondit Berthe, des paroles d'enfant. Sire, pourquoi parlez-vous si méchamment? Ne plaise à Dieu le tout-puissant que je vous abandonne en mon vivant! »

Comment Girart, au bout de vingt-deux années, rentra-t-il dans ses biens et reprit-il son titre? Ce point d'histoire est resté obscur. Mais ce qui peut passer pour un fait authentique, c'est la générosité testamentaire de Girart et de Berthe. Leurs deux enfants étaient morts; Girart et Berthe prirent Dieu pour héritier. En l'honneur des douze apôtres, ils firent bâtir douze monastères. Le plus célèbre de tous fut celui de Vézelay, qui, d'après les intentions de Girart, ne devait relever que du pape. Le roi Charles le Chauve confirma cette fondation grevée d'un privilège aussi exorbitant. Le couvent, d'abord destiné à des femmes, fut bâti dans ce bas-fond de Saint-Père. Mais exposé, disent les uns, par sa situation dans la plaine, à des dangers de pillage, détruit, disent les autres, dans une incursion de Normands, le monastère fut transféré sur le sommet de la montagne. Être sur une hauteur, c'était être en sécurité. Les religieuses furent bientôt remplacées par les moines qui suivaient la règle de saint Benoît. Ils devinrent maîtres absolus. Rien ne manquait à leur puissance, pas même une occasion de pèlerinage. On racontait que Girart de Roussillon avait obtenu de ses sujets et amis les Provençaux le corps de Marie-Madeleine, ensevelie non loin de la Sainte-Baume, à Saint-Maximin. Selon une autre légende, un prieur de Vézelay, conseillé par ce même Girart, serait parti pour la Provence à main armée. Après avoir pénétré une nuit dans la crypte où reposait la grande et douce pécheresse de l'Évangile, ce prieur, violant par piété ce tombeau qu'il craignait de voir profaner par les Sarrasins, aurait enlevé le corps de Marie-Madeleine et serait revenu en grande hâte le cacher dans l'abbaye de Vézelay. Soit qu'il y eût bonne foi, soit qu'il y eût industrie, selon les deux mots d'un historien de Marie-Madeleine, le Père Lacordaire, qui ne croyait nullement à cette translation, ce bruit prit au xi° siècle une telle consistance que la France tout entière se précipita à Vézelay. Les esprits qui doutaient encore étaient invités à se taire : on leur opposait des miracles. Il ne manquait pas de gens pour dire que des aveugles avaient vu, que des muets avaient parlé. L'abbaye triomphait. Les légats du pape venaient en grande solennité dans ce monastère. Un pape comme Innocent II arrivait lui-même bénir une partie nouvelle de la basilique. Jamais comtes ou ducs n'eurent un pouvoir pareil à celui de ces quelques moines militants qui pouvaient défier tout le monde du haut de leur montagne pontificale.

Pendant que l'on continue de gravir la rude pente qui mène au bas de la ville morte, les fantômes de ces souverains seigneurs d'autrefois passent devant l'esprit reporté à tant de siècles en arrière. Il est une figure d'un abbé surtout en qui se résume ce pouvoir extraordinaire. Physionomie étrange qui vaut la peine qu'on s'y arrête un instant : l'impression que l'on aura en face des ruines de l'abbaye n'en sera que plus saisissante. Ce moine s'appelait Pons de Montboissier. Il fut élu abbé de Vézelay en 1138. Son secrétaire, le moine Hugues de Poitiers, a raconté, dans une chronique conservée à la bibliothèque d'Auxerre et dont la traduction fut placée par Guizot dans les Mémoires relatifs à l'histoire de France, la vie de ce maître, tour à tour diplomate ou guerrier, selon les circonstances et son intérêt, mais ambitieux avant tout et résolu à écarter de l'abbaye une juridiction étrangère, fût-elle seigneuriale ou épiscopale.

Au sortir d'une lutte avec l'évêque d'Autun, qui avait quelques velléités de montrer son pouvoir diocésain, et qui dut, après s'être plaint au pape, demander la paix à ce simple abbé, un nouveau conflit s'éleva entre l'abbaye et le pouvoir civil représenté par le très puissant comte de Nevers, Guillaume II. Les différents abbés de Vézelay avaient plus d'une fois rendu hommage et fait quelques cadeaux, en bons voisins, aux différents comtes de Nevers qui pouvaient leur être utiles dans ces temps de maraude et de brigandage. Mais Guillaume II voulut transformer ces redevances volontaires en dettes obligatoires. Ainsi mis en demeure, l'abbé se retrancha dans les limites strictes de son droit et refusa d'accorder par ordre ce qu'il avait offert de bonne grâce. Le Nivernais, dit Hugues de Poitiers, avec une rancune méprisante, s'enflamma d'une telle colère qu'il détourna de Vézelay les voies royales et intercepta les avenues publiques du bourg. L'abbé Pons fit ce qu'il faisait chaque fois qu'on l'attaquait : il se plaignit au pape. Le souverain pontife, prenant fait et cause pour l'église de Vézelay, « sa fille spéciale », menaça dans sa réponse le comte de Nevers « du poids de la crosse apostolique ». Le conflit, pour être latent, n'en fut pas moins vif. Le comte de Nevers faisait arrêter les colporteurs et les marchands qui venaient d'Auxerre à Vézelay. Les vexations étaient telles de part et d'autre que saint Bernard lui-même promit d'intervenir.

Il nous est difficile de nous représenter aujourd'hui ce qu'était le pouvoir moral d'un homme comme saint Bernard. Tout en se disant avec modestie le disciple des chênes et des hêtres, il intervenait politiquement toutes les fois qu'un grand de la terre ou qu'un roi transgressait les lois de la justice. Le jour où Louis VII, envahissant la

Champagne, fit tuer les habitants de Vitry et incendia une église où treize cents personnes avaient cherché un refuge, saint Bernard, rompant le silence de stupeur qui accueillit le roi dans Paris après cet odieux triomphe, lui adressa une lettre publique pour lui représenter les malheurs de la France : « Je combattrai, lui disait-il, pour le pays et pour l'Église jusqu'à la mort. Au lieu de bouclier et d'épée, j'emploierai les armes qui me conviennent, c'est-à-dire mes pleurs et mes prières devant Dieu. »

Les avertissements de cet abbé, qui commandait aux princes, troublèrent Louis VII. Le désir d'effacer le crime de Vitry, les troubles de Palestine, où de nouvelles défaites et de nouveaux massacres détruisaient le résultat de la première croisade, qui avait été de délivrer les chrétiens d'Orient du joug des Sarrasins et de protéger le tombeau du Christ, poussèrent Louis VII à organiser une seconde guerre sainte.

Un seul homme vit le péril de cette aventure. Ministre de Louis VII, préoccupé des difficultés intérieures qui pouvaient grandir encore quand le roi serait loin de la France, l'abbé Suger écrivit au pape Eugène III pour le supplier d'intervenir et de détourner le roi d'une expédition aussi lointaine. Le pape, avec une prudence pontificale, répondit que lui-même avait été tout d'abord étonné de ce pieux dessein ; que, peut-être, — et l'abbé Suger était le meilleur juge, — on pourrait arrêter encore l'élan de cette foi qui faisait agir Louis VII, si cette foi n'était que l'effet d'une ferveur momentanée. Mais, par un contre-temps singulier, ces conseils si sages arrivèrent lorsque la bulle qui proclamait la croisade était déjà lancée. Saint Bernard fut désigné par le pape comme prédicateur. Rendez-vous fut pris, le dimanche des Rameaux 1146, à Vézelay, la ville très illustre, comme on l'appelait alors. Les seigneurs et les paysans accoururent en foule. Sans diminuer la part de zèle religieux qui animait ces derniers, il est certain que le désir d'échapper à leur existence misérable les jetait dans la « folie de la croix ». Armés de certains privilèges qui mettaient leur personne et leur famille sous la protection de l'Église, combattant pour une grande cause, ils se donnaient l'illusion d'être quelque peu frères des hauts et puissants seigneurs qui chevauchaient devant eux.

Comme la basilique et la ville étaient trop petites pour contenir ce peuple frémissant, on établit, sur le côté de la colline qui domine Asquins, une tribune où apparurent Louis VII, la reine, qui était Éléonore de Guyenne, le frère du roi, qui était le comte de Dreux, des barons, des chevaliers, des évêques, tous prêts à écouter celui qui allait parler au nom du Roi des rois. Debout dans sa robe de moine, qui se détachait sur le ciel, saint Bernard, « avec ses blonds et blancs cheveux, maigre et faible, à peine un peu de vie aux joues », selon les expressions de Michelet, promit, avec la grâce de Dieu, le succès de la guerre contre les infidèles. « Dieu le veut ! Dieu le veut » ! Ce cri fut répété par des milliers et des milliers de voix. Louis VII, descendant de la tribune, s'agenouilla devant saint Bernard qui, en donnant le signe de ralliement, en forme de croix, prononça la formule sacrée que les prêtres avaient dite au moment de la première croisade : « Reçois ce signe, image de la Passion et de la mort du Sauveur du monde, afin que dans ton voyage le malheur ni le péché ne puissent t'atteindre et que tu reviennes plus heureux, et surtout meilleur, parmi les tiens. » La reine reçut aussi la croix, puis les évêques prosternés. Dispensés du service militaire, les évêques demandaient parfois le droit de combattre bardés de fer. La foule voulut recevoir ces signes des mains mêmes de saint Bernard. Il dut arracher ses vêtements pour que l'on fît de tous les morceaux tailladés autant d'emblèmes de la croix. Les grands seigneurs de la Bourgogne étaient tous là : Arthaud de Chastellux et ses cinq fils, Étienne de Pierre-Perthuis, Mathieu de Jaucourt. Dans un tel fracas de départ, le bruit de la querelle du comte de Nevers et de l'abbé Pons perdait un peu de son importance. Saint Bernard demanda à réfléchir encore sur cette question secondaire.

Le pape Eugène vint en France et, se rendant à

Saint-Denis, donna la panetière et le bourdon de pèlerin à Louis VII. Suivi de la reine Éléonore — qui devait divorcer plus tard avec éclat et compromettre si gravement l'unité française, en épousant Henri Plantagenet qui devint roi d'Angleterre sous le nom de Henri II, — le roi Louis VII se dirigea vers Constantinople à la tête de cent mille hommes. Malgré les prédictions de saint Bernard et les prières du pape, les désastres se succédèrent. La seule conquête fut la prise des jardins de Damas. Louis VII ne montra que l'âme résignée d'un pèlerin malheureux. Il revint dans son royaume, que Suger avait administré avec une sollicitude de grand ministre qui ne songe qu'à être un loyal serviteur. La paix était en France. Tandis qu'on donnait à saint Bernard, en oubliant les responsabilités qui pesaient sur lui, le titre de Père de l'Église, on décerna à Suger le titre de Père de la Patrie. Au moment du départ de l'armée pour la Terre Sainte on avait voulu associer à Suger, comme sous-régent du royaume, le même comte de Nevers qui aurait été ainsi distrait, par de plus grandes pensées, de ses querelles avec l'abbé Pons. Mais était-ce lassitude de la vie, besoin de retraite, subite terreur d'outre-tombe? Le comte, se dérobant à cet honneur, quittant tout, alla s'enfermer dans une cellule de chartreux. Il est probable qu'il pardonna à ses ennemis, mais Hugues de Poitiers ne lui pardonna pas. C'est avec une joie peu dissimulée qu'il raconte la mort triste et rapide du comte, devenu moine par expiation. Aux yeux du moine par vocation, le comte était un criminel. Le mot crime, Hugues de Poitiers le redit encore, quand il commence le récit bien autrement circonstancié des attentats commis contre l'abbaye par le fils de ce comte de Nevers, Guillaume III.

## I

Ce jeune homme, en revenant de la croisade, faillit périr en mer : le vaisseau qui le ramenait essuya une tempête. Alors, sur le conseil des personnes qui l'entouraient et qui semblent, si l'on en croit Hugues de Poitiers, n'avoir pas eu dans un si grand danger d'autre préoccupation, le comte promit par serment de renoncer à toute attaque contre l'abbaye et de ne plus redemander à l'avenir la moindre redevance. Revenu sur la terre ferme de France, le comte ne remplit ce vœu qu'à son corps défendant. Il eut quelque peine à se montrer, devant tout le monde, à Vézelay, enfant soumis de l'abbaye. Dans ce cœur farouche, dit Hugues, toujours prodigue d'épithètes, dans ce naturel essentiellement vicieux, grandissait le secret désir de rompre ses engagements solennels. Une occasion ne tarda pas à s'offrir.

Un moine qui passait, à cheval, en régisseur, dans une forêt de l'abbaye, vit un individu qui volait du bois. Il voulut arracher la hache des mains du maraudeur, qui, se retournant, le frappa et le jeta par terre. Rentré dans l'abbaye, l'éclopé raconta l'incident en moine résolu à faire expier cette offense. Une délégation du monastère se rendit à la demeure du coupable et, pour le punir à jamais, lui creva les yeux. Cet acte de sauvagerie révolta les habitants, qui furent encouragés dans leur indignation par le comte de Nevers. Le jour de la fête de Sainte-Madeleine, le comte, après s'être installé, selon son habitude, dans l'hôtellerie du monastère, ordonna à ses gardes de ne pas laisser entrer l'abbé Pons quand il viendrait le saluer. Éconduit, l'abbé digéra cette insulte sans mot dire. Mais quelque temps après, allant à Cluny où se trouvait le comte, il lui demanda pourquoi un ordre aussi injurieux avait été donné. Le comte invoqua la torture infligée à ce malheureux chercheur de bois. L'abbé Pons, un peu surpris d'un tel mouvement d'humanité, qui n'était pas dans les habitudes du comte, voulut entrer en pourparlers de réconciliation. Mais le comte, de plus en plus irrité et désirant une rupture, congédia l'abbé, qui envoya des mandataires à Rome. Colère du comte, pillage des biens que possédait l'abbaye, soit dans les environs de Nevers, soit dans les environs d'Auxerre, ordre donné à l'abbé de se reconnaître justiciable, tout se succéda fiévreusement. Défense fut faite de par le comte à qui que ce fût de se rendre à Vézelay, sous prétexte de négoce, de voyage ou d'exercice religieux, et interdiction à tout habitant de Vézelay de sortir. C'était l'état de siège dans toute sa rigueur. Les habitants murmurèrent. C'est alors qu'intervint la proclamation de la commune de Vézelay, dont Augustin Thierry a fait un récit saisissant dans ses *Lettres sur l'Histoire de France*. Peut-être, comme l'a noté M. Léon de Bastard, qui publia, en 1851, une brochure sur l'insurrection de Vézelay, peut-être Augustin Thierry a-t-il donné à certains hommes mêlés à ce mouvement communal une importance exagérée. Un des habitants, Hugues de Saint-Pierre, était moins un chef de parti qu'un complice du comte de Nevers, dont la politique personnelle aurait pu se résumer dans cette simple phrase: Mon bien premièrement et puis le mal de l'abbaye. Le comte se souciait peu de favoriser un programme libéral comme celui de certaines communes du Midi, et, tout en jurant fidélité aux bourgeois de Vézelay, qui recherchaient l'indépendance communale, tout en promettant de n'avoir d'amis ni d'ennemis que les leurs, il rêvait surtout de les faire rentrer un jour sous sa propre juridiction. Mais, en laissant de côté quelques petits faits qui sont la joie des érudits, parce qu'ils deviennent matière à discussions curieuses, il n'en est pas moins vrai qu'il y eut de la part des Vézeliens, pris entre deux pouvoirs aussi redoutables l'un que l'autre, une tentative énergique de revendications bourgeoises. Malgré les cardinaux qui s'offrirent comme médiateurs, l'abbé Pons, en butte aux attaques de plus en plus passionnées, dut quitter la ville et se réfugier à Cluny. A la nouvelle de sa fuite, les habitants coururent vers l'abbaye et s'y établirent en maîtres. Les réquisitions faites, ils exigèrent des redevances avec l'appétit de gens qui ont subi de durs impôts pendant de longues années. Du fond de sa cellule de Cluny, l'abbé Pons obtint que le cardinal-légat prononçât l'interdit sur Vézelay. L'interdit, c'était l'excommunication pesant sur toute une ville. Les sacrements étaient refusés, sauf le baptême aux enfants et la confession aux mourants. Les morts, privés de sépulture, restaient couchés devant la porte des églises inexorablement fermées. C'était le blocus du monde des âmes. Quand un prêtre vint lire la sentence de l'interdit, sur la place publique de Vézelay, il faillit être lapidé. Ce qui ne l'empêcha pas, le lendemain, au petit jour, avec l'aide de quelques moines, d'enlever les grandes portes de l'église et de rejeter en barricade, vers l'entrée, un amas de fagots et d'épines, signe visible de l'anathème, de la ruine, de la désolation. Mais, avec le concours d'Hugues de Saint-Pierre et de plusieurs habitants, les ronces furent arrachées et les portes replacées.

Les Vézeliens firent dire aux moines: « Puisque vous nous excommuniez, nous agirons en excommuniés, et nous ne paierons plus ni dîmes ni cens. » Les moines résolurent alors de priver les habitants non seulement de tous les secours spirituels, mais encore du pain et du vin. Les moulins, les fours et les pressoirs appartenaient à l'abbaye qui les affermait. Les moines enjoignirent aux tenanciers de ne pas moudre le blé et de ne pas cuire le pain des excommuniés : « Allez, dit le comte de Nevers à ces pauvres gens, qui étaient venus implorer assistance auprès de lui, allez chauffer le four avec votre bois et faites cuire votre pain. Si quelqu'un veut s'y opposer, brûlez-le tout vif ; et si le meunier veut faire résistance, écrasez-le sous sa meule. » Quand les choses en sont là, la guerre civile est ouverte. Les habitants se jetèrent sur les moines, les rouèrent de coups, les poursuivirent jusqu'au fond de l'abbaye, qui, accablée par une grêle de flèches et de projectiles, dut se transformer en place forte. La ville prit de plus en plus un aspect menaçant. Chaque bourgeois voulait avoir son mur crénelé. Tout marchand se donnait des airs de seigneur et faisait de sa modeste maison une véritable citadelle. Pendant que se développaient ces constructions de bravoure, on s'accoutumait au régime de l'interdit. Un jour qu'un des bourgeois était mort, les habitants, précédés de la croix de l'église, chantant eux-mêmes les dernières prières, l'enterrèrent avec un cérémonial religieux où rien ne manquait, pas même les sonneries de cloches. Le prêtre seul était absent.

Cette cause de Vézelay devenait de plus en plus célèbre. En attendant une nouvelle protection du pape, l'abbé Pons eut recours au roi, qui chargea l'évêque de Langres d'aller trouver le comte de Nevers. Depuis le jour où Louis VII avait autorisé, en 1146, les habitants de Sens d'essayer un gouvernement communal, il était si bien revenu de ce premier mouvement qu'il avait, sur les objurgations du clergé, dissous lui-même cette commune. La répression avait été si violente que l'on avait condamné à mort des habitants de Sens, décidés à secouer le joug d'un clergé tout-puissant. « Les musards qui, pour raison de commune, avaient fait mine à Orléans de se rebeller et dresser contre la couronne », Louis VII les avait fait également rentrer dans la soumission. Il était donc décidé à ne pas ménager les Vézeliens, à étouffer leur indépendance et à les rejeter dans leur situation humiliée. La paix immédiate à Vézelay, la paix, c'est-à-dire le silence et l'obéissance des bourgeois, tel fut l'ordre du roi. Le comte de Nevers se dérobait. Louis VII irrité se mit à la tête d'une armée. Le comte prit peur et pria l'évêque d'Auxerre d'assurer Louis VII que les ordres royaux seraient exécutés. Entouré d'évêques et d'archevêques, le roi se rendit à Moret, près de Fontainebleau, pour entendre plaider tour à tour l'abbé et le comte.

L'abbé commença un véritable réquisitoire. Demande d'indemnité formidable, appel aux représailles, tout était dit d'une voix qui voulait être calme. Mais le discours exhalait un tel besoin de vengeance que quelques habitants de Vézelay, appelés au procès et plus ou moins coupables, s'enfuirent éperdus. Le comte de Nevers fut mis en demeure, par autorité souveraine, de remettre les insurgés à la justice royale. Étaient considérés comme tels et déclarés coupables de trahison, d'infidélité, de sacrilège, de parjure et d'homicide, tous ceux qui n'avaient pas porté secours aux moines. Fort embarrassé d'avoir à traiter en rebelles ces alliés de la veille et qu'il avait encouragés de tout son pouvoir, le comte de Nevers demanda un délai d'exécution. Puis il envoya des émissaires à Vézelay chargés de crier bien haut à tous les habitants du bourg : Emportez vos meubles, quittez la ville, réfugiez-vous partout où vous trouverez quelque retraite, attendu qu'en exécution du jugement du roi, le comte de Nevers sera obligé de saisir tous ceux qu'il trouvera à Vézelay et de les traîner, bien qu'à contre-cœur, à Paris, pour être livrés au roi et punis..

Alors, dit Hugues de Poitiers, en respirant après son récit interminable et comme dans une halte heureuse, alors Dieu envoya sa terreur sur tous ces hommes ennemis du monastère, et tous s'enfuirent, pour quelques jours, abandonnant leurs femmes, leurs enfants, leurs propriétés, leurs marchandises. De tant de milliers d'hommes, on ne vit plus personne le lendemain matin. Le bourg sembla vide et désert, comme si les ennemis l'eussent mis au pillage.

L'abbé Pons rentra triomphalement dans son monastère. La commune fut vaincue. Les répartiteurs, se mettant en campagne pour recouvrer la taxe que le jugement du roi avait fixée au profit de l'abbé Pons, s'acquittèrent si bien de leur mission que les habitants furent en partie ruinés. Contraints en outre de jurer fidélité à l'abbé et à ses successeurs, les bourgeois virent les tours, les murailles, tous leurs travaux, les uns de défense, les autres de vanité, rasés. Et, selon l'expression victorieuse d'Hugues de Poitiers, en aucun temps et en aucun lieu, ni laïque, ni clerc de Vézelay ne put choisir une autre juridiction que celle de l'abbaye.

Les habitants de Vézelay furent distraits par d'autres événements qui tiennent plus de place dans l'histoire. Au moment de la troisième croisade, en 1190, Philippe-Auguste vint à Vézelay où il avait donné rendez-vous à Richard Cœur de Lion, roi d'Angleterre. Saint-Louis y vint aussi prier sainte Madeleine. Mais les rois n'étaient que des hôtes illustres. Leur pouvoir, quand ils étaient à Vézelay, n'était qu'extérieur, si on le comparait au pouvoir effectif des moines. Cette dernière juridiction s'exerçait parfois si violemment que le successeur de l'abbé Pons alla jusqu'à brûler des hérétiques dans la vallée d'Asquins. Était-ce pour venger un tel acte que quatre siècles plus tard, en 1569, les huguenots, s'emparant de Vézelay, firent subir au curé d'Asquins un atroce supplice et transformèrent la basilique en grenier à fourrages? Les reliques furent brûlées. Vraies ou fausses, elles méritaient le même sort, aux yeux de ceux qui avaient lu le traité de Calvin contre les reliques, traité où il s'élève contre ces choses corruptibles et vaines qui font, dit-il, que l'on adore des créatures mortes et insensibles au lieu du seul Dieu vivant. Tout procède dans ce monde par un va-et-vient de passions contradictoires. Les protestants subirent à leur tour de terribles représailles lorsque l'abbé Fouquet, le frère du surintendant, se vanta, sans même attendre la révocation de l'édit de Nantes, de forcer les protestants à s'expatrier. Le pouvoir de l'abbaye était cependant singulièrement diminué, depuis qu'en 1673, Louis XIV, par besoin de centralisation, avait fait rentrer les moines dans le droit commun de ce temps-là. Au moment de la révocation, le programme que l'abbé Fouquet, dans son despotisme, avait proclamé, fut réalisé : un grand nombre d'habitants désertèrent. Mais, en 1790, par un nouveau changement de fortune, les chanoines qui composaient le chapitre de Vézelay furent dissous; les portes de la Madeleine se fermèrent; on procéda à la vente des biens. Le temps dès lors jeta dans cette solitude l'interdit de vie et de mouvement.

## II

Lorsqu'on monte l'unique rue de Vézelay qui mène aux lieux où fut l'abbaye, le spectacle de cette ville agonisante et qui achève de mourir dans la solitude cause une impression de mélancolie sans bornes. Les fenêtres étroites des petites maisons survivantes sont à peine entr'ouvertes, comme des yeux à moitié clos. Nulle trace de grandeur passée. Sauf un ou deux boulets encastrés dans un mur et le souvenir de Louis VII, inscrit sur une vieille porte, rien ne rappelle un homme célèbre ou une date importante. Pas une plaque n'indique la demeure où est né, en 1519, le disciple et le successeur de Calvin, Théodore de Bèze. Une autre maison à porte cintrée, qui porte le numéro 56 et s'appelle la maison des colombes, laisse courir, comme une dernière ironie contre tout un passé de tapage et d'orgueil, ces deux lignes autour des fenêtres : « Comme colombe humble et simple seray. Et à mon nom mes mœurs conformeray. »

Si vous n'êtes pas trop pressé, demandez à quelque habitant, à un homme comme M. Guillon, par exemple, peintre-paysagiste, qui a fait de Vézelay sa ville d'adoption, à un ancien instituteur, M. Sommet, ou au notaire, M. Roubier, tous trois pris d'enthousiasme pour ces vieux murs, demandez-leur de visiter quelques caves. On y voit encore des piliers du xiie siècle qui vous donneront une idée des constructions appuyées jadis sur ces murailles épaisses et souterraines. Mais que reste-t-il aujourd'hui de la puissance formidable de l'abbaye? A peine un coin de galerie, un pan de mur.

Seule, la basilique est debout. C'est à un grand écrivain, c'est à Mérimée que la Bourgogne en est redevable. Il vint à Vézelay en 1834. Inspecteur général des monuments historiques, il était chargé d'adresser des rapports au ministre de l'intérieur, de qui relevaient alors toutes les ruines précieuses de la France. Victor Hugo, par son roman de *Notre-Dame de Paris*, avait éveillé dans le grand public le goût de l'architecture du moyen âge, qu'il appelait le registre principal de l'humanité.

Dans ce grand mouvement de ferveur pour les antiquités nationales, Mérimée, avec son éloignement du bruit et de la rhétorique, se contentait de voyager et d'écrire sans fracas, en amateur discret qui ne songeait qu'à passer inaperçu, moins par modestie que par dédain. Mais sa besogne était excellente. Nul inspecteur ne fut plus attentif et plus éclairé. Pour se délasser de sa prose officielle, sur grand papier ministre, il écrivait un journal d'impressions de voyage. C'est dans ces notes, devenues presque introuvables, qu'il raconte ainsi son arrivée à Vézelay, un matin, au soleil levant : « Sur le vallon, dit-il, régnait encore un épais brouillard percé çà et là par les cimes des arbres. Au-dessus apparaissait la ville, comme une pyramide resplendissante de lumière. Le spectacle était magnifique. » Son enthousiasme se dissipa quand il s'approcha de l'église. Non seulement la façade offrait une ancienne restauration gothique, maladroitement ajoutée aux parties basses qui appartiennent au style roman, mais les bas-reliefs du portail étaient détruits. Sur la seule tour qui restait se dressait ridiculement une espèce d'observatoire octogone, en forme de tente, construit par les officiers du génie qui travaillaient à la carte de France. L'entrée de l'église était bouchée par une porte en bois vermoulu, dont un battant donnait passage aux fidèles. Sous le porche, les enfants gaminaient au milieu des graviers et des immondices. Les dégradations qu'avait subies l'église dépassaient tout ce que Mérimée avait pu imaginer. Les murs étaient déjetés, fendus, pourris par l'humidité. La voûte, toute crevassée, était menaçante. Lorsqu'il dessinait dans l'église, il entendait à chaque instant de petites pierres se détacher et tomber autour de lui. Comme il se rendait compte que la ville de Vézelay était trop pauvre pour subvenir même aux réparations qui n'auraient eu pour but que d'arrêter l'effondrement progressif, il fit appel au ministre de l'intérieur, au ministre des cultes, au conseil général du département de l'Yonne, pour conserver ce monument, « un des plus anciens, un des plus curieux, des plus beaux que l'on puisse voir », répétait-il dans ses rapports et dans son journal.

C'est aussi ce que pensait un de nos compatriotes, grand orateur, qui devait être confrère de Mérimée à l'Académie française, le comte de Montalembert. L'admiration pour la basilique de Vézelay fut peut-être le seul sujet où Montalembert et Mérimée furent jamais d'accord. Montalembert habitait, dans le Morvan, le château de la Roche-en-Brenil; il vint, vers 1840, faire une excursion de touriste à Vézelay. Il arriva au moment où une escouade d'ouvriers s'apprêtait à démolir la façade de la basilique. « Que faites-vous donc? s'écria Montalembert. — Nous allons abattre toute la partie de l'église qui est inutile, répondirent les ouvriers. Ce qui restera sera bien suffisant pour les habitants de la commune. »

Montalembert, invoquant son titre de membre du comité des monuments historiques, arrêta les premiers coups de pioche. Avec son impétuosité habituelle, il fit des démarches « qui sauvèrent de la destruction l'admirable édifice », disait, dans un article sur Montalembert, un panégyriste ne sachant pas que la priorité appartient à Mérimée. Quand Mérimée revint à Vézelay neuf ans après son premier voyage, il vit cette église, « qui me doit, annonçait-il avec orgueil, dans une lettre datée de Vézelay, le 3 août 1843, qui me doit de ne pas être par terre à l'heure qu'il est », il la vit confiée à Viollet-le-Duc.

Viollet-le-Duc consacra seize années et plus de huit cent mille francs, que le gouvernement mit à sa disposition, pour restaurer cet édifice de l'époque romane, dont la nef dut être bâtie dans les premières années de l'an mil. — Ces mots : époque romane, style roman, ont une origine simple. Comme on appelait romane la langue latine dégénérée qu'on parla pendant la première partie du moyen âge, on appela style roman le style qui caractérise les monuments antérieurs au XIIe siècle. Un des hommes que Mérimée, peu suspect d'entraînement, admira beaucoup, Stendhal, écrivait dans ses *Promenades d'un touriste* : « Voici une petite chronologie que je propose d'apprendre par cœur et qui aidera à jouer le rôle de savant :

« Après l'an 1000, au sortir de l'extrême barbarie du Xe siècle, style roman;

« 1050, Roman, orné ou fleuri ;

« 1150, Transition;

« 1200, Style gothique ;

« 1450, Commencement du style flamboyant ;

« 1500, Transition du gothique à la Renaissance ».

Le récit de l'an mil a donné lieu à toute une série de phrases retentissantes sur la persuasion où aurait vécu l'humanité que la fin du monde était proche. A en croire certains historiens une angoisse indicible pesa effroyablement sur les âmes. On attendait d'un moment à l'autre la trompette du Jugement dernier. Au matin du grand jour, lorsqu'on vit le soleil se lever comme d'habitude, un immense soupir de délivrance aurait traversé la terre. On se serait agenouillé devant Dieu comme devant un souverain juge qui a pardonné. Il y a là un motif de rhétorique dont il ne faut pas abuser. Ce caractère de terreur universelle a existé dans des imaginations qui n'avaient pas le souci exclusif de la vérité. Les guerres furent aussi cruelles et aussi injustes à la veille de l'an mil qu'autrefois. Ce qui est exact, c'est que dans les années suivantes l'humanité eut un élan de foi. On organisa des pèlerinages aux lieux saints. C'était la préface des croisades. Un moine de Cluny, l'historien Raoul Glaber, écrivait : « Comme la troisième année de l'an mil était sur le point de commencer, on se mit par toute la terre, particulièrement en Italie et dans les Gaules, à renouveler les vaisseaux des églises. Chaque nation chrétienne rivalisait à qui aurait le temple le plus remarquable. »

Ce n'est pas qu'il n'y ait eu çà et là des protestations. Saint Bernard qui, après avoir fait passer sur les foules l'enthousiasme dont il était consumé, retournait à Clairvaux et voulait habiter à côté du couvent une simple cabane couverte de feuilles, écrivait à un abbé, en 1125, pour blâmer l'élévation des églises, leur largeur exagérée, le luxe déployé pour les châsses des saints. Il était de ceux qui disaient qu'une croix de bois a sauvé le monde et que tout doit être simple dans le temple du Dieu qui a voulu vivre parmi les pauvres. Mais nulle parole ne pouvait arrêter les âmes, qui trouvaient que rien ne serait assez beau et rien ne serait assez durable pour le Dieu qu'elles adoraient. Aussi la qualité maîtresse de l'architecture romane, avec ses voûtes solides et ses arcades en plein cintre, fut-elle la préoccupation de la durée. Il fallut plus de deux siècles, du xi° au commencement du xiii° siècle, pour que l'église de Vézelay fût achevée. Quand elle apparaît brusquement avec ses trois porches, sa haute tour de droite, la partie supérieure de sa façade ornée de grandes statues de saints qui veillent éternellement sur le seuil du sanctuaire, et le long de l'église ses contreforts énormes, l'impression qui vous saisit est une impression de puissance religieuse décidée à demeurer pendant que les siècles passent.

L'église est précédée d'un vestibule intérieur que

le fondateur des congrès archéologiques, M. de Caumont, appelait une magnifique salle d'attente. Fermé par d'immenses portes, qui l'empêchent de communiquer avec la nef, ce vestibule, nommé narthex, était la place réservée, dans les premiers temps du christianisme, aux catéchumènes qui n'avaient pas droit d'entrée dans l'enceinte réservée aux fidèles. Au moment où fut construite la basilique, cette exclusion n'existait plus, mais on fit le narthex par respect traditionnel. La grande porte du narthex est séparée par un pilier surmonté d'un Saint-Jean-Baptiste. Au-dessus de ce Saint-Jean-Baptiste est sculpté un tympan très célèbre. Il n'est pas, en effet, un rudiment d'archéologie qui ne vante ce Christ colossal aux joues longues, à la bouche serrée, qui, la tête entourée d'un nimbe crucifère, les deux mains étendues, est assis sur son trône en Dieu vainqueur. Il est vêtu d'une longue robe à petits plis circulaires. L'explication de ces plis compliqués vient de ce qu'autrefois le linge n'était pas repassé. On le tordait quand il était sec et la sculpture n'a fait que reproduire ces plis en les accentuant. Des mains du Christ partent des rayons qui s'étendent sur les apôtres. « On voit bien, écrivait, il y a quelques années, un de nos contemporains dans un tout petit livre d'art, et où le tympan de Vézelay a une place d'honneur, on voit bien, devant ce Christ si gauchement assis, que l'architecte est maladroit, qu'il n'a pas étudié son art aux écoles de la Grèce ou de Rome; il ne l'a étudié que dans son propre cœur, il exprime comme il peut, comme il se l'imagine, le Christ qu'il adore. Tout cela est naïf, mais c'est émouvant. On y sent sous la gaucherie du moine artiste une foi humble et ardente exprimée avec sincérité. »

Autour et au-dessous du tympan, sont sculptés des sujets qui ont donné lieu à des interprétations allégoriques tellement compliquées qu'elles ont défié tous les commentateurs. Que signifie en bas, à gauche, et formant bandeau, ce grand bas-relief représentant une procession? Est-ce, comme on l'a cru, des vassaux venant offrir leurs redevances à l'abbé de Vézelay? Un bœuf, un poisson, deux vases, dont l'un est rempli de fruits, rendraient cette donnée assez vraisemblable, si, en y réfléchissant, on ne trouvait singulièrement exagérée la représentation de cette scène locale à côté de la scène du Christ bénissant les apôtres. Puis, dans cette conjecture, le côté droit où l'on voit des guerriers devient absolument inexplicable. Ne serait-ce pas plutôt, selon Viollet-le-Duc, la marche des Israélites se dirigeant vers la terre de Chanaan et symbolisant l'entrée des élus dans le Paradis? Ce qui fortifierait cette interprétation, c'est que, de l'autre côté, on voit un guerrier armé d'une épée nue, qui peut passer pour être l'image de la colère et un nain qui, essayant de grimper à l'aide d'une échelle sur un cheval, peut passer à son tour pour être l'image de l'ambition. Ce serait le défilé des damnés faisant contraste avec le défilé des bienheureux. Mais que fait alors le petit enfant qui se cache et tant d'autres personnages? Pourrions-nous, dans cette bagarre d'interprétations, risquer une hypothèse qui nous est venue, après nous être arrêté maintes fois devant cette énigme de pierre, hypothèse peu en accord, il faut le reconnaître, avec les motifs de sculpture du moyen âge, et dont l'inconvénient est de se rapprocher infiniment trop de nos conceptions contemporaines, mais qui aura du moins le mérite de préciser, par sa simplicité, ce souvenir d'art dans la mémoire des visiteurs troublés par tant d'explications diverses? Ne s'agirait-il pas tout simplement de la paix et de la guerre? Paix rêvée par le monastère, et guerre dont on le menaçait. D'un côté, la procession de personnages heureux : l'un s'appuie sur son arc inutile et transformé en bâton, et tous s'approchent d'un pasteur qui tient une houlette ; de l'autre, un défilé de guerriers armés de boucliers, vêtus de tuniques et de cottes de mailles, suivis d'une échelle d'assaut. Il en est un qui saisit par les cheveux une femme se sauvant, tandis qu'un enfant essaie de se cacher. N'y a-t-il pas là le résumé de la guerre, de ses préparatifs, de ses tentatives et de ses effrois? Au-dessus du tympan, les huit compartiments qui l'entourent et où il y a des êtres sauvages ont fait croire qu'il s'agissait des peuples qui devaient être évangélisés. L'archivolte à médaillons figure les signes du zodiaque et les travaux des différentes saisons de l'année qu'exécutent les hommes sous le regard de Dieu.

Quand on ouvre les immenses portes ornées de leurs enroulements de fer, la perspective totale de l'église s'étend. « Dieu! écrivait avec admiration M. Émile Montégut, dans ses *Souvenirs de Bourgogne*, Dieu! que cette avenue est vaste et longue, que ce chœur est profond et paraît lointain! » Cette nef, bordée de colonnes romanes sur chacun des côtés, lui rappelait ces avenues bordées de grands arbres qui conduisent aux résidences seigneuriales. Les personnes qui, avant de se laisser aller à l'enthousiasme, aiment les détails précis, pourront noter que la longueur totale de l'église mesure 120 mètres. Ce sont exactement les mêmes proportions que celles de Notre-Dame de Paris. Les chiffres de la basilique de Vézelay se décomposent ainsi : l'église des catéchumènes, 21 mètres; la nef, 62 mètres, et le chœur, 37 mètres. Les dix travées de la nef, bâtie dans la pureté du style roman, sont en plein cintre. Le chœur représente le commencement de l'ogive. Mais cette transition se fait sans le moindre heurt. Le chœur est comme cerné par les lourds piliers, blocs énormes, colonnes monolithes venant des carrières de Coutarnoux, situées à plus de vingt-huit kilomètres de Vézelay, et, à travers cette puissante garde de pierre, l'ogive du chœur développe sa grâce et sa légèreté. Parfois, il y a dans ces colonnes monolithes des incrustations de pierres formant mosaïque et à certains endroits des pierres précieuses. Était-ce, comme le croient quelques personnes, des *ex-voto* de croisés qui revenaient de Palestine?

Si l'on veut, en revenant vers les bas-côtés, étudier à loisir les chapiteaux qui datent de la fin du XII° siècle, surmontés de feuillages et d'animaux fantastiques, on peut se livrer à autant de recherches d'érudition que de caprices d'imagination. En dehors des nombreux sujets bibliques, tout un symbolisme religieux personnifie l'Avarice, la Calomnie et la Colère. Çà et là, des démons grimacent avec leurs cheveux hérissés et leurs pieds fourchus. A cette époque le diable prenait une place grandissante dans le christianisme. On l'avait représenté d'abord comme un dieu Pan. Ce qui était une manière d'inspirer aux chrétiens le dédain et le mépris de ce dieu du paganisme, métamorphosé en génie du mal. Ainsi s'explique, entre parenthèse, et comme contre-partie, l'absence du portrait de Dieu le Père, dans les premiers siècles de l'Église. Les chrétiens ne voulaient pas que l'on fût tenté de faire le moindre rapprochement avec le vieux Jupiter. Aussi, une main qui sortait des nuages et qui bénissait suffisait-elle à évoquer la puissance divine. Dans la religion du moyen âge, sans nuances, il n'y avait jamais en présence que la lutte de la vertu et du vice. D'un côté, le Christ souverain maître et qui promet le ciel, de l'autre, l'ange déchu qui se révolte et veut se venger par la prise des âmes. Le diable devient un tel personnage qu'il apparaît mêlé à toutes les scènes, à toutes les légendes. Les artistes le représentaient sans cesse à la poursuite de clients qui s'agitaient sur le portail des cathédrales et sur le haut des chapiteaux. Comme la sculpture était un grand moyen d'enseignement et de moralisation, on cherchait plutôt à inspirer l'effroi dans les âmes qu'à les attirer par l'indulgence et la pitié. La religion de douceur était absente. La menace était partout.

« Je ne trouve à Vézelay, écrivait Mérimée, aucun des sujets que les âmes tendres aimeraient à retracer, tels que le pardon accordé au repentir, la récompense du juste, etc.; mais, au contraire, je vois Samuel égorgeant Agag; des diables écartelant des damnés ou les entraînant dans l'abîme; puis des animaux horribles, des monstres hideux, des têtes grimaçantes, exprimant ou les souffrances des réprouvés, ou la joie des habitants de l'enfer. Qu'on se représente la dévotion des hommes élevés au milieu de ces images, et l'on s'étonnera moins du massacre des Albigeois. »

Que de souvenirs remontent ainsi à la mémoire dans cette profonde solitude et font mieux ressortir le pouvoir formidable de l'Église au moyen âge! Départ pour la croisade, tentative de commune, luttes religieuses, tout est conservé dans cette mise en scène incomparable. Et, pour indiquer en quelques mots les pensées qui vous poursuivent, on pourrait citer les vers d'un de nos compatriotes, Lucien Paté, dans ses *Poèmes de Bourgogne :*

> Les vieux siècles sont morts et mortes leurs idées.
> Vézelay! Vézelay! tes nefs se sont vidées :
> Ton silence s'accroît de tout ce bruit tombé.

Si l'on désire augmenter encore sa mélancolie on peut se diriger vers la promenade publique. C'est une immense terrasse plantée de vieux arbres. Là aussi tout est désert; tout est enveloppé d'une tristesse infinie. Au bas, coule la Cure, avec sa ligne de peupliers. Dans la vallée, l'église de Saint-Père, ce précieux petit monument mutilé et qui fut longtemps abandonné à tous les risques de destruction, dresse son clocher ouvragé. A six kilomètres, on découvre Pierre-Perthuis, célèbre aussi, quand Philippe-Auguste vint y tenir une assemblée des barons de la Bourgogne et du Nivernais, plus célèbre encore par les luttes subies dans la guerre de Cent ans. Puis plus loin, Bazoches, où Vauban écrivit sa *Dîme royale,* et au delà l'immense étendue qui semble s'étaler au pied de Vézelay. Vézelay, chef-lieu de canton, 900 habitants, disent aujourd'hui les petites géographies de l'Yonne, qui n'ont pas le temps de s'arrêter à l'histoire de tant de générations disparues et de choses évanouies.

# LES DUCS DE BOURGOGNE

Le système féodal. — Le duché de Bourgogne. — Philippe de Rouvre et le traité de Guillon. — Les ducs de la seconde race. — Philippe le Hardi, Jean sans Peur, Philippe le Bon, Charles le Téméraire. — La fin de la féodalité en Bourgogne.

Si vous avez un de ces jeux de patience où se trouve représentée la carte de notre pays, carte divisée en autant de petits morceaux qu'il y a de départements, vous aurez, en renversant et en bousculant tout le jeu, une idée assez exacte de l'état social qui existait au moyen âge. Mais, contrairement à ce qu'on peut faire en reconstituant le jeu de patience, les découpures ne pouvaient alors se rapprocher les unes des autres. Ce n'était qu'un morcellement de grands et de petits fiefs. Nul pouvoir central ne dominait. La justice était locale. Les finances de chaque commune étaient entre les mains du seigneur qui, en échange de la fidélité jurée, garantissait à ses vassaux aide et protection. Le roi, chef nominal, apparaissait au loin la tête couronnée d'une auréole quasi-divine qui provoquait le respect, mais qui ne donnait pas toujours le pouvoir effectif. Dans cette série d'engagements individuels le système féodal, selon le mot très juste d'un historien contemporain, M. Alfred Rambaud, a été le régime du contrat. De là un relèvement de dignité que n'avait point connu le système romain. Si la féodalité devait être à l'avantage exclusif des nobles, il y eut cependant « des principes nouveaux qui ont contribué plus tard à relever la condition du peuple ».

Tandis que les sentiments d'indépendance et de dignité grandissaient dans l'ombre, le sentiment de l'unité nationale était chose encore inconnue. A travers cet émiettement de forces et d'intérêts, où était l'âme commune qui fait une nation? Il fallait, pour que l'on eût la prescience momentanée du patriotisme, un effroyable désastre, quelque chose comme la bataille de Poitiers, en 1356. Lorsque le roi Jean, vaincu et prisonnier en Angleterre, fit un projet de traité avec le roi Édouard III, après avoir réservé toutefois l'approbation des clauses par les États, c'est-à-dire par les chefs de la noblesse, du clergé et les représentants des grandes villes de France, les États repoussèrent avec indignation ce projet qui cédait à l'Angleterre Calais, toute la Normandie, le Poitou, le Limousin, le

Périgord et la Gascogne. Édouard III, voyant que la France, si éprouvée qu'elle fût, repoussait la paix à tout prix, résolut d'en finir et débarqua à Calais. Il tâcha de s'emparer d'Amiens, puis se dirigea vers Reims pour se faire couronner roi de France; mais, après un siège et un assaut où ses troupes furent vaincues, il gagna Troyes et se promit de piller la Bourgogne. L'histoire de notre pays se mêle étroitement ici à l'histoire de France. Tonnerre fut conquis, Flavigny pris, Châtillon brûlé, les murs d'Auxerre renversés. Saulieu, qui était une ville très importante, ne devait pas se relever des désastres subis. Vermenton était transformé en garnison anglaise. L'Isle-sur-Serein, qui s'appelait alors L'Isle-sous-Montréal, vit tomber sa forteresse, et la moitié des habitants de Montréal fut massacrée.

Cette vaillante petite ville de Montréal, que l'on aperçoit sur la ligne d'Avallon aux Laumes, entre les stations de Maison-Dieu et de Guillon, conserve sur son monticule un reste de grandeur. On passe sous d'immenses portes de pierre, des arcs non de triomphe, mais de défense, jadis armés de herses de fer. Le long de l'unique rue s'avancent encore quelques tours qui ont peine à ne pas laisser échapper leurs entrailles de pierres. Les vieux murs d'enceinte sont effondrés au point que leur crête forme des zigzags. Et partout, sur ces murs comme sur les grandes portes de défense, grimpe, s'étend, s'enlace le lierre épais des ruines et des tombes. Il y aurait à écrire une monographie de cette ville. On pourrait remonter loin. La reine Brunehaut y résida au vi⁰ siècle. Anséric de Montréal, revenu sain et sauf de la seconde croisade, prêchée à Vézelay, fit construire, au haut de la ville, la très charmante, très admirable église qui à elle seule vaut le voyage. Enfin, tous les souvenirs de l'invasion anglaise vous hantent en montant ces rues silencieuses.

Le duc de Bourgogne, le dernier des ducs de la première race, Philippe de Rouvre, de quelque côté qu'il regardât, ne voyait que ruines et massacres. Alors dans la petite ville de Guillon, — dont rien ne rappelle aujourd'hui le passé, sinon, çà et là, quelques débris, quelques pierres du vieux château fort, utilisées pour leur forme et leur solidité dans des murs d'habitations plus que modestes, — Philippe de Rouvre signa, au mois de mai 1360, un traité qui devait durer trois ans. Édouard III s'engageait, contre le paiement de sommes considérables, à rendre Flavigny, à quitter la Bourgogne dans le plus bref délai et à ne commettre aucune violence sur les terres ducales. L'état de découpure de la France était tel que le duché de Bourgogne pouvait ainsi avoir la paix pendant que « l'on boutait le feu dans le reste du royaume et qu'on ne savait auquel entendre », selon les mots de Froissart.

Peu pressé de partir et moins encore de respecter scrupuleusement le traité de Guillon, Édouard III, en s'éloignant du côté de Vézelay, s'empara du château de Pierre-Perthuis. Mais les bourgeois de Vézelay, descendant de leur montagne, vinrent reprendre le château.

Le roi Édouard continua son chemin vers Paris et partout où il passa ce fut grande misère. « La France, selon un mot de Mézeray, était à l'agonie et pour si peu que son mal augmentât elle allait périr ». Le pape, cherchant à jouer le rôle d'arbitre, envoya au roi d'Angleterre ses légats pour lui conseiller la paix. Mais Édouard III ne voulait faire qu'à sa tête, désireuse de porter la couronne de France. Un orage, un véritable cyclone qui près de Chartres tua un millier d'Anglais et six mille chevaux, fit plus que les prières du pape. Il sembla au roi Édouard que le ciel lui conseillait de ne pas aller plus loin. Le 3 mai 1360, deux mois après le traité de Guillon, il signa, à quelque distance de Chartres, le traité de Brétigny. C'était la paix, mais une paix si dure qu'on ne la considéra en France que comme une simple trêve. Une étendue de terrain, qui représentait la valeur de seize départements, était cédée à l'Angleterre. La rançon du roi Jean fut fixée à trois millions d'écus d'or.

A peine la France était-elle remise de cette guerre écrasante que les Grandes Compagnies, c'est-à-dire des bandes d'aventuriers, dévastèrent le pays. Puis d'autres accoururent qui s'appelaient les Tard-Venus, parce que, disaient-ils, ceux qui les avaient précédés dans les pillages n'avaient laissé presque rien à glaner. Mais bientôt une autre période de l'histoire de Bourgogne et de France s'ouvrit avec la seconde race des ducs de Bourgogne. Il y eut une éclaircie.

# I

De quels vagues souvenirs est enveloppée pour la plupart des bacheliers devenus vieux cette histoire des ducs de Bourgogne! Je ne parle pas des ducs de la première race. Il y a là des Robert, des Eudes et des Hugues dont les noms ont passé à toute vitesse devant l'esprit sans apporter autre chose qu'une série de dates uniquement apprises en vue d'un examen. Mais les ducs de la seconde race : Philippe le Hardi, Jean sans Peur, Philippe le Bon et Charles le Téméraire, qu'ont-ils laissé dans la mémoire troublée et pleine de lacunes? L'assassinat du duc d'Orléans par Jean sans Peur et l'assassinat de Jean sans Peur sur le pont de Montereau, le tombeau des ducs à Dijon, la mort de Charles le Téméraire dans un marais devant

Nancy, la vision confuse des volumes de M. de Barante sur les ducs de Bourgogne, treize volumes y compris la table, le tout aperçu de dos dans quelque bibliothèque vitrée d'une vieille parente de province, n'est-ce pas à peu près tout ce que se rappelle un homme du monde quand il est instruit? Et cependant, ne trouve-t-on pas dans l'histoire de Bourgogne, qui là encore est associée à l'histoire de France, des séries de faits qui provoquent des idées générales sur la constitution de notre pays et sur la manière dont le jeu de patience, après de formidables secousses, a fini par se souder, quand Louis XI a été le joueur?

Lorsque le dernier des ducs de la première race, lorsque le jeune Philippe de Rouvre mourut près de Dijon, en 1361, dans son château de Rouvre, le roi de France, Jean, qui lui était quelque peu parent, réclama l'héritage du duché de Bourgogne. A peine en fut-il maître qu'il l'offrit, en cadeau royal, à son quatrième fils, son fils préféré, Philippe le Hardi, ainsi nommé depuis le jour où, étant encore enfant, il s'était battu, avec un héroïsme filial, à la défaite de Poitiers. Le duché avait le titre de duché-pairie, capitale Dijon. Quarante-trois lieues de long sur vingt-sept lieues de large. C'est ce duché qui a formé les départements de l'Yonne, de la Côte-d'Or et de Saône-et-Loire.

A la mort du roi de France, le Dauphin, sacré en 1364, sous le nom de Charles V, confirma en bon fils et en bon frère la donation du roi Jean. Le plus grand chapitre de l'histoire de la Bourgogne commençait. Les débuts semblaient heureux pour la France entière. Le roi de France et le duc de Bourgogne se montraient si étroitement liés que ceux dont la courte vue ne va pas au delà des spectacles contemporains voyaient l'avenir de la France et du duché à travers cette intimité. Aucun roi d'ailleurs ne méritait mieux que Charles V le nom de Sage. Il répara à force de patience et d'habileté les désastres qu'avait accumulés le roi Jean. Le sort de la France ne devait plus être joué dans une de ces parties où un pays risque son va-tout. Charles V ne songea qu'à enlacer peu à peu, maille par maille, dans un réseau de combinaisons, l'ennemi national, l'Anglais. Il passa des traités secrets avec les seigneurs français qu'il pouvait détacher de la cause du roi d'Angleterre. En Bretagne, il gagna Olivier de Clisson et s'en fit un allié. A l'autre extrémité du royaume, il attira le sire d'Albret qui possédait une partie de la Gascogne : il l'invita à la cour et il lui prodigua de telles marques d'amitié que cet ami des Anglais épousait bientôt la sœur de la reine de France. Ainsi disposé à chercher le bonheur des autres pour le plus grand profit de la couronne, Charles se rendit à Tournai où il devait voir le comte de Flandre et lui demander sa fille, Marguerite, héritière de Flandre, au nom de Philippe le Hardi, duc de

Bourgogne. Marguerite, déjà veuve de Philippe de Rouvre, était fort laide; ce n'était pas une objection : il n'y a guère que dans les contes de fées où l'on voit des fils de roi épouser des princesses belles comme le jour. Dans l'histoire on les demande en mariage quand elles valent un traité d'alliance politique. Pour arriver à ce résultat fraternel, le roi Charles avait fait ce que font certains parents quand ils veulent conclure un beau mariage : il n'avait reculé devant aucun sacrifice. Il abandonnait au comte de Flandre les villes et châteaux de Lille, de Douai, et d'Orchies. Toutefois, dans le cas où le comte de Flandre ne laisserait aucun héritier mâle, ces villes et ces châteaux devaient revenir à la duchesse de Bourgogne. L'héritage, gros d'espérances, appartiendrait donc un jour à un prince français. Ironie des choses politiques! Charles, heureux de cet événement, ne se doutait pas qu'il venait de travailler contre son propre royaume et qu'un siècle plus tard la puissante maison de Bourgogne serait la plus redoutable ennemie de la France.

En attendant les démentis cruels que l'histoire tenait en réserve, le duc de Bourgogne et un autre frère du roi, le duc de Berry, aidés de Du Guesclin, continuaient à suivre le plan méthodique et patient de Charles V. La guerre contre les Anglais, maîtres d'une partie de la France, se faisait ville par ville, château par château. L'ennemi était débusqué de partout, grâce au concours des habitants qui, n'étant soumis aux Anglais que du bout des lèvres, — selon l'expression des gens de La Rochelle dans une lettre au roi de France, — passaient leurs journées à trahir le vainqueur. « Il n'y eut jamais roi, disait le roi d'Angleterre, en parlant de Charles V, qui moins s'armât et qui tant me donnât à faire. » Lorsque Philippe le Hardi put prendre quelque repos, il alla visiter son duché. Un dimanche du mois de mai 1372, il se promena dans Avallon. La ville dut lui plaire, car, au mois d'août suivant, il en fit les honneurs à la duchesse. Le lendemain, tous deux allèrent à Vézelay. Ce n'était pas le souvenir de la seconde croisade ou d'autres faits de guerre qui les attiraient, mais le désir de dîner ensemble avant d'être séparés par les nécessités de la guerre ou de la politique. Cette tournée ducale se fit avec éclat. Le duc était généreux : il trouvait dans le paiement des impôts collectifs un moyen facile de répandre à pleines mains des bienfaits personnels. Non seulement ceux qui le servaient étaient récompensés, mais sa bonté s'étendait sur les sujets du roi. Un peu moins de magnificence eût mieux fait l'affaire des Bourguignons écrasés d'impôts et menacés en outre par les bandes de Bretons et d'Anglais. Dans ce même mois d'août 1372, des Bretons s'avancèrent plus loin que Magny et s'emparèrent du château de Marrault. S'ils n'allèrent pas au delà des premiers bois du Morvan, et s'ils ne continuèrent pas à exercer plus de ravages, c'est que les habitants avaient fui, emmenant leurs troupeaux, vidant leurs greniers, et ne laissant derrière eux que la ruine.

Terrible vie que celle que l'on menait dans ce dur vieux temps! Jamais un jour de repos, sans cesse la guerre. Les combats éclataient sinistrement de toutes parts comme autant d'incendies allumés à tous les coins de l'horizon. Les ducs n'étaient pas des personnages à cavalcades, ainsi que les enfants se les représentent parfois, marchant en tête de quelque défilé d'hippodrome. Leurs privilèges, ils les payaient de leur repos, souvent de leur vie. A chaque instant, quelque lutte les forçait d'intervenir personnellement. En 1379, Philippe fut appelé en toute hâte par son beau-père le comte de Flandre. Les Flamands reprochaient au comte son entente trop française avec son gendre le duc de Bourgogne. Philippe réussit à rétablir la paix en Flandre.

A peine était-il revenu que le roi Charles V allait lui confier une armée destinée à lutter contre les Anglais, qui menaçaient la France d'une nouvelle invasion. Mais le roi était mourant; il s'éteignait à quarante-trois ans, emportant avec lui le secret de la politique prudente, consultative et conciliatrice, qui était nécessaire à la France meurtrie. Cette mort fut un grand malheur. Comme Charles VI n'avait pas douze ans, il était à craindre que ses oncles paternels, les trois frères de Charles V, les ducs d'Anjou, de Bourgogne et de Berry, et son oncle maternel, le duc de Bourbon, ne prissent une tutelle trop envahissante. Cela ne tarda guère. Dès que le roi eût fermé les yeux, le duc d'Anjou s'empara du trésor et des joyaux de la couronne. Tout n'allait pas cependant au gré des hauts et puissants ducs, qui taillaient et tranchaient en pleine France. Des émeutes éclataient à Rouen et à Paris. A l'extérieur, le duc de Bourgogne allait être appelé de nouveau contre les Flamands qui s'insurgeaient, inquiétés qu'ils étaient encore dans leur indépendance communale. Se sentant menacés dans leurs privilèges, dans leur organisation hiérarchique, tous les seigneurs se dirent qu'il fallait à tout prix étouffer un mouvement bourgeois et populaire. Il y avait là une question de vie ou de mort pour la noblesse. Le jeune roi, qui d'ailleurs était impatient de guerroyer, dit au comte de Flandre : « Votre querelle est la nôtre. » L'armée française s'avança et triompha partout. La bataille de Rosbecque acheva la déroute des Flamands. Ils furent poursuivis jusqu'à Courtrai, où se trouvait une horloge célèbre que le duc de Bourgogne fit démonter avec un grand luxe de précautions, et expédia dans sa bonne ville de Dijon. L'église de Notre-Dame l'a pieusement conservée.

A la mort du comte de Flandre, en 1384, tout l'héritage passa entre les mains du duc de Bourgogne. Outre le comté de Flandre, le duc avait le comté d'Artois, de Rethel et de Nevers, les seigneuries de Malines et de Salins, des terres en Champagne. L'histoire générale suit le duc à travers des projets de toutes sortes, projets de guerre en Flandre, projets moins heureux de descente en Angleterre. La folie du roi Charles VI, qui éclata dans la forêt du Mans, au moment d'une expédition en Bretagne, ne fit qu'augmenter le rôle prépondérant de Philippe le Hardi. Dès lors, la duchesse de Bourgogne joua trop le personnage de reine. La duchesse d'Orléans, Valentine Visconti, belle-sœur du roi, s'en offensa. Ainsi commençait sourdement, par une question de préséance et d'honneurs, la lutte entre ces deux familles. Femmes de rois, femmes de princes, femmes de ministres, ce sont elles qui, cachées derrière les grands événements de l'histoire, comme derrière les portants des décors d'un théâtre, se font inspiratrices ou conseillères des premiers rôles, provoquent, dès que leur vanité est en jeu, les ruptures et les guerres. Le duc de Bourgogne cependant, avec son esprit calme, réfléchi et au fond inquiet d'une fortune trop rapide qu'il ne voulait pas compromettre, s'efforçait en toutes choses d'amener l'apaisement. On aurait pu l'appeler, dans la dernière période de sa vie, Philippe le prudent. Il était devenu le grand médiateur. Aussi, en 1396, encouragea-t-il de tout son pouvoir le projet de mariage de Richard, roi d'Angleterre, avec la fille aînée du roi de France.

Une trêve de vingt-huit ans fut signée comme don de joyeux mariage. C'était le repos, c'était la paix. Mais l'humeur aventureuse de certains princes français les poussait au désir d'une nouvelle croisade. Les Turcs, de plus en plus envahissants, menaçaient la Hongrie. Le fils de Philippe le Hardi, Jean sans Peur, qui venait d'atteindre sa majorité, souhaitait, ainsi que tous les fils de princes, de jouer un rôle personnel. Il se mit à la tête de cette équipée, que l'on prépara avec l'enthousiasme léger que la France a trop souvent apporté quand il s'est agi de déclaration de guerre. Chasser les Turcs de Hongrie, les poursuivre jusqu'à Constantinople, affranchir la Palestine et délivrer le Saint-Sépulcre, c'était un programme qui semblait si simple et si réalisable que l'on organisa cette croisade comme une partie de plaisir. On emporta des tentes et des pavillons, on entassa les provisions, on étiqueta les vins. Les crus de Bourgogne durent avoir une place d'honneur. Philippe le Hardi leur portait une si grande sollicitude que l'année précédente, en 1395, il avait publié une ordonnance à la fois pour protéger dans nos contrées le pinot aux petits grains serrés et noirs et pour proscrire le gamay que le duc appelait un mauvais plant, un plant déloyal. La guerre contre les Turcs semblait devoir se passer en fêtes et en banquets. Ce zèle de piété et ces projets de réjouissance furent emportés dans une première rencontre avec les Turcs. Une fois de plus l'impétuosité irréfléchie des Français se brisa contre le nombre des ennemis. Blessé, aveuglé de sang, Jean sans Peur releva six fois la bannière de France, mais tout ce courage fut inutile. Bajazet, après une sanglante victoire, fit tuer un grand nombre de prisonniers et n'épargna que ceux dont la rançon, comme celle de Jean sans Peur, devait être tentante. Les États du duc avaient payé pour la croisade : ils payèrent pour le rachat. La Bourgogne à elle seule versa 62 000 francs.

Les années s'écoulaient. Philippe, vieillissant, songeait à la mort avec sérénité. Depuis longtemps il allait pour ainsi dire au-devant d'elle. A quelques pas de Dijon, à Champmol, il avait fondé un monastère de Chartreux. C'est dans le chœur de cette église que devait s'élever son tombeau. Avoir un mausolée, c'était la grande préoccupation des princes dans ce temps-là. Un admirable artiste, Jean de Marville, qui avait déjà fait « certaines images et maçonneries » dans la cathédrale de Rouen, avait conçu le plan de ce chef-d'œuvre dès 1384, vingt ans avant la mort de Philippe le Hardi. On était allé chercher dans le pays de Liège les plus beaux marbres, tandis qu'arrivaient de Gênes les pierres d'albâtre. Mais le grand tailleur d'images mourut avant que son œuvre sortît des blocs de marbre. Son successeur Sluter ne fit lui-même que la partie architecturale du mausolée et la partie décorative où défilent au bas du tombeau tous ces personnages que l'on prend pour des moines. Ces pleurants, selon la remarque publiée, cette année même, par un professeur à l'École du Louvre, M. Courajod, et son collaborateur, M. Frantz Marcou, représentent différents officiers laïques ou ecclésiastiques, vêtus pour la cérémonie d'une grosse robe de drap, d'un camail avec large capuchon. Ces officiers jouaient le rôle de suiveurs aux obsèques d'un suzerain ou d'un maître. Deux de ces statuettes étaient seules achevées lorsque mourut Philippe le Hardi, au mois d'avril 1404. Il avait voulu être enseveli dans une robe de chartreux. Étrange contradiction entre ce vœu d'humilité chrétienne et ce besoin de magnificence posthume, comme si, voulant empiéter à jamais sur la mémoire des hommes, on désirait en même temps paraître simple devant Dieu! Pour payer les premiers frais des funérailles, ses fils durent mettre en gage l'argenterie ducale, et sa veuve vint, comme une petite bourgeoise, déposer sur le cercueil sa bourse, son trousseau de clefs et sa ceinture. C'était, suivant la coutume de Bourgogne, indiquer qu'elle renonçait à la succession mobilière.

## II

Posséder la première pairie du royaume, être duc de Bourgogne et, dans l'éclat de la puissance nominative, se voir à la veille d'être réduit aux expédients; s'appeler Jean sans Peur et être Jean sans fortune, le contraste était dur. Le duc s'en tira courageusement et contracta des emprunts. Lorsqu'il ne pouvait payer les intérêts, il vendait quelques parcelles de son grand domaine. Comme l'a découvert M. Ernest Petit, à travers ses longues et patientes recherches sur Avallon, c'est de cette manière que furent aliénées les vignes que le duc possédait dans l'Avallonnais. Au début de son pouvoir, Jean sans Peur n'avait songé qu'à mener une campagne contre les Anglais, et à continuer la glorieuse tâche de politique royale. Mais bientôt sa lutte avec le frère du roi, avec le duc d'Orléans, de cachée qu'elle était, devint vive, éclatante, terrible. Au moment où le duc d'Orléans proposa au conseil du roi de nouveaux impôts pour subvenir aux frais d'une lutte avec l'Angleterre, le duc de Bourgogne déclara que ses sujets, que ses Bourguignons ne paieraient la taille que si l'on en justifiait l'absolue nécessité.

Charles VI, dans un de ses rares instants de lucidité, s'interposa. Mais que pouvait ce roi fou que l'on était obligé de faire soigner par douze hommes qui, masqués et cuirassés, le forçaient d'obéir quand on devait le changer de vêtements? Toutefois les ducs parurent se réconcilier à Paris. Embrassements, communion, promesses solennelles d'amitié, rien ne manqua aux apparences. Trois jours après, le duc d'Orléans revenait de chez la reine. Il était sur une mule, accompagné de deux écuyers, suivi de valets de pied qui portaient des flambeaux. Il s'avançait en chantant et en jouant avec son gant. Tout à coup, rue Vieille-du-Temple, une vingtaine d'hommes apostés coururent sur lui et, le renversant, le frappèrent à coups de hache et d'épée. La cervelle jaillit. Un des hommes s'approcha et dit : « Allons-nous-en, il est mort. »

Au moment où toute la famille royale vint le lendemain matin, à l'église des Blancs-Manteaux, s'agenouiller devant le corps mutilé, le duc de Bourgogne s'écria que « jamais plus méchant et plus traître meurtre n'avait été commis ». Il tint un des coins du drap mortuaire et pleura. Mais lorsque le prévôt de Paris, poursuivant son enquête et, sachant qui était l'inspirateur du crime, offrit au conseil du roi de faire des perquisitions dans les hôtels des princes, le duc de Bourgogne pâlit. Prenant à part son oncle, le duc de Berry, il avoua qu'il était l'auteur de ce meurtre. « Le diable me tentait, » dit-il.

Il ne tarda pas à reprendre son audace. Effrayé cependant de l'émotion que causait dans la France cet assassinat, il se sauva en Flandre. Il se trouva toutefois un docteur en théologie, Jean Petit, qui se chargea de prouver, par douze raisons déduites en l'honneur des douze apôtres, que Jean sans Peur avait été agréable à Dieu et au roi en tuant le duc d'Orléans, vassal rebelle, et que ce duc d'Orléans — étant un tyran, — sa disparition devenait un bienfait. Pendant que l'on discutait ainsi, la duchesse d'Orléans, en grande robe de veuve, s'agenouillait devant le dauphin et demandait justice. Le jeune duc d'Orléans, vêtu de deuil, criait vengeance. Un religieux de l'ordre de Saint-Benoît, répliquant à la plaidoirie de Jean Petit, disait au roi : « Si tu n'es l'ami de ton sang, de qui seras-tu ami? »

Au cours de ces harangues et de ces récriminations, Jean sans Peur remportait une victoire sur les Liégeois en révolte. Souvent, dans la pensée des foules, c'est être innocent que d'être victorieux. Jean sans Peur revint tête haute. Les partisans du roi, moitié crainte, moitié désir d'apaisement, provoquèrent une réconciliation générale. Mais lorsque le jeune duc d'Orléans épousa, en 1410, la fille d'un des capitaines les plus célèbres de France, du comte d'Armagnac, les partisans du duc, adoptant désormais le nom d'Armagnacs, résolurent, d'accord avec les ducs de Berry et de Bourbon, d'évincer du pouvoir le duc de Bourgogne. Jean sans Peur accepta le défi. Comme le sentiment de la patrie n'existait guère, et qu'il n'y avait que des intérêts de seigneurs, le duc de Bourgogne s'entendit avec le roi d'Angleterre et marcha sur Paris, suivi de 1200 Anglais, pendant que le vieux duc de Berry, n'obéissant qu'à sa haine contre Jean sans Peur, proposait au roi d'Angleterre la Guyenne et le Poitou, si les Anglais se détachaient de Jean sans Peur. Quelques conseillers du Dauphin, plus clairvoyants et meilleurs Français que les autres, proposèrent au Dauphin de renouveler un traité entre les Armagnacs et les Bourguignons. Ce fut le 22 août 1412, comme l'a raconté M. Challe, historien de l'Auxerrois, qu'eut lieu, dans la cathédrale d'Auxerre, cette cérémonie solennelle. Des députés de Paris et des grandes villes étaient venus. Le roi, trop malade pour prendre place sous le dais de drap d'or placé dans le chœur, céda le trône au Dauphin, qui était entouré des ducs de Berry, de Bourgogne, de Bourbon, puis des comtes et des barons. Les portes de la cathédrale largement ouvertes laissaient voir la foule massée et remuante que les soldats refoulaient. Il se fit un grand silence quand on vit entrer le jeune duc d'Orléans et son frère, vêtus de deuil, comme au lendemain de l'assassinat de leur père. Le duc de Bourbon marcha au-devant du duc, le présenta au Dauphin qui l'embrassa et le fit asseoir auprès de Jean sans Peur. Le grand dignitaire, qu'on appelait le chancelier de France, lut alors le projet de traité, où l'on se promettait, de part et d'autre, paix et alliance. Les princes posèrent la main sur l'Évangile et les gentilshommes, « l'épée en terre et la main levée, affirmèrent tous qu'ils avaient le traité pour agréable et qu'ils le ratifiaient ». On chanta le *Te Deum*, pendant que les cloches sonnaient à toute volée. La ville était en joie. Cependant, derrière l'apparat des fêtes et des réjouissances, on prévoyait les reprises d'hostilités.

Au lendemain de la défaite d'Azincourt, qui était pour la France un désastre égal à celui de Poitiers, Jean sans Peur se dirigea vers Paris. Les Armagnacs vaincus, il pouvait espérer ressaisir le pouvoir. Son idée fixe était de jouer dans le royaume le rôle qu'avait tenu son père. Mais la mort du Dauphin, emporté à vingt ans, déconcerta ses projets. Le titre de Dauphin passa au second frère, Jean, duc de Touraine, qui ne devait le garder que trois mois, brusquement emporté, lui aussi, par une maladie à Compiègne. Un troisième frère, qui devait être plus tard Charles VII, fut Dauphin à son tour. Ainsi toute la fortune du pays, menacé par les Anglais, divisé par les factions, était entre les mains d'un roi fou et d'un dauphin de dix-sept ans. Et comme si cela ne suffisait pas à cette conjuration de tous les malheurs ensemble, la reine, Isabeau de Bavière, tramait des complots contre son mari et son fils. C'est à Auxerre, comme on l'a publié dans des recherches historiques sur cette ville, que fut arrêté le projet de ligue contre le Dauphin, entre Isabeau de Bavière et Jean sans Peur. Nommé gouverneur général du royaume, Jean sans Peur organisa la guerre civile. Il entra avec Isabeau de Bavière dans Paris terrifié. Un de ses plus grands partisans, le sire de Chastellux, qui devait laisser un nom célèbre dans l'histoire de l'Avallonnais, fut à ce moment nommé maréchal de France. Le duc, de plus en plus embarrassé, aurait voulu traiter avec le Dauphin, mais les Armagnacs s'y opposèrent, et le Dauphin, prisonnier de ses propres partisans, dut transporter son gouvernement à Poitiers. Après des pourparlers de part et d'autre, une entrevue du Dauphin et de Jean sans Peur fut décidée. Elle devait avoir lieu sur le pont de Montereau. Des deux côtés du pont, deux barrières défendaient l'accès de la loge que l'on avait établie sur le pont pour ce grave entretien. Le Dauphin et le duc étaient accompagnés de chevaliers. Dès que Jean sans Peur eut franchi la barrière qui le séparait de la loge, la barrière fut fermée. Autour du Dauphin s'étaient groupés les anciens amis du duc d'Orléans assassiné. Jean sans Peur avait à peine mis un genou en terre et promis au Dauphin assistance que de part et d'autre s'élevèrent des paroles pleines de récriminations sur le passé. Soudain quatre seigneurs se précipitèrent sur le duc de Bourgogne. « Alarme ! criait-on, tue ! tue ! » Le duc tomba mort. Les assassins voulaient jeter son corps à la rivière, mais, au milieu des cris et des bruits de lutte entre les chevaliers du Dauphin et les chevaliers du duc, le curé de Montereau intervint. Le cadavre, tout sanglant, fut transporté par des mendiants à l'église paroissiale de Montereau avant de reposer cinquante ans plus tard dans la Chartreuse de Dijon, sous un magnifique mausolée.

La guerre civile devint plus menaçante que jamais. Le roi d'Angleterre, Henri V, se sentit le maître. Il voulut bien cependant consentir à faire la paix, si on le reconnaissait plus tard roi légitime. Plus tard, car Charles VI resterait roi viager. Henri V devait en outre épouser une fille de Charles VI, Catherine de France, à condition que les enfants, nés de ce mariage anglo-français, fussent héritiers du trône de France.

### III

Le fils de Jean sans Peur, le nouveau duc de Bourgogne, Philippe le Bon, dans sa haine farouche contre le Dauphin et les Armagnacs, se chargea de faire ratifier par Charles VI, par ce roi dément, le traité qui faisait de la France la servante très humble et très effacée de l'Angleterre. Ce contrat déshonorant fut signé à Troyes, le 20 mai 1420. Philippe le Bon, n'obéissant qu'à ses sentiments de fils, conclut une alliance avec Henri V. Tous deux poursuivirent les Armagnacs. Sens, Montereau, Melun furent autant de stations où se livrèrent des combats contre les Armagnacs qui, en face de cette coalition, représentaient le parti national. Lorsque Henri V, vainqueur, entra à Paris, il fit passer devant lui, avec un respect irrévérencieux, Charles VI petitement et pauvrement accompagné.

Bien que les Bourguignons suivissent la fortune de leur duc, « c'est un fait remarquable, a écrit de nos jours un historien, Dareste, qui a longuement raconté cette douloureuse période, c'est un fait remarquable que ce traité de Troyes n'ait trouvé aucun apologiste, même parmi les écrivains attachés à la maison de Bourgogne ». Henri V mourut en 1422, au moment où il livrait de nouveaux combats sur la Loire. Charles VI le suivait de près. Le fils de Henri V n'avait que neuf mois. Les Anglais offrirent la régence au duc de Bourgogne qui n'osa pas accepter. Ce fut un frère de Henri V, le duc de Bedford, qui fut proclamé régent.

Charles VII, réfugié à Bourges, était ironiquement appelé le roi de Bourges. Il convoqua tous ses grands vassaux et petits vassaux et, pour avoir des soldats plus disciplinés, il leva une légion étrangère. Les Écossais accoururent. Leur ennemi c'était l'Anglais, le voisin riche, autoritaire, qui les violentait depuis un temps infini. Un détachement français avait pu s'emparer d'une petite ville voisine d'Auxerre, de la ville de Cravant.

Cravant ne rappelle aujourd'hui que le souvenir d'une station de chemin de fer, où tout le monde descend pour prendre, soit en venant de Paris la direction d'Avallon et des Laumes, soit, en venant d'Avallon, la direction de Laroche et de Paris. Arrêt interminable, buffet, vente de journaux qu'une vieille marchande plie en toute hâte sur la tablette de sa bibliothèque, le voyageur en détresse n'a guère d'autres visions. Mais Cravant ou Crevant, comme on disait jadis, fut célèbre en 1423. Les Français l'occupaient. Les Anglo-Bourguignons, qui avaient à leur tête le maréchal de Chastellux, ne tardèrent pas à reprendre cette ville bourguignonne. Les troupes du roi Charles VII, composées de 9000 hommes, et de 3000 Écossais, sous les ordres de Jean Stuart, marchèrent contre le sire de Chastellux. L'Anglais Bedford, averti, se porta à la tête de 6000 soldats jusqu'à Auxerre. Les Bourguignons cantonnés dans la ville leur firent fête. Un conseil des deux armées se réunit dans l'église Saint-Étienne. Là fut concerté et décidé l'ordre de marche. Le lendemain, « après avoir entendu dévotement la messe et bu fraternellement un coup de vin, Anglais et Bourguignons s'en allèrent en belle ordonnance vers l'ennemi ».

Ils s'arrêtèrent le premier jour à Vincelles, puis, continuant leur marche, ils s'avancèrent jusqu'au moment où les Français, campés sur une colline, voulurent leur barrer le passage. Le combat fut rude. La victoire semblait indécise, lorsque le maréchal de Chastellux, n'étant plus cerné, se précipita sur les derrières de l'armée française et écossaise « qui se dissipa de tous côtés sans savoir où elle allait ». Le connétable des Écossais, Jean Stuart, se rendit au sire de Chastellux. Bourguignons et Anglais remercièrent Dieu en grande joie et en bon accord. Le chapitre d'Auxerre, pour perpétuer le souvenir de cette victoire qui lui conservait la ville de Cravant, décida que l'aîné de la famille de Chastellux recevrait le titre de chanoine honoraire.

A la nouvelle de cette victoire anglo-bourguignonne, il y eut, sur l'ordre de Bedford, des feux de joie à Paris. Mais un témoin écrivait dans son journal : « Le pauvre peuple n'avait pas cœur à de telles fêtes et en aurait plutôt pleuré. » Cette guerre, on l'appelait la guerre maudite. Luttes, déchirements, la patrie s'en allait en lambeaux que s'arrachaient les étrangers. Un Écossais, Douglas, recevait le comté de Touraine. L'alliance entre Bedford et Philippe le Bon était complète, tandis que dans les autres parties du royaume, les comtes et les ducs, agissant à leur guise, prenaient l'allure de maîtres qui ne relevaient que de leur ambition personnelle. Le roi de France ne savait plus où aller.

Tout lui échappait : les hommes, l'argent, la terre. Il était à Chinon, sans secours, entouré de conseillers sans espoir. On entrait dans la nuit sombre des grands abandons. C'était la fin de la France. Jeanne d'Arc apparut.

Lorsqu'on parcourt aujourd'hui la vallée de la Meuse, encadrée de collines, bordée de peupliers, et qu'après avoir vu se succéder les plaines qui semblent être faites pour de futurs champs de bataille, on arrive à Domremy, devant la maison de Jeanne d'Arc; au moment où l'on pénètre dans la très pauvre chambre traversée de lourdes et vieilles solives que les coups de sabre des Allemands ont entaillées pour en détacher des éclats et les emporter en souvenir, et quand le gardien vous montre, près de l'emplacement occupé jadis par le lit, la fenêtre étroite, véritable soupirail, d'où Jeanne, les yeux tournés vers l'église voisine, priait en écoutant ses voix, on est pris d'attendrissement, de respect, de reconnaissance et d'admiration pour cette jeune fille qui, partie de ce village, a délivré son pays et fait naître à jamais le sentiment de solidarité nationale que l'on nomme le patriotisme. Que d'étapes glorieuses depuis le jour où, sortant de Vaucouleurs, et montée sur son cheval noir, elle passa sous la porte que l'on appelait la porte de France !

Avant d'aller à Chinon, où se trouvait le roi, elle traversa Auxerre à la fin de février 1429. Personne ne se doutait alors que cette jeune fille inconnue représentait la fortune de la France. L'arrivée à Chinon, la délivrance d'Orléans, la victoire de Patay, la reddition de Troyes et de Châlons, Auxerre ouvrant ses portes, tout se succéda victorieusement jusqu'à la marche triomphale vers la cathédrale de Reims où le roi devait être sacré. Ce jour-là, ce 17 juillet 1429, elle écrivait au « haut et redouté prince, duc de Bourgogne, de faire bonne paix ferme, et qui dure longuement avec le roi de France... Pardonnez-vous l'un à l'autre de bon cœur, entièrement, ainsi que doivent faire loyaux chrétiens. Prince de Bourgogne, je vous prie, supplie et requiers tout humblement que requérir vous puis, que ne guerroyiez plus au saint royaume de France ». Elle l'en priait à mains jointes, rappelant avec une certaine mélancolie qu'elle lui avait déjà écrit trois semaines auparavant pour l'inviter au sacre, et qu'il n'avait pas daigné lui répondre.

Il y a dans toute existence qui a grandi, monté, puis qui a été soulevée par l'enthousiasme universel, un moment qui est comme le sommet d'une grande vague : jamais elle ne montera plus haut. Jamais Jeanne d'Arc ne devait retrouver la gloire éclatante de Reims. Bientôt, tout s'assombrit. A Compiègne, dans une sortie contre l'ennemi qui assiégeait la ville, elle fut tout à coup cernée et prise par les Bourguignons, plus que jamais alliés des Anglais. La Champagne et la Brie, les Anglais les avaient données au duc de Bourgogne pour prix de cette alliance. Les Bourguignons livrèrent Jeanne aux Anglais. Triste page, que l'on voudrait effacer de l'histoire; mais si Philippe le Bon a sa lourde part de responsabilité dans le bûcher qui s'éleva à Rouen, sur la place du Vieux-Marché, Charles VII n'était-il pas plus coupable encore? Il ne fit rien, il ne dit rien pour arracher à la mort celle à qui il devait son royaume.

Bien que le roi d'Angleterre, le roi enfant, Henri VI, vînt se faire couronner roi de France à Paris, dans l'église Notre-Dame, cette entrée se fit sans beaucoup d'éclat. On remarqua l'absence du duc de Bourgogne qui, soit commencement de remords, soit suite de calculs, cherchait à se rapprocher de Charles VII. De l'une des fenêtres de l'hôtel Saint-Paul, Isabeau de Bavière vit s'avancer ce cortège, et pour ainsi dire défiler son œuvre. Paris était morne. Le pape Eugène IV, inquiet des divisions qui se prolongeaient dans ce malheureux royaume de France, envoya un légat auprès du duc de Bourgogne pour hâter les préparatifs de la paix. La conférence eut lieu à Auxerre, mais ne donna aucun résultat. Philippe le Bon retourna en Flandre où de nouvelles révoltes menaçaient d'éclater. Pendant cette absence, le pays d'Avallon fut dévasté par des bandes d'aventuriers qui rappelaient les Grandes Compagnies d'autrefois. Un de ces chefs s'appelait Jacques d'Espailly. Plus connu sous le nom de Fortépice, ce capitaine voulut faire un bon coup, selon le vieux mot français, un coup rapide sur Avallon et sur Montréal. Les Avallonnais, fiers de leurs murailles, s'endormaient avec sécurité. Mais, à la fin du mois de décembre 1432, quelque solides, surveillés et défendus que fussent les remparts, Fortépice y grimpa à la suite de ses hommes, se précipita vers le château qui occupait l'emplacement où sont aujourd'hui la prison et le tribunal, en face de l'église Saint-Lazare. La garde fut surprise, la ville enlevée, les biens des Avallonnais pillés. Montréal résista, mais tous les châteaux des environs tombèrent entre les mains de ces ennemis redoutables. Il n'y eut pas jusqu'à Dijon qui ne faillit être enlevé à la suite d'un complot. Bien que Philippe le Bon eût fort à faire en Flandre, où les partis s'agitaient, des ambassadeurs, envoyés par les États de Bourgogne, le prièrent de revenir au plus vite pour sauver son duché. Le duc rassembla toutes ses troupes et, se mettant à leur tête, fit venir, pour la diriger contre Avallon, une énorme machine de guerre appelée la bombarde de Bourgogne, capable de lancer des boulets de pierre. Mais Fortépice et ses compagnons qui, depuis près de neuf mois, avaient eu le temps de se préparer à la défense, résistèrent si vigoureusement que les assiégeants durent reculer. La bombarde reprit son œuvre. Tout à coup, un large pan de murailles s'effondra. L'armée bourguignonne se jeta comme un torrent dans cette voie ouverte. Ce nouvel assaut fut encore repoussé. Philippe le Bon, exaspéré, envoya de toutes parts chercher des chevaliers et des arbalétriers. Effrayé, Fortépice, suivi d'une trentaine d'hommes, s'échappa durant la nuit, par une des poternes murées qui donnait sur les ravins. A cet endroit même s'élève aujourd'hui la promenade du Petit-Cours, dont la grande allée, ombragée et paisible, ressemble à une allée de bréviaire. Fortépice, ne songeant qu'à la fuite, oublia, non seulement ses compagnons, mais encore sa femme. Elle fut prisonnière au milieu d'un massacre général des soldats livrés ainsi par leur chef. Philippe le Bon fut si heureux de reprendre Avallon qu'il resta dans la ville jusqu'à la fin d'octobre. Puis, continuant à vouloir remettre l'ordre et rentrer dans ses biens, le duc de Bourgogne marcha vers le château de Pierre-Perthuis. Depuis trois ans, des troupes royales s'y étaient installées et fortifiées. Les soldats bourguignons forcèrent immédiatement la première enceinte. Philippe le Bon combattait comme un de ses simples soldats. Restait à s'emparer du donjon. Dans les vieux châteaux du xiv$^e$ siècle, protégés par des fossés et par une enceinte continue, le donjon était une tour plus redoutable que les autres. Indépendante de tout le reste, c'était le cœur même de la place. On y conservait les archives; on y cachait le trésor. Les assiégés, réduits à cette défense, durent capituler. Philippe le Bon, avant de leur accorder les honneurs de la guerre, exigea qu'ils rendissent tous les prisonniers bourguignons. Quelques ruines de ce château sont encore debout, ruines insignifiantes, dit le Guide Joanne. Le touriste peut, en effet, se contenter de regarder, à Pierre-Perthuis, le presbytère à tourelle, qui prend dans la solitude la douceur d'une vieille lithographie. Il n'a qu'à gravir ensuite le sentier escarpé d'où l'on aperçoit, au milieu des rochers et sortant de la profondeur des bois, les eaux de la Cure. Mais celui qui a du sang bourguignon dans les veines ne reste pas indifférent devant ces souvenirs et cet autre, plus glorieux et plus pur, déjà rappelé en tête de ce chapitre, lorsque les bourgeois de Vézelay, en 1360, reprirent ce château dont Édouard III s'était emparé pour se distraire avant de quitter la Bourgogne.

Charme mélancolique du passé qui peuple et anime tout cet horizon! Personnages qui se lèvent de leur tombeau de pierre, masse profonde des foules que l'on semble revoir! Pourquoi, au lieu de commencer par une sèche nomenclature de dates et de faits sur l'histoire universelle, ne pas apprendre d'abord l'histoire locale où se trouveraient placés, comme dans une toile de fond, les grands faits de la France? Ne suffit-il pas de se rappeler tel épisode, d'interroger un pan de muraille, de regarder un paysage de la nature immuable pour que les choses effacées reparaissent et que les générations en poussière revivent un instant? On assisterait ainsi, page par page, au développement de la France qui s'est débattue si longtemps au milieu de luttes, avant d'arriver peu à peu à une communauté d'idées et de sentiments, communauté qui, seule, fait les grands peuples.

Pendant que Philippe le Bon triomphait sur un point, les ennemis se portaient sur un autre. Fortépice essayait de surprendre Montréal et s'emparait de Coulanges-la-Vineuse. Tenant moins à ses conquêtes qu'au produit de ses conquêtes, il rendit la ville aux troupes bourguignonnes, moyennant cinq mille écus. On pouvait s'entendre avec lui, quand on y mettait le prix. Les paysans toujours pillés, toujours chassés, se lassaient de cultiver la terre. Le laboureur ne poussait sa charrue que dans la zone étroite où il était protégé par une place forte. On demandait, on appelait, on criait la paix. Aussi lorsque le duc et la duchesse de Bourgogne se rendirent à Paris, la ville entière disait : « La paix! la paix! » Un congrès se tint à Arras. Il réunissait au premier rang les légats du pape, grands messagers de pacification, des représentants de l'Angleterre, le duc de Bourgogne et les députés des villes de France. Les Anglais essayèrent de maintenir leurs prétentions au trône de France. Alors tous les regards et toutes les espérances se tournèrent vers le duc de Bourgogne. A défaut de paix avec l'étranger, on voulait du moins la paix entre Français. Les Anglais voulurent entraîner Philippe dans leur politique de résistance, assurant que sa cause était commune avec la leur. Philippe était pris de scrupules que les docteurs français se chargèrent de lever. Les articles du traité de Troyes, disaient-ils, étaient nuls puisqu'ils étaient contraires aux lois juridiques de la France. Charles VI d'ailleurs étant fou, les actes qu'il avait signés étaient entachés de nullité. Philippe se laissa convaincre, en acceptant de Charles VII d'énormes compensations, des comtés et des châtellenies, des villes comme Saint-Quentin, Amiens, Abbeville, afin de donner aux Bourguignons une ligne de défense contre les Anglais. La paix fut signée le 21 septembre 1435. Le besoin d'apaisement était tel qu'Isabeau de Bavière elle-même, cause de tant de maux et de tant de désastres, fut heureuse, presque délivrée de remords, en apprenant cette nouvelle.

S'il fallait un mot de la fin pour clore cette lutte si longue qui avait été rude et terrible pour tant de Français, on le trouverait dans l'historien Monstrelet. Voici les paroles qu'il prêtait à un pauvre chevalier : « Nous sommes bien mal conseillés de nous aventurer et mettre en péril et danger de corps et d'âme pour les singulières volontés des princes et grands seigneurs, lesquels, quand il leur plaît, se réconcilient l'un avec l'autre et souventes fois advient que nous en demeurons pauvres et détruits. »

Après que les Anglais furent chassés de Normandie, puis expulsés de Guyenne, Charles VII fit une entrée triomphale à Bordeaux. La guerre de Cent ans était finie. Il ne restait aux Anglais que Calais et deux châteaux, celui de Ham et celui de Guines.

Lorsque Louis XI succéda à Charles VII, avec une joie d'héritier qui guettait le trône paternel depuis longtemps, ce fut Philippe le Bon qui, dans tout l'éclat de son pouvoir, plaça la couronne sur la tête de Louis XI, « si humble en paroles et en habits ».

## IV

Le temps passe; les pages s'accumulent; nous nous attardons comme les visiteurs de notre pays qui, voulant faire trop de choses en un jour, voir à la fois Vézelay, Saint-Père, Pierre-Perthuis et Chastellux, se laissent surprendre par la nuit. Il nous reste cependant à parler du fils de Philippe le

Bon, du duc de Bourgogne qui fit plus de bruit encore que les trois autres, et représenta la grande et suprême lutte entre la féodalité et le roi. Le combat entre ce duc, appelé Charles le Hardi, Charles le Terrible, puis par l'histoire Charles le Téméraire, aux prises avec Louis XI, fut un combat de lion et de renard. Le duc, impatient et impétueux, se jetait dans les difficultés; le roi, prudent et rusé, tendait ses pièges. Il acheta les consciences, mais sans l'ambition vulgaire de ceux qui ne cherchent dans les hommes que des créatures obséquieuses; il chercha des partisans parmi ceux qui pouvaient être utiles au grand but poursuivi : l'unité française.

Louis XI commença par susciter de graves difficultés au gouvernement de Charles le Téméraire. Il engagea les Liégeois à se révolter contre le duc de Bourgogne. En apprenant cette trahison de Louis XI, qui était alors son hôte à Péronne, Charles le Téméraire entra dans une violente colère qui dura trois jours et trois nuits. Le duc se levait en sursaut et se promenait à grands pas, « car telle estoit sa façon quand il estoit troublé », écrivait l'historien Philippe de Commynes, qui était alors son chambellan et son conseiller. Commynes fit avertir Louis XI de l'état inquiétant de Charles le Téméraire, capable de tout, d'emprisonner le roi et même de le tuer.

Le roi poussa l'humiliation jusqu'à suivre son

vassal dans l'expédition contre les Liégeois, qui eurent la surprise vraiment extraordinaire de voir arriver en ennemi non pas honteux, mais plein de désinvolture, celui qui leur avait conseillé de se révolter. Leur ville fut incendiée : ils périrent en grand nombre. Louis XI trouva qu'il n'avait pas acheté trop cher sa propre liberté : il l'avait payée avec le sang et la ruine des autres. Il avait fait contre mauvaise fortune figure de bonhomme et il poussa la soumission apparente jusqu'à faire publier dans Paris son accord avec monseigneur de Bourgogne. Les Parisiens s'amusèrent de cet arrêt royal en apprenant à des pies et à des perruches, à tous les oiseaux moqueurs, le nom de Péronne. Ce nom, il était appelé, crié, sifflé de toutes les fenêtres, dans tous les quartiers. Ordre fut donné de saisir ces oiseaux diseurs de bons mots.

Louis XI voulut empêcher son frère Charles, qui devait avoir la Champagne en apanage, de devenir un voisin trop immédiat du duc de Bourgogne. Il proposa à ce frère, héritier de la couronne, de prendre la Guyenne au lieu de la Champagne. C'était gagner au change. L'offre fut acceptée, mais la reconnaissance ne fut pas longue. La petite cour de Bordeaux devint un centre perpétuel d'opposition.

Tout annonçait au roi une nouvelle ligue du Bien public, qui n'était que la coalition des intérêts princiers contre le pouvoir royal. Pendant cette lutte qui n'éclatait pas encore, mais qui grondait, ce n'étaient qu'alarmes perpétuelles dans l'Avallonnais. Les vignes étaient vendangées par les troupes du roi. A chaque instant, alertes, menaces, collisions. Les Avallonnais réclamaient de la poudre et des canons. De toutes parts on s'armait. Partout roulait une artillerie nouvelle. La plus puissante appartenait au roi. Il la dirigea vers tous les fiefs, il s'approcha surtout de la Guyenne. Malade depuis plusieurs mois, le frère de Louis XI, qui avait pris le titre de duc de Guyenne, mourut. On accusa le roi de l'avoir empoisonné. La preuve n'a pas été faite. Ce qu'on sait, c'est l'odieuse joie que Louis XI manifesta quand il apprit cette mort le 24 mai 1472. Les belles provinces allaient revenir à la couronne. Un Dauphin était né. Tout souriait au roi, même la mort qui venait de frapper autour de lui. Le duc de Bourgogne déclara qu'il vengerait ce qu'il appelait un crime et, jetant ce mot dans un manifeste à la face de Louis XI, il entra en campagne, passa la Somme, s'empara de la ville de Nesle, fit égorger jusqu'aux femmes et jusqu'aux enfants qui s'étaient réfugiés dans l'église. Quand il défila en triomphateur, son cheval traversa des flaques de sang.

Charles le Téméraire parcourut en fou furieux la Normandie, brûlant tout le pays de Caux. Il s'en vanta dans une lettre au duc de Bretagne. Louis XI s'empara immédiatement de certaines places importantes et empêcha la jonction des soldats bretons et bourguignons. Vaincu, avant d'avoir pu bouger, le duc de Bretagne dut signer la paix, et Charles le Téméraire, ne pouvant prendre ni Dieppe ni Rouen, fut obligé lui-même d'accepter une trêve, appelée la trêve de Senlis. Commynes avait profité du siège de Dieppe pour s'échapper une nuit du camp de Charles le Téméraire et s'offrir au service de Louis XI. Depuis l'entrevue de Péronne, Commynes méditait ce projet. Tout lui déplaisait dans le duc aux habitudes soldatesques, tandis que Louis XI, qui aimait à parler à l'oreille d'une voix très douce et très caressante, était bien le maître qu'il fallait à Commynes, souple, insinuant, né diplomate. Curieux d'abord, comme tout esprit supérieur, de pénétrer dans l'intimité d'un profond politique, Commynes était, en outre, flatté de songer qu'il pourrait prendre part bientôt aux déterminations de ce grand manieur de caractères qui excellait à enchaîner le dévouement des hommes, soit à coups de phrases louangeuses, soit à coups de places, soit à coups d'argent, selon les circonstances et les caractères. L'argent l'emportait sur le reste. Il avait toujours une provision spéciale, ce qu'il aurait pu appeler le trésor des consciences. Lorsque Édouard IV fit une descente en France à la tête d'une armée, Louis XI acheta depuis le héraut qui apporta le défi jusqu'au grand chancelier et jusqu'au roi Édouard, qui accepta une pension annuelle comme indemnité de déplacement. Tout s'arrangeait au gré du roi qui poursuivait son plan d'unité dans le royaume. Après avoir délivré le continent des Anglais, il abattait la noblesse, frappait par des exemples terribles les plus haut placés, même le connétable de Saint-Pol qui, convaincu d'entente avec les Anglais, fut décapité sur la place de Grève. Les grands se sentirent vaincus.

Le seul obstacle à l'unité nationale était le duc de Bourgogne. Après avoir assiégé Nancy, il avait eu l'orgueil d'y entrer en triomphateur, à la fin de 1475. La tête ornée d'une barrette rouge qui était surmontée de sa couronne ducale, couverte de diamants et de perles, il s'avançait sur son cheval harnaché magnifiquement. Ce devait être son dernier jour de gloire, mais jour si éclatant qu'au moment où il présidait les États de Lorraine il annonça qu'il ferait de Nancy la capitale d'un futur royaume. Le duché de Bourgogne lui paraissait trop peu de chose. Ce fut à ce moment aussi que Louis XI, désireux d'amener la paix générale, inquiet, malgré toute son habileté, d'un adversaire aussi remuant, fit proposer au duc de Bourgogne une conférence à Auxerre. Comme le duc invoquait, pour ne pas accepter ce rendez-vous, les maladies contagieuses qui régnaient dans cette ville, on chercha sur tout le cours de l'Yonne un endroit favorable où l'on pourrait établir un pont avec sécurité. Le gouverneur d'Auxerre trouvait qu'il était « moult difficile » de pourvoir à la sûreté de Monseigneur le Duc. Pendant que ce prudent gouverneur se rappelait l'assassinat commis à Montereau, Louis XI recevait de son côté des rapports qui lui signalaient une trentaine de gués que les Bourguignons pourraient utiliser contre sa liberté ou sa vie. Ce projet de rencontre royale et ducale était encore à l'étude, lorsque Charles le Téméraire, voulant châtier les Suisses, qui s'étaient permis de forcer quelques-uns de ses postes en Franche-Comté, s'avança contre eux à la tête de 25000 hommes. Il s'empara, en Suisse, de la petite ville de Granson. Bien qu'il eût promis la vie sauve aux défenseurs de la place, qui, n'étant que 800, avaient capitulé, il en fit pendre et noyer un grand nombre. Tout à coup arrivèrent des fantassins suisses n'ayant pour armes que leurs longues piques. C'était une descente en masse. Les Suisses coururent sur l'avant-garde et la taillant, la dépeçant, en rejetèrent les débris sur le centre des troupes bourguignonnes qui, prises de panique, s'enfuirent en désordre. Le duc lui-même eut peur et s'échappa de toute la vitesse de son cheval. Philippe de Commynes raconte que l'on trouva dans la déroute un diamant « qui était un des plus gros de la chrétienté où pendait une grosse perle ». Beaucoup d'historiens répètent que ce diamant est devenu le Sancy de la couronne de France. Un écrivain du xvIII[e] siècle, Duclos, imagina cette légende pour faire plaisir à Louis XV, qui, possesseur du Sancy, pouvait être flatté de cette origine.

Charles le Téméraire, ivre de vengeance, convoqua de nouvelles troupes. Il en appela de partout, de Gand et de Liège ; il ordonna de fondre les cloches de Franche-Comté et de Bourgogne pour en faire des canons. Rien ne lui manquait, excepté la force d'âme, le don d'inspirer confiance, l'enthousiasme communiqué, tout ce qui fait qu'une armée est dans la main de son chef. Ce fut à Morat que le duc de Bourgogne livra une bataille plus désastreuse encore que celle de Granson. La retraite se changea en déroute. Charles le Téméraire ne voulut pas s'avouer vaincu. Il essaya de convoquer une nouvelle armée ; mais les États de Franche-Comté ne voulaient que défendre leur pays, et les États de Bourgogne refusèrent tout impôt de guerre. Les États de Flandre en firent autant. C'était l'abandon. Quand Charles le Téméraire se présenta devant Nancy qui ne lui appartenait plus, il n'avait que 4000 hommes excédés de fatigues ; 20 000 Allemands et Suisses étaient en ligne. Vainement la noblesse bourguignonne et flamande supplia-t-elle Charles le Téméraire de ne pas engager le combat. Le 5 janvier 1477, malgré la neige qui tombait et un froid vif, le duc marcha à la tête de sa petite armée, non seulement contre les Suisses, mais contre les Allemands que payait Louis XI. Le combat fut rapide. L'armée bourguignonne fut dispersée, défaite, détruite. On trouva le surlendemain, dans un marais voisin du champ de bataille, le corps de Charles le Téméraire, la tête enfoncée dans la glace, dépouillé, couvert de blessures, méconnaissable. Ainsi finissait l'héritier de ces grands princes qui avaient été les plus puissants de la chrétienté ; ainsi périssait misérablement celui qui avait rêvé d'être un Alexandre ou un Charlemagne. Délivré d'un ennemi qui ne laissait qu'une fille de dix-neuf ans, Marie de Bourgogne, Louis XI, toujours cauteleux, homme de compromis et de marchandages, voulut s'attacher Jean de Jaucourt, gouverneur d'Auxerre. Il le nomma conseiller et chambellan et lui accorda en outre le droit de racheter le château de Bourbilly, qui venait d'être confisqué. Mais Jean de Jaucourt resta fidèle à Marie de Bourgogne, qui avait elle-même envoyé un manifeste pour qu'on lui gardât ce qu'elle appelait la foi de Bourgogne.

Jaucourt donna des ordres pour qu'on résistât à Louis XI. Avallon fut mis en état de défense. Les Avallonnais, écrit M. Ernest Petit, crurent qu'il était prudent de ne pas offenser un roi aussi redoutable. Après quelques tentatives d'insurrection et la prise de Montréal et de Semur par l'archiduc d'Autriche, Maximilien, — que la princesse Marie de Bourgogne, irritée et blessée des procédés de Louis XI, avait pris pour mari, — Jaucourt dut se sauver en Flandre. Ses terres furent confisquées ainsi que ses quatorze forteresses. Son château du Meix, situé non loin d'Avallon, près de Saint-Germain-des-Champs, fut rasé. Aujourd'hui, sur le plateau désert et dans l'accumulation des pierres enfouies poussent des genêts. A une faible distance du Meix est la terre de Marrault qui appartenait aussi à Jean de Jaucourt. Du vieux château féodal, il ne reste debout que la grosse tour ronde qui ne devait être abattue que trois cents ans plus tard et dont on voit la base au milieu des lilas et du lierre.

La mort de Marie de Bourgogne, duchesse d'Autriche, qui fut tuée à vingt-cinq ans, d'une chute de cheval, donna à Louis XI paralysé une dernière joie. Les Flamands, qui ne pouvaient supporter le pouvoir autoritaire de l'archiduc Maximilien, vinrent dans le sombre château de Plessis-les-Tours offrir au roi le comté d'Artois et toutes les provinces françaises de la succession de Bourgogne. La féodalité disparaissait, l'unité de la France était faite. Et de tout ce pouvoir, qui avait failli créer un royaume entre l'Allemagne et la France, il n'y a plus, pour rappeler tant de grandeur, de rivalités et de massacres, que les tombeaux des ducs de Bourgogne à Dijon et les vastes bois situés près de Quarré-les-Tombes. Ils portent un nom qui ne dit plus rien à ceux qui les traversent en pleine solitude : la Forêt-au-Duc.

# GUERRES RELIGIEUSES

Le commencement du protestantisme. — Calvin et Théodore de Bèze. — Le colloque de Poissy. — Jugement d'Étienne Pasquier sur les huguenots et les catholiques. — La religion réformée en Bourgogne. — La Saint-Barthélemy. — Le président Jeannin. — La Ligue. — Avallon pendant cette période.

Le contraste, entre la vie, sans cesse troublée, faite à nos ancêtres et le fond de leur caractère est saisissant. La bonne humeur, le désir d'expansion, ce sont les traits qui, déjà dans les premiers siècles, frappaient tous ceux qui entraient en communication avec les habitants de la Bourgogne, les Burgondes. Aussi, dès qu'une période de calme, dès qu'une éclaircie s'est produite au milieu de tant d'orages accumulés, le tempérament de bienveillance a-t-il repris le dessus. On pourrait, dans le dictionnaire, faire suivre le mot « affabilité » de la remarque suivante : « se dit des Bourguignons en général et en particulier des Dijonnais et des Avallonnais. » Les Dijonnais n'attendent pas qu'on leur fasse honneur de cette qualité. Les gens du bourg, du quartier populeux de Dijon, selon la remarque d'un moraliste contemporain, J.-J. Weiss, définissent leur ville une ville bien affable, en s'arrêtant longtemps sur l'a. Bien avant Weiss, en 1833, dans un précis de l'histoire de Bourgogne, un de nos compatriotes, Ragon, disait au bas d'une page en parlant d'Avallon : « Une des plus jolies villes de France par sa situation pittoresque, par ses alentours délicieux et plus encore par l'affabilité des habitants. » On n'a que l'embarras des citations. M. Quantin, archiviste du département de l'Yonne, écrivait encore : « La ville n'a pas cessé dans tous les temps de conserver ses mœurs pleines d'urbanité et de douceur. » Ce caractère, on le retrouve peu de temps après la date qui clôt le chapitre précédent. Louis XII vint deux fois à Avallon, en 1504 et en 1513. Charmé de la bonne grâce des Avallonnais, qui lui avaient apporté du miel et des confitures, il accorda à tous les habitants le droit de bourgeoisie. En 1521, le jour où François I⁰ⁿ fit également son entrée à Avallon, il y avait à tous les coins de rue des petits enfants qui criaient : « Vive le roy François ! »

Ces menus faits ne pèsent guère dans l'histoire générale, mais ils sont précieux quand on cherche à reconstituer l'ensemble des traditions d'un pays.

On connaît ainsi le vrai courant, on le voit, on le suit des yeux comme on distingue, à leur arrivée dans la mer, les cours d'eau qui ne sont pas encore mêlés à l'Océan. Mais cette ligne de douceur devait disparaître momentanément dans le grand et terrible XVIe siècle.

Toutefois, les premières années, tandis que les esprits fermentaient en Allemagne, et que Luther, dès 1517, rompait impétueusement avec le catholicisme, on put espérer qu'en France tout se passerait sans désordre. Le goût des choses nouvelles, certain désir d'affranchissement, le besoin de protestation contre des abus, comme le trafic des abbayes et la vente des indulgences, faisaient que l'on suivait avec intérêt la lutte d'un simple moine comme Luther engageant une lutte avec Léon X et Charles-Quint. La sœur de François Ier, Marguerite de Navarre, dans sa petite cour de Nérac, prenait plaisir à entendre discuter sur certains points de théologie comme sur certaines questions d'art ou de lettres. Dans plusieurs châteaux qui n'étaient plus sombres et farouches comme au moyen âge et que l'architecture de la Renaissance avait transformés en maisons de luxe et d'agrément, on suivait les péripéties de ces discussions. François Ier, que n'effarouchait pas alors une pointe de scepticisme et de liberté, laissait la Sorbonne censurer certains écrits et n'en tenait pas compte. Mais peu à peu la propagande passa des propos aux actes.

Des statues religieuses furent renversées. Des placards injurieux contre la messe, que l'on mettait au rang des superstitions, furent apposés jusque sur la porte du roi. Insultés dans leur foi, les catholiques s'alarmèrent. Ils voulurent être protégés. Comme toujours la répression fut violente. On alluma des bûchers. En 1529, un gentilhomme du pays d'Artois, convaincu d'attaques contre les dogmes catholiques, fut, en dépit des efforts de François I??, condamné et brûlé.

Pendant que l'on croyait étouffer ainsi les nouvelles doctrines, vivaient à Bourges deux étudiants dont le nom devait bientôt remplir la France et l'Europe : Calvin et Théodore de Bèze. Bourges, la vieille ville silencieuse aux rues étroites, que troublent seulement aujourd'hui deux régiments d'artillerie qui, au milieu de ce calme poétique, dans cette atmosphère cloîtrée, à l'ombre de la grande cathédrale, apportent brusquement le bruit des lourds canons et des fourgons, était alors la ville d'études, fière de son Université. François I?? avait fait venir d'Italie un professeur célèbre nommé Alciati et un autre d'Allemagne, Melchior Wolmar, qui était luthérien. Calvin, les yeux noirs, le front osseux, écoutait ses maîtres avec une sorte de religieux respect tandis que, beaucoup plus jeune, Théodore de Bèze, le fils du bailli de Vézelay, — élevé pour être prêtre et qui semblait escompter d'avance, dans une vie plus que facile, les bénéfices temporels d'une future abbaye,— s'amusait à goûter le charme des vers qu'improvisait le professeur Alciati. Le contraste entre Calvin et Théodore de Bèze, qui devaient être si intimement liés, était complet. Théodore de Bèze encore enfant, d'une figure charmante et de manières exquises, ne songeait qu'à plaire. Calvin, déjà austère et rigide, était tout entier aux préoccupations graves de la conscience. Il est probable que Calvin exerça sur son camarade l'ascendant que prend un grand étudiant dont on vante les succès et que l'on se montre avec enthousiasme.

Les persécutions devenaient plus menaçantes. En 1534, le parti catholique accusa les protestants de tramer un vaste complot où toutes les églises seraient renversées et le Louvre pillé. Le 21 janvier 1535, les chefs protestants furent brûlés sur la montagne Sainte-Geneviève en présence du roi et du parlement. On avait inventé, pour les mieux faire souffrir, une machine appelée estrapade, qui tour à tour plongeait et retirait des flammes la victime. Calvin quitta la France. Il avait autre chose à faire qu'à monter sur un bûcher. Il voulait discipliner le parti protestant que Luther avait formé tumultueusement. Calvin se retira d'abord à Bâle, puis à Genève. C'est là que vint le rejoindre Théodore de Bèze. Rompant à vingt-neuf ans avec tout son passé, pris d'une admiration de plus en plus vive pour Calvin, il lui dit sans doute, comme Samuel au Seigneur : « Parlez, votre serviteur écoute. »

Les écrits de Calvin, bien que le Parlement de Bourgogne en eût défendu la vente et la publication, se répandaient de plus en plus en France. Des petites bibles, très bien reliées et dorées se glissaient dans les poches, devenaient des livres de chevet. Les femmes en aimaient la parure et la joliveté, comme on disait alors. L'adhésion de Théodore de Bèze à la doctrine de Calvin donna en Bourgogne une grande force à la Réforme. Bien que Théodore de Bèze n'ait pas conservé de Vézelay un bien grand souvenir, puisqu'on ne trouve dans toutes ses œuvres qu'une simple allusion à sa ville natale dans l'*Histoire ecclésiastique des églises réformées* (tome I, livre I, page 65), les Bourguignons, qui ont la fierté de leurs hommes célèbres, ne lui gardaient pas rancune de cet oubli apparent. A Vézelay, à Châtel-Censoir, le calvinisme eut des partisans immédiats.

Ce qui faisait le succès de la Réforme, c'était d'abord une simplification de rapports entre le chrétien et Dieu. Il suffisait au fidèle de consulter une Bible, traduite pour la première fois en langage courant : ce qui plaisait à tous ceux qui, voulant s'instruire, reprochaient à l'Église d'avoir jusque-là confisqué les livres saints pour elle seule et les érudits. De son côté, une partie de la bourgeoisie que le clergé regardait dédaigneusement n'était pas fâchée de relever la tête et, sans adopter le protestantisme d'une façon formelle, revendiquait la liberté d'examen en matière religieuse. Enfin certains nobles, chez qui persistaient les regrets de leur puissance féodale, avaient quelque désir de combattre la royauté qui n'avait cessé, depuis le règne de Louis XI, de détruire leurs privilèges. Ils voulaient, au moment de la jeunesse du roi François II, abattre la maison de Guise, branche cadette de la maison ducale de Lorraine. Les deux frères, le duc et le cardinal, étaient maîtres absolus. Leur pouvoir se faisait lourdement sentir. Le prince de Condé, que les protestants reconnaissaient pour leur chef, rêva un coup de force. Il s'agissait de s'emparer de la reine mère Catherine de Médicis, du roi plus qu'en tutelle et des Guises que l'on aurait dépossédés à jamais de la faveur royale. Cette conjuration, qui s'appelle la conjuration d'Amboise, fut dénoncée. Les Guises se vengèrent effroyablement. On pendit, on décapita les nobles. Condé lui-même, et tout prince du sang qu'il fût, se vit arrêter et condamner à mort. Il ne dut son salut qu'à un magistrat d'une modération admirable, le chancelier de L'Hôpital, qui refusa de signer la sentence. François II mourut. Charles IX, qui n'avait pas onze ans, lui succéda. Catherine de Médicis sauva Condé et parut tout d'abord donner sa confiance à Michel de L'Hôpital. Ce fut lui qui, après avoir provoqué une amnistie pour les faits religieux, eut l'idée du colloque de Poissy, en 1561. Les évêques et les prédicateurs calvinistes devaient tour à tour se faire entendre. Michel de L'Hôpital croyait que de cette discussion sortirait une grande idée de tolérance : « N'estimez point ennemis, dit-il dans son discours d'ouverture, en s'adressant au roi, à la reine-mère, aux évêques et aux cardinaux, ceux de la nouvelle religion qui sont chrétiens comme vous et ne les condamnez point par préjugé. Recevez-les comme le père fait de ses enfants. » Théodore de Bèze, l'orateur le plus éloquent des réformés, commença par dire que le premier devoir d'un chrétien, avant l'obéissance au pape et aux rois, était l'obéissance au Roi des rois, à Dieu. Puis, au sujet du sacrement de l'Eucharistie, il nia, selon la doctrine de Calvin, la présence réelle du corps et du sang de Jésus-Christ. Le cardinal de Guise voulut obliger les protestants à reconnaître, avant toute discussion, la présence réelle et l'obéissance au pape. Le général des jésuites s'en mêlant dit que le pape seul pouvait être juge des questions religieuses. Tout se termina en discussions brillantes et stériles. Mais peu à peu les esprits s'échauffaient. Les réformés, malgré les défenses, tenaient des assemblées. A Paris, des prêtres voulurent troubler un prêche. Les protestants répliquèrent en brisant l'autel de l'église Saint-Médard. Les catholiques brûlèrent la chaire du ministre protestant. Ces deux manières de comprendre la religion se traduisirent par des coups, des blessures, des meurtres. Un édit de janvier 1562 autorisa la liberté des prêches à condition qu'ils eussent lieu dans les campagnes. Dès lors dans les jardins, les granges, les masures, la parole des ministres protestants se fit entendre. On accourait de toutes parts, moitié par enthousiasme, moitié par curiosité, pour entendre la nouvelle parole, ou encore, dit un historien, « pour connaître et remarquer ceux qui étaient protestants ».

Les prêtres catholiques rivalisèrent de zèle. Qui parle du zèle de ce temps-là peut se servir du mot violence. Çà et là, des foyers de guerre civile étaient déjà allumés lorsque le duc de Guise, passant, suivi de sa troupe, dans la petite ville champenoise de Vassy, surprit des centaines de protestants qui assistaient à un prêche. Les hommes du duc, après avoir interpellé les réformés, engagèrent la bataille. Il y eut près de trois cents victimes.

Au lendemain de ce massacre de Vassy, la guerre civile éclata furieuse, jetant Français contre Français. Dans le Midi, le terrible capitaine Montluc, chef des catholiques, sema la terreur de Toulouse à Bordeaux. On pouvait reconnaître les traces de son passage, car, dit-il dans ses commentaires, « par les arbres, sur les chemins on en trouvait les enseignes ». C'était un euphémisme pour indiquer que partout il laissait des pendus. Il aimait mieux pendre que tuer, parce que la pendaison était une permanente leçon pour les protestants. Mais quand il était trop pressé, il faisait égorger à la hâte. C'est ainsi qu'un jour il fit tuer trois cents prisonniers. « Ce fut une très belle dépêche de très mauvais garçons, » ajoute-t-il sans le moindre remords et en mettant cette odieuse guerre civile sur le même rang qu'une guerre étrangère. Le baron des Adrets, chef des protestants, fut aussi cruel pour les catholiques de Provence et du Dauphiné.

Tandis que les protestants appelaient les catholiques les papistes, les catholiques donnaient aux réformés le nom de huguenots. Huguenots vient du mot allemand *eidgenossen*, qui veut dire confédérés. Papistes contre huguenots, huguenots contre papistes ! Ce cri de guerre et cet appel de sang devaient traverser la France. Si l'on voulait résumer en une phrase équitable tout ce qui se fit alors dans les deux partis, on n'aurait qu'à citer le jugement d'un jurisconsulte français qui vivait dans ce temps-là, Étienne Pasquier : « Il serait impossible, écrivait-il, de vous dire quelles cruautés barbaresques sont commandées de part et d'autre : où le huguenot est le maître, il ruine toutes les images, démolit les sépulcres et les tombeaux, même celui des rois, enlève tous les biens sacrés et voués aux églises. En contre-échange de ce, le catholique tue, meurtrit, noie tous ceux qu'il connaît de cette secte, et en regorgent les rivières. »

Vainement L'Hôpital essayait-il encore la pacification et continuait-il à poursuivre son idée moderne de l'État qui n'a pas à connaître de la foi des citoyens et dont le rôle strict est d'être étranger à ces querelles. « Un Français et un Anglais qui sont de même religion, écrivait-il, en songeant tristement à l'unité compromise de la patrie, ont bien plus d'amitié entre eux que deux Français, citoyens de la même ville, sujets du même seigneur, mais professant des croyances opposées. » L'Hôpital eut le chagrin de mourir en assistant à la négation violente de toutes ses idées libérales. Que de flots de sang devaient couler, en effet, que d'années devaient passer avant que l'on ait compris que toute question de religion relève uniquement de la conscience individuelle! Ni pour, ni contre, mais en dehors, tel doit être le devoir de l'État. Tant qu'un principe comme celui-là n'est pas reconnu, les édits et les traités de paix religieuse ne sont que des palliatifs. Aussi, après l'assassinat du duc de Guise, en 1563, par le protestant Poltrot de Méré, l'édit d'Amboise qui autorisait l'exercice du culte protestant dans les châteaux des nobles et dans une ville par bailliage, c'est-à-dire dans une étendue de pays soumis au bailli, ne contenta-t-il personne.

## I

Après ce tableau général, il faut se cantonner exclusivement dans notre coin de Bourgogne. Les faubourgs d'Avallon furent indiqués comme pouvant servir à l'exercice de la religion réformée pour tout le bailliage de l'Auxois. Les Avallonnais, ennemis de toute violence, demandèrent aux autorités supérieures, représentées par le lieutenant de Bourgogne, M. de Tavannes, d'ordonner, pour éviter les rixes, le désarmement général des habitants et d'interdire comme contre-partie l'entrée de la ville aux protestants qui arrivaient en armes. Les protestants d'Auxerre étaient obligés de faire dix-huit kilomètres le dimanche pour entendre le prêche dans la petite ville de Cravant. Comme ils y venaient armés, les catholiques se disant menacés crièrent à la provocation. Le sang coula.

« J'ai été bien marrie d'entendre ce qui est advenu à Cravant, écrivait la reine Catherine de Médicis et de voir que tant plus nous tâchons de pacifier et apaiser les choses, il y ait toujours quelqu'un mal disposé pour troubler le repos public. »

Dans un désir d'apaisement, on autorisa les protestants à se réunir dans un faubourg d'Auxerre.

Mais il n'était sorte de vexations qu'ils n'eussent à subir. Un jour, désespérés, ils avisèrent un couvreur qui réparait la flèche de l'horloge publique et ils lui dirent d'enfermer dans la boule de métal, placée au-dessus de l'édifice, un écrit qui contenait une protestation contre l'injustice de leurs contemporains. Ils en appelaient à la postérité. « Cet écrit, qu'il nous eût été si curieux de connaître, ajoute M. Challe dans son histoire de l'Auxerrois, fut trouvé un siècle plus tard. On le jeta au feu en y voyant les noms des principales familles du pays. »

Par un cruel retour, les catholiques auxerrois auraient pu, quatre ans plus tard, en 1567, formuler, eux aussi, une protestation contre les violences commises par les protestants. Un complot livra la ville aux hommes de Condé et de l'amiral de Coligny. Ils dévastèrent les églises, abattant les statues, brisant tous les chefs-d'œuvre, arrachant jusqu'au plomb des vitraux. Le capitaine de la bande, Jehan de La Borde, se décerna le titre de gouverneur et rançonna la ville d'Auxerre, en la menaçant de pillage. De toutes parts éclataient dans notre pays des désordres sans nombre. Cravant, où certains catholiques s'étaient réfugiés, fut attaqué par les protestants qui avaient encore sur le cœur les vexations du dimanche. Malgré leur artillerie et un canon appelé la « pute gueule », c'est-à-dire la vilaine gueule, parce que les bénitiers et les chandeliers des églises avaient servi à sa fabrication, les protestants furent repoussés. Furieux, ils se vengèrent en dirigeant leur énorme canon contre le petit village d'Irancy. Les habitants furent massacrés, leurs maisons brûlées. Les horreurs de la guerre avec les Anglais, les Français les renouvelaient contre eux-mêmes. Celui qui a dit : « Aimez-vous les uns les autres, » aurait pu dire à chaque parti : « Qu'avez-vous fait de vos frères? »

La ville d'Avallon, menacée d'une embuscade, dut raser les bâtiments situés au pied des murailles. La terreur s'étendait au loin. Pontaubert, dont le clocher apparaît à l'extrémité des Iles-la-Baume, — à travers des rochers et des bois qui semblent la réduction exquise d'un paysage grandiose que l'on regarderait par l'autre bout d'une lorgnette, — vit des bandes qui brisaient tout sur leur passage. Parmi les protestants, c'était à qui mutilerait une statue de saint. Étrange vengeance, besoin de ruines qui fait qu'à tour de rôle, chaque parti, dans le court intervalle de temps où il est sur la terre, se retourne vers un passé qui l'offusque, s'imagine avoir la science totale et croit qu'avant lui personne n'a connu la vérité! Chrétiens dans les temples du paganisme, protestants dans les églises, c'est toujours le même besoin d'effacer avec rage et de penser que l'histoire est détruite, parce qu'un emblème est mutilé. Il s'y mêle aussi la satisfaction brutale de détruire en une seconde ce qui a coûté parfois tant d'efforts, de travail et d'art. Il y a peu d'années, à droite du chœur de Vézelay, au-dessus d'un bas-relief, représentant un Saint-Hubert décapité, on pouvait lire cette inscription triomphante : « Hubert Leron a cassé la tête à son patron. » Que de Lerons ont passé ainsi en France, heureux, ravis d'abattre d'un coup de marteau les œuvres les plus précieuses qui auraient donné des joies infinies à une âme d'artiste!

Durant ces guerres de religion, les partis catholiques et protestants firent de Vézelay un point capital à occuper. La situation exceptionnelle de la ville avec ses pentes si raides qu'il fallait, dit un historien du temps, plusieurs haleinées pour monter depuis le bas jusqu'au pied des murailles; les remparts et les travaux de défense rendaient Vézelay une des places fortes les plus enviables de la Bourgogne. Aussi, en 1568, fut-elle attaquée par les protestants ; mais les Vézeliens firent une résistance héroïque. C'est dans une de ces excursions dévastatrices que les protestants saisirent à un kilomètre de Vézelay, le curé d'Asquins, un religieux du petit monastère de la Cordelle et le gardien de ce monastère. On creusa, dit-on, trois grands trous. Les trois prisonniers furent placés dans ces fosses, debout, la tête seule hors de terre. Un jeu de boules commença. On visa, on brisa les trois têtes.

Comme la question religieuse l'emportait de beaucoup sur l'idée de patrie, les chefs huguenots en appelèrent à l'Allemagne protestante. Une armée d'Allemands fut levée. Elle fut confiée à Wolfgang de Bavière, duc des Deux-Ponts. Au moment où ces renforts arrivaient pour achever de donner à la guerre civile un caractère plus effroyable encore, les huguenots, voulant permettre aux Allemands de traverser la Bourgogne avec facilité, s'emparèrent de Vézelay. Ce fut au mois de février 1569, quand le petit jour commençait à peine, que réussit cette escalade. Les protestants s'installèrent en maîtres résolus à faire de cette forteresse un quartier général. La basilique, immédiatement désaffectée, devint un grenier à fourrages et une écurie. Wolfgang, en passant près des faubourgs d'Avallon, ne manqua pas de s'offrir deux cents bouteilles du meilleur vin. Quand il quitta la Bourgogne, pour aller dans le Limousin rejoindre l'amiral de Coligny, il avait incendié plus de quatre cents villages.

Le roi Charles IX donna l'ordre à un lieutenant général de l'armée catholique, Sansac, de reprendre les villes et les châteaux que les protestants occupaient en Champagne, en Bourgogne et en Nivernais. Sansac, après avoir établi un camp à Asquins, fit commencer des travaux d'approche. Les huguenots, voyant que la pointe d'avant-garde de pionniers n'était pas soutenue par le gros de la troupe catholique, organisèrent une sortie. Ils tuèrent quarante hommes ainsi que des officiers.

Le reste dut se sauver à la hâte. Sansac fit bombarder la ville. Au bout de cinq jours, des brèches étaient béantes. Les assiégeants se précipitèrent sur trois points à grands cris, pendant que, sur un quatrième point, Sansac dirigeait silencieusement des échelles d'assaut. Mais du haut de la ville-montagne rien n'échappait aux protestants. Ils arrivèrent, firent face de tous côtés, tinrent bon et quatre cents catholiques périrent. Sansac, malgré les douze canons nouveaux que la ville d'Avallon lui envoya, échoua dans une seconde tentative, et ne fut pas plus avancé, après avoir tiré trois mille coups de canon. Il résolut alors d'investir la ville et de la prendre par la famine. Mais les huguenots purent faire pénétrer des vivres et des munitions jusque dans les fossés de Vézelay. Le blocus continua même en plein hiver. Sansac découragé, voyant ses soldats tomber de privations, succomber aux maladies, dut, au mois de février 1570, reprendre la route d'Avallon. Les Huguenots le poursuivirent jusqu'à Pontaubert. Le village se défendit. Comme toujours, des maisons furent incendiées et l'ennemi, dit M. Baudouin, dans un amas de documents sur l'histoire du protestantisme en Bourgogne, n'osa pas s'engager plus loin dans les gorges des Iles-la-Baume.

Avallon catholique semblait être comme dans un îlot. Les protestants étaient maîtres de presque tous les points qui l'entouraient. Un seigneur de

Jaucourt, rentré dans ses biens à la fois à Villarnout, à Ruères et à Marrault, avait pu, en se faisant huguenot, reprendre des habitudes de seigneur féodal et parcourir le pays à la tête d'une petite armée. Ce qui se passait en Bourgogne avait lieu dans d'autres provinces. Catherine de Médicis sentait que la paix était nécessaire. Mais les soldats catholiques disaient que c'était chose indigne et injuste de faire la paix avec des hérétiques rebelles qui méritaient d'être grièvement punis, et les soldats huguenots de leur côté disaient que la paix ne serait que trahison. En même temps le nonce apostolique ne prêchait pas l'apaisement et le roi d'Espagne mettait 6000 fantassins à la disposition du roi de France pour en finir avec l'hérésie. Les chefs des partis catholiques et protestants étaient plus sages. Pendant que Sansac renonçait à la lutte en Bourgogne, le chef des protestants, l'amiral de Coligny, était attristé de toutes ces confusions et de tant de maux. Les avis de conciliation prévalurent. Le 8 août 1570 fut signée à Saint-Germain-en-Laye, où était le roi Charles IX, une paix qui, en dehors de l'amnistie générale, permettait l'exercice du culte protestant dans deux villes par province, soit dans celles où il était établi, soit dans celles qui étaient en possession des huguenots le 1er août 1570. Vézelay était indiqué comme faisant partie de ces dernières. Les seigneurs, après une déclaration préalable, furent autorisés à exercer, mais en famille seulement, le culte protestant. C'était la dévotion chez soi. Certains privilèges, comme le droit de récuser en justice quelques présidents ou conseillers, étaient accordés aux calvinistes. Ils pouvaient aussi se faire enterrer dans une sépulture à part, mais défense était faite de suivre le convoi à plus de dix personnes à la fois. Défense également aux protestants de vendre ou d'ouvrir boutique les jours des fêtes catholiques. Les jours maigres, pendant lesquels l'usage de la viande est défendue par l'église catholique et romaine, les boucheries devaient être fermées. Mais si ces points de détails restaient vexatoires, une grande, une immense concession était faite aux réformés. On leur garantissait pour deux ans quatre villes dites de sûreté : La Rochelle, Cognac, La Charité et Montauban. Ils avaient le droit d'y avoir des gouverneurs à leur choix et des garnisons sous leurs ordres.

Partout ailleurs les huguenots devaient désarmer. Ordre fut donné de renvoyer les troupes étrangères. Les Allemands quittèrent la France. Un instant tout s'apaisa. Projet de mariage de la sœur du roi Charles IX, Marguerite de Valois, qui était catholique, avec le prince de Béarn, le futur Henri IV, qui était protestant, puis, en dehors de cet acte politique, désir de trouver quelque complication étrangère qui déverserait hors de France les flots d'agitation de la noblesse protestante désireuse de combats, tout pouvait ainsi conduire de part et d'autre à l'art de transiger, qui est si souvent l'art de gouverner. Mais Catherine de Médicis se préoccupait peu de l'intérêt général. Que pouvait-elle gagner, que pouvait-elle perdre à telle ou telle combinaison? Elle n'avait d'autre programme que son ambition inquiète, toujours insatiable de puissance absolue. Aussi, quand elle vit l'amiral de Coligny soutenir et la politique privée du mariage de la princesse catholique avec le prince protestant et la politique générale de division étrangère, fut-elle prise de jalousie contre l'influence grandissante de l'amiral sur le roi. Elle eut l'idée, pour troubler tous les partis ensemble et arriver en médiatrice, de faire assassiner Coligny en faisant croire que les Guises étaient les auteurs du crime. Le 22 août 1572, au moment où Coligny passait près de Saint-Germain-l'Auxerrois, devant une maison qui appartenait aux Guises, un coup d'arquebuse fut tiré d'une fenêtre que masquait un rideau. Coligny était blessé au bras gauche, l'index de la main droite était coupé. Il désigna la maison d'où le coup de feu était parti. Mais l'assassin avait déjà pu s'enfuir.

Le roi était en train de jouer à la paume quand il apprit cette tentative de meurtre : « N'aurai-je jamais de repos, s'écria-t-il en jetant sa raquette. Verrai-je tous les jours troubles nouveaux? » Il promit de venger ce crime dont personne alors ne devinait le principal auteur. Catherine insinua tout d'abord que c'était sans doute le duc de Guise qui avait voulu venger ainsi l'assassinat de son père par Poltrot de Méré sous les murs d'Orléans. Après avoir envoyé à Charles IX un confident qui prépara le terrain, elle lui parla des complots de l'amiral de Coligny, assurant que l'on était à la veille d'une guerre civile. L'audace des huguenots, disait-elle, s'attaquait, non seulement au duc de Guise, mais au roi. Les huguenots, qui étaient déjà si arrogants, passaient maintenant en armes, continuait-elle, devant la maison du duc de Guise et proféraient des menaces. Ces menaces inquiétaient et irritaient le peuple prêt à combattre contre ces éternels agitateurs. Charles IX enfin ne se déciderait-il pas à agir en roi, en frappant les principaux chefs huguenots, comme elle venait elle-même de faire frapper Coligny? Alors, violent comme tous ceux qui sont faibles et dont l'âme hésitante subit tour à tour les influences les plus diverses, Charles IX, dans un mouvement de fureur, s'écria : « Eh bien ! tuez-les tous, au moins, afin qu'il n'en reste pas un pour me le reprocher après. »

Afin de mieux tromper les calvinistes, on plaça une compagnie des gardes du roi dans la maison même de l'amiral. Quelques huguenots furent pleinement rassurés ; mais ceux qui avaient un plus long usage de la cour et de ses complots, craignant tout, disaient que le Louvre était peuplé de troupes

L'amiral répondit, avec son calme habituel, que les troupes avaient été réunies pour organiser un tournoi et que Charles IX lui-même avait bien voulu l'en avertir.

Pendant que l'amiral, couché sur son lit de blessé, était ainsi plein de confiance, Catherine faisait venir ceux qui pouvaient l'aider dans son œuvre de sang. Le duc de Guise reçut, avec le commandement de la force armée, les pouvoirs les plus étendus. Le prévôt des marchands fut chargé de réunir la milice bourgeoise le long des quais et sur certaines grandes places. Croix blanche au chapeau, brassard d'étoffe blanche, c'était le signe de ralliement. Le signal du guet-apens devait être donné dans la nuit du dimanche 24 août, à trois heures du matin. Dès deux heures, la cloche de Saint-Germain-l'Auxerrois se faisait entendre et toutes les cloches des églises, faites pour convoquer à la prière et élever les âmes à Dieu, sonnaient le tocsin pour appeler au meurtre. Coligny fut la première victime. On le jeta par la fenêtre palpitant encore devant Guise qui le frappa du pied. De toutes parts, dans toutes les rues, on criait, on hurlait : « Tue, tue ! au huguenot ! au huguenot ! » Ceux qui fuyaient éperdus étaient rencontrés par les patrouilles bourgeoises qui les égorgeaient. « L'air résonnait des mourants, dit d'Aubigné, le grand écrivain calviniste, les corps détranchés tombaient des fenêtres, les portes cochères et autres étaient bouchées de corps achevés ou languissants. »

Presque tous se laissaient tuer sans rien dire; mais d'autres, en appelant à Dieu, s'écriaient : « Juste juge ! vengez cette perfidie. » Le vieux gouverneur du prince de Conti, qui avait plus de quatre-vingts ans, fut poignardé pendant que le prince de Conti se jetant dans ses bras mettait vainement ses petites mains au-devant des coups. Le massacre dura trois jours.

Le roi, dès le premier jour, écrivit aux gouverneurs des provinces qu'il n'était pour rien dans de telles horreurs et qu'il n'y avait eu qu'une querelle dans Paris entre les partisans des Guises et les huguenots. Mais, dès le lendemain, il envoyait dans toutes les villes importantes du royaume des messagers porteurs d'ordres verbaux, pour conseiller partout les mêmes massacres. A Meaux, à Orléans, à Angers, à Troyes, à Bourges, à La Charité et à Lyon, ces ordres furent odieusement exécutés. Lorsque ces messagers arrivèrent à Dijon, le gouverneur, le comte de Chabot-Charny, fit appeler le président Jeannin qui proposa l'ajournement, disant qu'un bon serviteur doit différer l'exécution d'ordres donnés dans la violence d'un mauvais jour pour le remettre à un lendemain plus calme. La Bourgogne fut ainsi sauvée.

Le nom de Jeannin, en qui s'est retrouvé, au milieu de la tempête de la Saint-Barthélemy, le grand et large courant d'humanité, appartient au Morvan. Le père du président, après avoir été un petit tanneur du village d'Alligny, dans le canton de Montsauche, était allé vivre à Autun. C'est là que naquit Pierre, le futur président du Parlement de Dijon qui devait montrer, dans cette terrible circonstance, le plus difficile des courages, celui de la raison et de la justice.

Tandis que six mois après la Saint-Barthélemy, L'Hôpital mourait tristement de chagrin, en maudissant ce jour exécrable, il y avait de toutes parts des abjurations peu sincères. Les nouveaux convertis par épouvante se présentaient devant le vicaire général de l'évêque. Un procès-verbal constatait ce repentir qui n'était que le ferme propos d'échapper à un massacre. On a retrouvé dans les archives de l'Yonne une liste d'une centaine de noms d'habitants d'Auxerre, qui avaient sollicité ce certificat de catholicisme. Cette formalité accomplie, on n'était pas encore tranquille. Il ne suffisait pas d'aller à la messe, il fallait être un adorateur zélé. Le roi ordonna le dénombrement des suspects. En dépit des médailles commémoratives, où le roi était représenté comme un dompteur de rebelles, malgré un arrêt du Parlement qui, s'en prenant à la mémoire de Coligny, déclara l'amiral coupable de conspiration et le condamna à être pendu en effigie à Montfaucon, Charles IX essayait vainement de se soustraire à ses remords. Chassant jusqu'à douze ou quatorze heures par jour, mangeant à peine, il fuyait un sommeil qui se peuplait de cauchemars. Il mourut à vingt-quatre ans, répétant à travers des sanglots : « Ah ! que de sang et de meurtres ! » Son frère Henri III lui succéda.

## II

Il aurait fallu un grand politique pour tirer la France d'une crise effroyable, et on était en présence d'un prince qui portait des boucles d'oreilles et se fardait comme une femme. Henri III priait dans la journée, et le soir courait aux fêtes. Il fallait qu'il eût bien le désir de s'amuser pour n'être pas effrayé de ce qui se tramait autour de lui. Son frère, le duc d'Alençon, héritier présomptif de la couronne, s'était mis à la tête du parti protestant avec le roi de Navarre et le prince de Condé. Tout un parti politique s'associa à eux. Le roi, entouré d'ennemis aussi nombreux, signa une paix par laquelle il cédait à son frère, qui s'appela désormais duc d'Anjou, l'Anjou, la Touraine et le Berry. Il donnait au roi de Navarre la Guyenne, à Condé la Picardie. Il reconnaissait aux protestants l'exercice de leur culte dans tout le royaume, excepté à Paris et à la cour. Il leur accordait en outre des villes de sûreté.

Les catholiques crièrent à la trahison. Le gouverneur de Péronne refusa de céder la place à Condé. Conserver la ville et toute la province au roi et à l'église catholique, telle fut la déclaration que signèrent en même temps des seigneurs, des prélats et des bourgeois. Ainsi commença, sur un petit point du territoire, une association qui s'étendit et devint un second gouvernement, sous le nom de la Ligue. Le duc de Guise, passé maître en fait d'intrigues, espérait se glisser au milieu de tant de divisions et atteindre la couronne, en invoquant non seulement la défense des intérêts religieux, mais ses propres droits de prétendant légitime. Des historiens complaisants, comme on en trouve toujours, firent remonter les Guises, sans trop d'efforts, jusqu'à Charlemagne. Édifiés et stipendiés, les partisans des Guises parcouraient les provinces, recueillant et sollicitant des adhésions. Le corps municipal d'Auxerre, consulté, s'abstint avec prudence de prêter son concours à ce qui n'était en définitive qu'une société secrète.

Henri III, tout en n'osant pas frapper la Ligue, redoutait l'influence du duc de Guise. Il prit le parti de se jeter dans ce mouvement politique pour en être maître. C'était à la fois couper la moisson sous le pied des Guises et s'emparer en même temps des sommes d'argent que la Ligue avait déjà recueillies. Mais les Guises, conspirant dans l'ombre, entravèrent les projets du roi qui fut menacé en même temps par une nouvelle révolte des réformés. A travers ces dangers, qui mettaient de plus en plus en péril l'unité de la France déjà si gravement compromise par la reconstitution de duchés, des troupes de brigands dévastaient notre pays et rappelaient les Grandes Compagnies qui, deux cents ans auparavant, à la suite des guerres anglaises, avaient passé en laissant derrière elles tant de misères. A chaque instant le tocsin sonnait, des gens d'armes accouraient, soutenus par les gentilshommes et des paysans qui s'armaient de fourches et de fléaux. Des traditions pleines d'effroi se sont conservées ainsi dans les villages et l'on vous montre des endroits où on s'est terriblement battu. Pour réunir tous les malheurs ensemble, la peste, qui avait déjà sévi à Avallon en 870, en 1032, en 1347, en 1515 et en 1535, et qui devait rester à l'état endémique jusqu'au siècle suivant, fit de tels ravages que les uns désertaient la ville tandis que les autres se faisaient protéger par des gardes qui empêchaient les vagabonds d'entrer. Dans un annuaire de l'Yonne, à propos de la petite montagne située en face de la ville, appelée la Morlande, et où devaient être enterrés tant de pestiférés, on lit que Morlande signifie Champ de la Mort. D'immenses processions, pour apaiser la colère céleste, se rendirent d'Avallon à Vézelay.

Le frère du roi, le duc d'Anjou, mourut en 1584. Cette mort mettait tout en cause. Henri III n'avait plus d'autre frère ; on pensait qu'il n'aurait pas d'enfant. Quel serait donc l'héritier du trône? Le jeune roi de Navarre, le chef du parti protestant, pourrait-il s'appeler Henri IV et recueillir ainsi tranquillement le royaume de la France catholique? En dehors d'un vieux cardinal de Bourbon, qui ne pouvait guère être cardinal et roi, Henri IV était le véritable héritier. Alors se réveilla la Ligue plus furieuse que jamais. Un grand conseil siégeait à Paris. Il se composait d'un délégué par chacun des seize quartiers. Ainsi s'explique le nom de Conseil des Seize. Fonds réunis, armes rassemblées, mot d'ordre demandé, tout était organisé comme dans les grands complots contre l'État, et gagnant, s'étendant partout, la Ligue entretenait des intelligences avec toutes les villes.

Malgré les efforts d'un évêque comme Jacques Amyot, homme de prudence et de conciliation s'il en fût, excellent écrivain et parfait lettré, qui ne songeait qu'à défendre sa ville contre tous les genres de fanatisme, Auxerre s'était laissé entraîner cette fois par ce torrent politique et religieux qui emportait tout. Un de ces moines, qui commençaient à faire de la chaire une tribune populaire, Claude Trahy, présentait aux peuples des faubourgs les princes de Guise, le duc, appelé le Balafré, ses frères le duc de Mayenne et le cardinal de Lorraine, comme étant les trois grands protecteurs de la religion catholique.

Pendant que se multipliaient tous ces appels à la violence, les seigneurs en province se croyaient revenus au temps de la féodalité. Chacun pour soi et tout aux dépens des autres, c'était le mot qui revenait, pendant que le roi, de plus en plus débordé, ne savait plus où donner de sa petite tête efféminée. L'armée qu'il avait réunie en Guyenne venait d'être battue à Coutras par le futur Henri IV qui, avant de livrer combat, avait prononcé un discours contre les malheurs de la guerre civile et en avait rejeté toutes les responsabilités. Il se montra ensuite plein de prévenances pour les prisonniers. Le duc de Guise avait vaincu près de Montargis les luthériens allemands, envoyés en corps auxiliaire et les avait chassés de France. En face de la défaite des armées royales par Henri IV et de la victoire personnelle du duc de Guise, Henri III ne comptait plus pour rien. La popularité du duc de Guise prit des proportions extraordinaires. La France eut pour cet homme qui avait un extérieur de dignité, des manières douces et insinuantes sous un air de commandement, un de ces mouvements de folie qu'elle a éprouvés parfois pour ceux qui voulaient mettre la main sur elle. Quand le 12 mai 1588, malgré la défense du roi, il entra dans Paris, les grandes dames lui jetaient du haut de leur balcon des bouquets de fleurs, pendant que les femmes du peuple lui baisaient les mains. « Vive Guise! vive Guise! » criaient sur son passage plus de trente mille personnes. Il marchait souriant, au petit pas, levant parfois les yeux sur une fenêtre d'où partait une acclamation plus vive.

Guise parla au roi en maître et demanda à être déclaré lieutenant général du royaume avec l'autorité la plus étendue sur les troupes. C'était mettre le roi en tutelle. Henri III s'échappa de Paris et gagna Chartres, méditant peut-être la vengeance qui devait éclater aux États de Blois. Cependant, tout parut d'abord se passer, dans les États de Blois, au gré des ligueurs, quand on entendit brusquement le roi parler dans son discours de l'ambition démesurée de quelques-uns de ses sujets. Des amis clairvoyants avertirent Guise qu'il pouvait bien se tramer quelque complot contre lui. « On n'oserait! » répondit-il avec la sécurité de quelqu'un qui voyait le roi dans un plein isolement. La sœur du duc de Guise, la duchesse de Montpensier, affectait de porter à sa ceinture des ciseaux d'or pour faire couper les cheveux du roi le jour, disait-elle, où le dernier des Valois serait enfermé dans un cloître. Mais Henri III avait autour de lui quarante-cinq hommes prêts à tout : c'était sa garde personnelle. Le matin du 23 décembre 1588, au moment où le duc montait le grand escalier, pour se rendre dans la salle du conseil, un capitaine des gardes, suivi d'une petite troupe, le sépara des pages et des gentilshommes qui l'accompagnaient. Le duc entra dans la salle du conseil où étaient déjà le cardinal de Guise et l'archevêque de Lyon, les cardinaux de Gondi et de Vendôme, les maréchaux d'Aumont et de Retz. Sauf le cardinal et l'archevêque de Lyon, les autres étaient peu ses amis. Était-ce pressentiment, crainte subite ou malaise? Le duc se plaignit d'avoir froid et s'approcha du feu. On avait commencé de lire un rapport lorsqu'un secrétaire vint dire que le roi demandait le duc, qui salua les membres du conseil et sortit de la salle. Au moment où il levait la tapisserie du cabinet du roi, un assassin lui porta un coup de poignard dans la poitrine. Le cardinal de Guise, entendant des bruits étouffés, cria : « On tue mon frère ! » On s'empara du cardinal, on le conduisit dans une chambre haute, et, le lendemain, on vint le tuer à coups de hallebarde. Les corps des deux frères, dit un récit intitulé : *l'Esprit de la Ligue*, furent mis avec leurs habits dans la chaux vive pour être consumés, de peur que les ligueurs n'en fissent des reliques. Le troisième frère, le duc de Mayenne, que l'on avait voulu faire tuer à Lyon, eut le temps de gagner la Bourgogne dont il était gouverneur.

La mort du duc de Guise, après avoir causé dans Paris un moment d'effroi, provoqua des exaspérations contre le roi que les prédicateurs encouragèrent. Jamais la politique ne s'était plus emparée de l'Église. Un des plus fougueux, Lincestre, déclarait qu'il ne prêcherait pas l'Évangile du jour, que tout le monde connaissait, mais qu'il parlerait de la vie et des débordements de ce détestable Henri de Valois. C'était le nom que l'on donnait désormais au roi. Sur les autels, les deux Guises étaient invoqués comme deux martyrs, pendant que le roi, représenté en personnage de cire, recevait des coups d'épingles en plein cœur. Un jour une immense procession portant des cierges s'arrêta sur le seuil de l'église en éteignant les cierges et en criant : « Dieu éteigne ainsi la race des Valois! » Partout la chaire devint tribune et le prédicateur homme de foules. Les moines en appelaient aux violences et parlaient en maîtres. L'État semblait être leur chose. Cette forme brutale et autoritaire se manifesta particulièrement à Auxerre. Un moine, toujours le même, Claude Trahy, s'écriait un jour, en pleine chaire et en parlant du très doux et très paisible évêque, Jacques Amyot : « S'il pénétrait ici, je ferais sonner la cloche du sermon pour assembler le peuple et lui courir sus. » On faillit le faire, et l'un des seconds de ce cordelier fanatique ameuta toute une foule de vignerons et de mariniers pour égorger Amyot et faire le cordelier évêque. Amyot n'eut que le temps de s'enfuir en adressant une protestation à la ville d'Auxerre.

En Bourgogne, la Ligue était victorieuse sur presque tous les points. Des ligueurs venant d'Auxerre assiégèrent Coulanges-la-Vineuse et massacrèrent la garnison. Après s'être dirigés vers Arcy-sur-Cure, et avoir été repoussés à Girolles, ils brûlèrent le village d'Annay-la-Côte. Partout les foules étaient surexcitées. A Paris, la mère et la veuve du duc de Guise, ainsi que la duchesse de Montpensier, sa sœur, en grand deuil, contribuaient à augmenter la mise en scène des processions et représentaient sans cesse le meurtre de Blois. C'est alors qu'un jeune homme de vingt-deux ans, un religieux, Jacques Clément, fut poursuivi par l'idée fixe de débarrasser la France de ce tyran, de cet Henri de Valois dont on faisait, à l'aide d'une anagramme, un nom comme Vilain Hérode. Il obtint à Saint-Cloud une audience d'Henri III, et frappa le roi d'un coup de poignard; Henri III était blessé à mort. La duchesse de Montpensier, apprenant ce meurtre, parcourut les rues de Paris en criant : « Bonnes nouvelles ! bonnes nouvelles ! » Des feux de joie furent allumés. Des prédicateurs appelèrent Jacques Clément un saint martyr.

## III

Après la mort de Henri III, le président au parlement de Dijon, ce même président Jeannin qui fait honneur à la Bourgogne, avait donné au duc de Mayenne l'idée ingénieuse d'appeler les princes, les pairs, les principaux officiers de la couronne et de faire sommer l'héritier du trône de devenir catholique. Si Henri IV se dérobait à cette mise en demeure, on le déclarerait déchu de ses droits. Jeannin, tout en étant attaché à la Ligue, voyait que Philippe II, roi d'Espagne, ne cessait d'exciter la guerre civile dans notre pays et que beaucoup de catholiques se disaient prêts à accepter pour roi de France le roi d'Espagne plutôt que d'avoir un roi huguenot. De même qu'au milieu des horreurs de la Saint-Barthélemy, il y a un soulagement de conscience à s'arrêter sur l'opposition du président, qui empêcha le massacre dans notre province, de même, en face de la solution parlementaire qu'il proposait, on éprouve une joie politique à voir les efforts de ce grand homme de bien qui voulait, avant tout, sauver l'intégrité du pays et empêcher les troubles intérieurs. Le duc de Mayenne n'approuva pas le projet. Peut-être aurait-il écouté plus volontiers ceux qui auraient voulu le nommer roi. Défiance ou modestie, il préféra que l'on reconnût roi, sous le nom de Charles X, le cardinal de Bourbon, qui, tout candidat à la royauté qu'il fût, était au moment même prisonnier de Henri IV.

La Ligue, pour prendre dans le peuple un point d'appui, se faisait démocratique. Elle modifia certaines organisations municipales. Avallon avait eu jusque là quatre échevins et la justice y était rendue en première instance. Des lettres patentes, écrites au nom du roi Charles X, accordèrent aux habitants le droit d'élire un maire à la pluralité des suffrages, « homme capable, bien affectionné à la religion catholique, apostolique et romaine, et pur de toute suspicion ». Un Sébastien Goreau fut nommé. Il se rendit à l'église Saint-Lazare, dit M. Raudot dans une étude intitulée : *Une petite ville au XVIᵉ siècle*, il se mit à genoux, la main étendue sur les Évangiles, tandis que le prêtre était à l'autel, tenant et lui montrant la sainte hostie. Le maire jura de garder de tout son pouvoir les franchises et libertés de la ville d'Avallon.

Huit mois après, au mois de septembre 1591, Avallon était investi par l'armée de Henri IV sous les ordres du maréchal d'Aumont. Avallon résista vaillamment. Les murailles avaient été refaites deux ans auparavant, quand le duc de Mayenne avait écrit aux Avallonnais une lettre encourageante où il les remerciait « de leur affection et bonne volonté, disant qu'il embrasserait toujours la conservation et le repos de leur ville ». Deux magistrats avallonnais, Georges de Cluny et Georges Filzjean, qui, après avoir été relevés de leurs charges par lettres patentes du cardinal de Bourbon, avaient été bannis de la ville pour cause de fidélité au roi Henri IV, s'étaient réfugiés à Montréal. Consultés par le maréchal sur le moyen de prendre Avallon, ils conseillèrent une descente de quelques hommes dans un des fossés. Une fois là, il serait facile de glisser à l'entrée d'un égout, qui passait sous une grande porte de la ville, un pétard appelé saucisse, chargé de 300 livres de poudre. L'explosion fut si formidable que la porte fut jetée à dix pieds, les chaînes du pont-levis brisées et deux tours renversées. Les royalistes se précipitèrent par la brèche. Mais le maire Sébastien Goreau, se mettant à la tête des ligueurs, réunit des hommes et on tira sur les royalistes. Deux de leurs capitaines furent tués.

Les Avallonnais, au lieu de ne voir dans cette résistance que leurs propres mérites, eurent « la ferme foy que Monsieur saint Michel, par la divine permission, était apparu sur la brèche et qu'il avait servi de défenseur à la ville, ainsi que Monsieur saint Lazare ». En souvenir de cette héroïque défense, on fonda une procession de la saucisse.

Lorsque Henri IV abjura et fit, selon une de ses remarques gasconnes, « le saut périlleux », beaucoup de Français furent persuadés que toute discussion sur ses droits à la couronne n'avait plus de raison d'être. La plupart des Bourguignons, avec leur bon sens ordinaire, disaient que puisque le roi allait à la messe on n'avait plus besoin de se battre. Mais l'ambition de quelques chefs, le fanatisme de certains ligueurs, sans compter les intrigues de Philippe II, roi d'Espagne, empêchèrent l'idée si simple d'un désarmement et d'un ralliement général. Pour en revenir toujours au détail infiniment petit, qui est comme une voile blanche, un point imperceptible sur l'océan des choses, mais un point qui doit attirer et retenir sans cesse notre vue, le maire d'Avallon, nommé Borot, ne pouvait se décider à reconnaître Henri IV, tant que le roi n'aurait pas reçu l'absolution du pape. Que le roi allât à la grand'messe, cela ne suffisait pas à édifier Borot qui entraîna les Avallonnais dans sa résistance trop catholique. Ne disait-il pas que, « pour des âmes fidèles, accepter le roi c'était absolument comme si des poules se faisaient garder par un renard et des brebis par un loup »? Les Avallonnais étaient cependant mieux conseillés. Un des grands personnages du xvi⁰ siècle, pour ces contrées, selon l'expression de la campagne, François de la Magdelaine, marquis de Ragny, — qui habitait le château de Ragny, dont le parc et ses masses profondes de verdure apparaissent non loin de Montréal, — entrait en correspondance avec eux, dans une lettre datée de Ragny, le 25 janvier 1594. C'est en qualité de gouverneur de Montréal, ville restée fidèle au roi, que Ragny invoquait, avec son désir de politique conciliante, un bon voisinage et souhaitait du bien aux Avallonnais. Puis, rappelant la conversion de Henri IV, il les conjurait de se déclarer pour le service de « ce brave et valeureux roi, que d'autres villes s'apprêtaient à reconnaître, maintenant que le prétexte pour ne pas lui obéir était levé. Je serais très aise, ajoutait-il, que quelqu'un de vous me vint trouver en ce lieu (Montréal), ce que vous pourriez faire avec telle sécurité que vous pourriez désirer, afin que plus particulièrement je vous fasse entendre les raisons pour lesquelles je vous persuade de ce que dessus ».

Ce fut au marquis de Ragny que Henri IV écrivit, le 22 mars 1594, son entrée à Paris : « Il n'y a pas eu, écrivait le roi, avec ce sentiment d'humanité qui l'a rendu si populaire, une seule maison pillée, ni presque aucune effusion de sang, à l'exception de vingt ou trente tant lansquenets que des plus séditieux habitants qui voulaient s'opposer à ce que j'avais déjà fait entrer de noblesse et de troupes. »

Dix jours après cette lettre de Henri IV, Georges Filzjean, lieutenant civil du bailliage royal transféré d'Avallon à Montréal, écrivait à Borot une lettre pour le convaincre de laisser là des scrupules trop excessifs : « Dieu nous a donné un roi catholique qui doit être reconnu tel par les démonstrations qu'il en fait. N'entrez point en partage avec

Dieu, qui a réservé à lui seul de juger de l'intérieur. Les frelons de la sédition sont expirés. » Mais Borot ne se rendait pas et engageait Avallon dans une opposition, encouragée d'ailleurs par le lieutenant général en Bourgogne, le vicomte de Tavannes, qui, félicitant les Avallonnais de leur intrépide fidélité, leur avait écrit : « Quand vous aurez besoin de nous, nous irons vous assister. » Ce Tavannes n'attendit pas qu'on l'appelât. Les frelons qui constituaient son armée, et qu'Auxerre avait chassés, s'abattirent sur Avallon. Il y avait trois fois plus de soldats que d'habitants. Ce fut comme la plaie des sauterelles. La dévastation était complète dans la petite ville et ce même Borot, écrivait, désespéré, au duc de Mayenne : « Nous serons contraints d'abandonner nos maisons pour aller par le pays mendier nos vies : ce qui serait un pauvre loyer de nos fidélités et des services que nous avons faits en ce saint parti. »

Si grande que puisse être la patience des Avallonnais, elle a cependant ses limites. Le jour où ils s'aperçurent qu'ils étaient bernés, ruinés, pillés, par les hommes en qui l'esprit de politique l'emportait de beaucoup sur le sentiment de la religion, et que le vicomte de Tavannes, pour les forcer à être fidèles et dévoués au parti agonisant de la Ligue, voulait bâtir une citadelle destinée à les tenir en perpétuelle obéissance et servitude, ils résolurent de secouer le joug et s'entendirent avec

Edme de Rochefort, gouverneur de Vézelay. C'était un vieux ligueur, passé au service du roi. Avallon lui fut livré un matin, à six heures. La paix rentra et Edme de Rochefort, rappelant les exilés, ne songea qu'à réconcilier tout le monde. Ce fut, selon les mots des échevins « comme si la guerre civile jamais ne les eût divisés ». Avallon reprit son calme habituel. Henri IV fit le meilleur accueil aux délégués avallonnais. Il écrivit aux habitants une lettre cordiale, comme il savait les écrire, pour les assurer qu'il voulait désormais embrasser leur protection. Puis, il ordonna au parlement royaliste de Bourgogne, qui siégeait à Semur, « de vérifier et entériner ses réponses aux articles présentés par ses chers et bien aimés eschevins, manans et habitants de la ville d'Avallon et notamment le rétablissement, la confirmation et continuation des privilèges, franchises et immunités dont ils jouissaient auparavant ».

Le duc de Mayenne désemparé voyait toute sa province de Bourgogne échapper à son pouvoir. Un instant il se demanda si l'intervention espagnole ne rétablirait pas l'ordre, dans le sens où il l'entendait. Toutefois il recula devant un démembrement de la France. Mais peut-être rêvait-il vaguement encore la couronne royale, lorsque ce qui se passait à Rome emporta ses dernières espérances. L'absolution papale fut donnée, le 17 septembre 1595, aux deux procureurs de Henri IV, prosternés, comme des pénitents, aux pieds de Clément VIII. Le canon tonna; on chanta le *Te Deum*; les Français qui étaient dans la ville firent des feux de joie, et, parmi les Romains qui s'associaient avec enthousiasme à cette fête, moitié par sympathie pour nous et moitié par haine pour les Espagnols qui voulaient dominer toute la chrétienté, on vit de pauvres gens qui n'avaient pas de pain acheter des portraits de Henri IV. Le duc de Mayenne demanda à traiter. Henri IV, incapable de rancune autant par bonne humeur que par politique, accueillit à bras ouverts ce très cher et très aimé cousin. Il fallait ouvrir grandement les bras, car le duc était d'une corpulence démesurée. Aussi Henri IV s'amusa-t-il, dès leur première entrevue, à le faire marcher un peu vite. Au moment où Mayenne était trop essoufflé : « Touchez là, lui dit Henri IV, voilà le seul mal que vous recevrez jamais de moi. »

Gouvernement de la Bourgogne, honneur et argent, Mayenne reçut tout. Henri IV poussa la bonté jusqu'à faire payer par le Trésor royal les dettes que Mayenne avait faites pour entretenir la guerre civile. Non seulement l'amnistie la plus large était accordée aux ligueurs, mais on leur rendait leurs biens, leurs emplois. Henri IV ne demandait en échange qu'un serment de fidélité.

Il ne resta comme dernier opposant, comme dernier chef de parti, que le duc de Mercœur qui n'entendait pas céder la Bretagne; mais la Bretagne, lasse de cette hostilité qui dura deux ans, se donna elle-même au roi. Ce que fut la politique de Henri IV, il n'est pas un petit livre d'histoire qui ne l'ait raconté. De tous les actes de ce grand roi, l'acte qui lui fait le plus d'honneur est l'édit de Nantes, promulgué en avril 1598. Cet édit déclarait la politique indépendante de la religion. Tous les emplois étaient accessibles aux réformés qui avaient les mêmes droits civils que les catholiques. Et, pour que la justice due aux protestants fût complète, il y eut, dans chaque parlement, une chambre que l'on appelait la chambre de l'édit, composée de juges catholiques et protestants. Aux objections et aux hostilités qu'il rencontrait, Henri IV répondit : « Ce que j'en ai fait est pour le bien de la paix, je l'ai faite au dehors, je la veux faire en dedans de mon royaume. L'édit est bon et nécessaire pour l'état de mes affaires, pour le bien de mon service, pour affermir la concorde et dissiper les malheurs que la discorde produit. »

Comme il se rendait compte des services qu'il avait rendus, il désirait que l'on racontât comment il avait préservé la France d'une ruine inévitable. L'historiographe qu'il choisit fut le président Jeannin. Nul ne pouvait être plus capable que ce Bourguignon d'écrire un pareil livre. Il avait vu par quels troubles le pays avait passé, et, partisan de la politique tolérante et apaisée, il désirait montrer l'honneur qui revient à Henri IV d'avoir su « acquérir encore par des bienfaits ce qui était déjà sien ». Ne jamais faire fléchir certains principes, tout en apportant à une fermeté d'esprit incapable de faux-fuyants non l'allure cassante, mais la bonne humeur et le désir de la persuasion, c'était le secret de la politique de Henri IV. « Mes prédécesseurs vous ont donné des paroles; mais moi, avec ma jaquette grise, je vous donnerai des effets » (des actes), disait-il, en ajoutant gaiement : « Je suis tout gris au dehors, mais je suis tout d'or au dedans. »

Ils étaient d'or aussi, ces deux hommes qui nous appartiennent : Ragny et Jannin. Certes il y a des amis de Henri IV, comme Crillon et comme Sully, qui tiennent une autre place dans l'histoire. Mais Ragny et Jeannin, ces figures de second plan, ont d'abord un mérite inappréciable à nos yeux : ce sont des figures bourguignonnes. Elles reflètent ensuite les deux côtés de la physionomie de Henri IV : ce qu'il y avait à la fois de courageux dans le roi, quand il sautait sur les murailles des villes et en même temps ce qu'il y avait de douceur et de pacification, dès que les armes étaient tombées. Ragny, lui aussi, s'était jeté dans les batailles et avait reçu onze blessures. Puis, au sortir de tant de luttes, il était devenu pendant un demi-siècle le meilleur, le plus brave bailli de l'Auxois, dans le vieux sens de ce mot brave, signifiant à la fois le courage et la bonté.

A une faible distance du château de Ragny, dans

l'église du petit pays qui s'appelle Savigny-en-Terre-Plaine, on voit encore deux statues en pierre, représentant à genoux, les mains éternellement jointes, François de la Magdelaine, marquis de Ragny et Catherine de Marcilly-Cypierre, son épouse. Le vieux maréchal de camp porte les insignes des ordres dont il était décoré. Catherine de Marcilly-Cypierre est en grande robe d'apparat aux manches largement bouffantes. Autour de son cou s'étale une large collerette à fraise. Après les avoir vus agenouillés ainsi dans leur chapelle, comme s'ils priaient à leur banc de seigneurs, on peut retrouver encore leur souvenir dans le château de Ragny. Il a malheureusement été réparé et transformé pour la plus grande commodité des propriétaires actuels, et le touriste regrette de n'avoir pas assez de ruines sous les yeux. Le parc où se promena plus d'une fois Ragny jusqu'en 1628, car il ne mourut qu'à quatre-vingt-trois ans, garde toujours son aspect imposant. C'est là que passèrent aussi d'autres personnages qui devaient jouer un bien grand rôle dans le siècle suivant. La famille de Gondi en fut propriétaire. Celui qui devait être le célèbre cardinal de Retz, l'agitateur de la Fronde, y vint tout enfant et quand il avait pour précepteur un homme dont il devait si peu mettre à profit les leçons de désintéressement et de dévouement, saint Vincent de Paul, qui, lui aussi, passa sous ces vastes ombrages.

# FIGURES DU XVII° SIÈCLE

Le grand Condé à Avallon. — M^me de Sévigné à Bourbilly et
à Époisses. — Bussy-Rabutin en exil au château de Bussy.
— Le père de Vauban à Saint-Léger. — Le maréchal Vauban à Bazoches.

Pour tout homme qui laisse un nom célèbre, il y a une période que l'on pourrait appeler la période historique, c'est celle où ses qualités maîtresses et directrices se sont résumées et synthétisées soit dans une victoire, soit dans une découverte, soit dans un discours. Alors, ne voyant plus que cette chose unique dans toute cette vie, les peintres, les sculpteurs, les écrivains donnent à leur héros de guerre, de science ou de tribune une attitude d'intrépidité guerrière, de méditation philosophique ou d'entraînement oratoire que reproduisent ensuite des milliers de gravures. C'est toujours la même pose, le même air de tête, le même geste. L'image est tellement fixée dans la pensée qu'on ne peut plus s'en déprendre. Il y a cependant quelque chose de plus intéressant à connaître que cette allure décorative et monotone, c'est le portrait intime qui nous dévoile les préoccupations habituelles et les pensées secrètes d'un personnage. Le succès grandissant, que fait le public lettré aux mémoires, aux journaux personnels, aux correspondances, vient de cette curiosité avide de détails. Enfin une troisième catégorie de lecteurs éprouve un plaisir plus vif encore à rechercher les premières années, la phase inconnue qui a précédé la période glorieuse. Se dire brusquement en face d'une maison qui se perd dans la foule des autres : voilà donc où a vécu enfant celui dont le nom devait remplir le monde! Il y a dans ce contraste une émotion que l'on a raison de susciter et d'entretenir par les plaques commémoratives. Loin de trouver que l'on prodigue trop les hommages quand les morts en sont dignes, nous souhaiterions que partout où a demeuré pendant quelques années ou quelques mois un grand homme, il y eût soit sur la façade de la maison, soit dans le vestibule, soit dans une simple chambre, une inscription qui conservât ce souvenir. On aurait ainsi, pour ceux qui voudraient faire un pèlerinage à travers la vie d'un homme illustre, une série de visions différentes. Ce serait comme autant de portraits datant de diverses époques.

Bossuet, encore un Bourguignon! nous a donné du grand Condé un portrait en pied que tout le monde connaît. Le moindre collégien teinté de littérature se rappelle l'oraison funèbre où Bossuet nous montre Condé, qui s'appelait alors le duc d'Enghien, livrant à vingt-deux ans une bataille aux Espagnols dans la plaine de Rocroi. La victoire qu'il portait dans ses yeux, les regards étincelants dont il étonnait l'ennemi, ses trois efforts pour rompre cette redoutable armée d'Espagne, tout est vivant à jamais. Nous ne voyons plus Condé qu'à travers les phrases magnifiques où, de l'aveu des contemporains, Bossuet s'était surpassé lui-même.

Un écrivain, qui se rattache à la Bourgogne par tant de liens, par ses années d'exil sous Louis XIV, par sa correspondance très intéressante et plus précieuse encore quand on lit les réponses qu'elle provoquait, Bussy-Rabutin, nous a donné des portraits de Condé d'après nature. Il en est un violent, grossier ; il en est un autre familier comme celui-ci, qui est certainement ressemblant : « Louis de Bourbon, prince de Condé, dit-il, était d'une taille fine et que l'on choisirait si elle dépendait du choix. Il avait les yeux vifs, le nez aquilin et la physionomie d'un aigle. Il avait les cheveux crêpés, l'air grand et noble, et qui l'aurait vu sans le connaître, parmi vingt hommes des mieux faits de la cour, aurait jugé qu'il en était le maître. Il avait l'âme grande, il était libéral et magnifique. Il soutenait son rang avec hauteur, quand il le fallait, mais dans le commerce ordinaire il était aisé, civil et honnête. Il avait l'esprit beau et grand, il causait agréablement, mais surtout les actions de guerre, il les peignait de manière qu'on croyait les voir. »

Si on voulait reconstituer un troisième portrait, un portrait plus intime encore de la période ignorée dont nous parlions tout à l'heure, un profil de Condé enfant, on trouverait les documents nécessaires dans la ville d'Avallon. Le père de celui qui devait être le grand Condé, était Henri de Bourbon, gouverneur de Bourgogne. Il fit, en 1632, une entrée solennelle dans notre ville. Les estrades recouvertes de velours rouge, ornées de crépines d'or, telles qu'on les voit aujourd'hui dans toutes les cérémonies officielles, étaient remplacées par des dais aux superbes étoffes dont les valets du prince, entre parenthèse, s'emparèrent après la cérémonie et que la ville dut leur racheter. Le prince reçut des habitants un excellent accueil et vit défiler avec plaisir une troupe de jeunes volontaires armés de piques et de mousquets, tandis qu'arrivaient, portant des arquebuses et des hallebardes, d'autres volontaires que les seigneurs de Chastellux, d'Époisses et de Bazoches avaient envoyés pour lui faire honneur. Charmé de cette hospitalité bourguignonne, il prolongea son séjour et vanta le bon air que les bois du Morvan rendent si pur. Plus d'une fois, ainsi que l'a publié notre ancien président de la Société d'études d'Avallon, M. Baudoin, le prince revint dans notre ville. Il y arrivait souvent en équipage de chasse. Il aimait à poursuivre les sangliers, les loups et les renards dont les forêts voisines étaient remplies. Il aimait aussi à apporter un faucon à tête ronde, aux grandes ailes, aux serres recourbées et puissantes, un de ces bons faucons dressé à obéir, restant immobile sur le poing et, une fois lancé dans les airs, au-dessus des plaines et des collines qui sont autour d'Avallon, sachant lutter contre le vent et fondre sur une perdrix ou sur un lièvre.

Au moment où le duc d'Enghien, âgé de quinze ans, suivait à Dijon un cours de philosophie, une épidémie, une sorte de peste s'abattit sur la contrée. Dans sa sollicitude paternelle, le prince ordonna à son fils de se réfugier à Avallon. Le jeune duc descendit dans la maison, que l'on voit entre l'Hôtel de Ville et la Tour de l'Horloge, où est installée aujourd'hui l'école communale des filles. Le portail a encore son grand air XVIIe siècle. On traverse une cour spacieuse; en avançant on voit, à certaines traces d'architecture, que la vie devait y être largement comprise. Les écuries étaient encore visibles il y a quelques années. Il n'y a plus aujourd'hui, derrière la maison, dans la cour qui sert de cour de récréation, qu'une immense table de pierre. C'est là que devaient être étalés et découpés les chevreuils ou quelque sanglier attaqué et tué d'un coup de dague. La maison avait appartenu à ce même Georges Filzjean qui, émigré pendant la Ligue, adressait au maire d'Avallon la lettre que nous avons citée dans le précédent chapitre. La veuve de Filzjean se remaria à un nommé Robert Pirot qui avait le titre de Grand Maire, c'est-à-dire de Juge Maire. Quand il mourut, le titre continua d'être porté par sa femme à qui on donna le nom assez bizarre de Madamoiselle la Grand Maire.

Le jeune prince, ainsi que le dit M. le duc d'Aumale, dans son *Histoire des princes de Condé*, se trouvait bien à Avallon. Il lisait, chassait un peu et faisait honneur aux repas bourguignons. Voici une de ses lettres, telle que l'a publiée le duc d'Aumale en respectant l'orthographe de l'époque.

« Avallon, 6 septembre 1636.

« Monsieur mon père,

« J'ai recognu, par l'affection que les messieurs d'Avallon m'ont témoigné en vostre considération, avec quel respect je dois recevoir les commandements et instructions que vous m'avez donné à mon départ pour gaigner les cœurs; que je veux garder inviolablement. Je ne vous sçaurais dire avec quelle joye Madamoiselle la Grand Maire m'a reçue en sa maison et les bons traitements qu'elle me fait. Je m'estudieray à luy apporter le moins d'incommodités que je pourray. Je n'ay apporté ici qu'un regret de vous sentir dans les périls de guerre et de peste : Je prie Dieu vous vouloir préserver de tous les deux. »

Dix jours après, il adressait cette nouvelle lettre où il montrait les sentiments de famille dont a parlé Bossuet :

« Si je ne commence de bonne heure à tascher de recognoistre par mes petits services et obéissance à vos commandemens l'amour et le soin que vous avez pour moy, je ne seray jamais qu'un ingrat. Je vis en ce bon air où il vous a plu de m'envoyer, mais c'est toujours avec crainte et perplexité pour vous sçavoir dans le danger d'où vous m'avez tiré. On me fait espérer que vous viendrez icy ; ce ne sera jamais si tost que je le désire pour mon bien et pour vostre santé, que je prie Dieu vous conserver aussi heureuse et longue que le souhaitte. »

Ainsi semble passer sur le seuil de cette porte le jeune prince déjà plein de noblesse à la veille de partir pour Paris où il devait achever son éducation militaire.

Il est d'autres portraits, qui ne sont pas des portraits de galerie, qui ne sont que des esquisses rapides, mais que l'on peut se donner la joie de rechercher dans notre pays. Nul livre de littérature ne parle de ces détails : ils sont si peu de chose pour le grand public! mais n'ont-ils pas pour nous une importance toute particulière? Un jour que dans sa jeunesse Lamartine était entraîné par le hasard d'une chasse au milieu des forêts de la Bourgogne, il arriva, ainsi qu'il l'a écrit lui-même, près d'un château démantelé, dominé par un haut et large donjon. Les parapets des fossés étaient éboulés dans l'eau stagnante. Le pont-levis, — dont les chaînes brisées et mutilées pendaient comme deux branches de gibet au-dessus de la porte, — était remplacé par une chaussée en pierre.

« Savez-vous où nous sommes? lui dit un de ses compagnons.

— Non, répondit Lamartine, mais c'est une des plus mélancoliques ruines que j'aie jamais rencontrées.

— Cette vallée et ce château, répliqua son ami, vous donneraient bien plus d'émotion aux yeux et au cœur, si je vous disais de qui ces ruines furent le berceau. Nous sommes à Bourbilly. »

Bourbilly! c'était le souvenir des premières années de M^me de Sévigné. L'image de cette enfant aux cheveux blonds, devenue, selon le mot de Lamartine, l'enfant chérie de son siècle, illumina le paysage. « Je crus entendre, ajoutait-il, son nom murmuré par la rivière, par les feuilles, par les échos des vieux murs. Puissance d'un nom qui vit et fait revivre toute la contrée morte à laquelle il a été une fois identifié. »

Les ruines ont disparu. Un admirable château, bâti par le comte de Franqueville, surprend le touriste d'une toute autre façon, mais on retrouve dans cette demeure le culte de M^me de Sévigné et celui de sa grand'mère, sainte Chantal. Fille de Messire Frémyot, président au parlement de Dijon, — président qui plaisait à Henri IV par la modestie, la sincérité et le courage, — Jeanne-Françoise Frémyot épousa le baron de Chantal. Il se battit et fut blessé aux côtés de Henri IV. Sa carrière militaire s'annonçait glorieuse, lorsqu'il fut tué à la chasse non loin de Bourbilly, dans le bois que l'on appelle le bois du Vic. Il laissait trois filles et un fils, Celse-Bénigne, qui devait épouser Marie de Coulanges. De ce mariage naquit Marie de Rabutin-Chantal, la future marquise de Sévigné.

On a publié un livre sur M^me de Sévigné en Bretagne : on pourrait publier une notice sur M^me de Sévigné en Bourgogne. Son cousin Bussy, qui, malgré quelques nuages, devait rester si intimement lié avec elle, lui écrivait le 21 novembre 1666 cette lettre assez prétentieuse pour dire que M^me de Sévigné empêchait par son charme de bien apprécier la valeur du château de Bourbilly. On ne voyait qu'elle, on ne pensait plus à la beauté de la demeure, si différente alors de la description que Lamartine en faisait cent cinquante ans plus tard.

« Je fus hier à Bourbilly, écrivait Bussy-Rabutin, je trouvai cette maison belle ; et quand j'en cherchai la raison après le mépris que j'en avais fait, il y a deux ans, il me sembla que cela venait de votre absence. En effet, vous et Mademoiselle de Sévigné enlaidissez ce qui vous environne, et vous fîtes ce tour-là, il y a deux ans, à votre maison. Il n'y a rien de si vrai, et je vous donne avis que si vous la vendez jamais, vous fassiez ce marché par procureur, car votre présence en diminuerait fort le prix. »

Mais M<sup>me</sup> de Sévigné ne songeait pas à vendre ce château de famille et, dans une lettre datée de Bourbilly, sept ans plus tard, en 1673, elle écrivait à sa fille avec l'enthousiasme d'une propriétaire : « J'arrive présentement dans le vieux château de mes pères. Voici où ils ont triomphé suivant la mode de ce temps-là. Je trouve mes belles prairies, ma petite rivière, mes magnifiques bois et mon beau moulin à la place même où je les avais laissés. »

Pendant son séjour, elle passa son temps, en femme pratique, à renouveler un bail, à en disputer le prix, sans vouloir rien rabaisser. Elle tâchait de vendre son blé. Puis elle eut la surprise de recevoir la visite d'un voisin de campage, du comte de Guitaut qui voulut à toute force l'emmener passer quelques jours à Époisses. Elle accepta cette invitation du comte et de la comtesse et trouva le château d'une grandeur et d'une beauté surprenantes. Il est vrai que M. de Guitaut y dépensait bien de l'argent. Le château avait eu jadis sous sa domination vingt-deux villages et deux cent cinquante fiefs nobles. La baronnie de Bourbilly était du nombre. Après un premier séjour de plus d'une semaine, M^me de Sévigné fut heureuse de revenir quatre ans après, et pour dix jours cette fois, auprès d'aussi bons amis. Sa voiture avait failli verser dans les fondrières et les ravines, tant les chemins de Bourgogne étaient mauvais, méchants, selon le mot de Bussy-Rabutin, mais le plaisir d'arriver à Époisses valait bien quelques désagréments. M^me de Sévigné ne tarissait pas d'éloges sur M. de Guitaut, homme aimable et de bonne compagnie et sur cette maison gaie, parée, pleine de fêtes. Elle lisait, se promenait et aimait surtout à causer. Elle s'en donnait à cœur-joie, traitant tous les sujets. Il en est un qui revenait toujours : L'absence de M^me de Grignan, sa très belle et très chère fille qui ne méritait guère un tel débordement de tendresse.

C'est dommage que M^me de Chastellux soit allée voir M^me de Sévigné à Époisses, au mois d'août 1677. M^me de Sévigné se proposait, ainsi qu'elle le dit dans une de ses lettres, d'aller au château de Chastellux. Elle aurait choisi un beau jour, un de ces jours de cristal qu'elle aimait. Quand on voit ses enthousiasmes datés de Livry, dans « le triomphe du mois de mai » ou dans les derniers beaux jours d'automne, lorsque les feuilles étaient « d'autant de sortes d'aurore qui formaient un brocart d'or », on regrette qu'elle n'ait pas vu et qu'elle n'ait pas décrit nos paysages, soit avec leurs genêts d'or sur le bord des routes, soit avec les grandes digitales pourprées dans les bois, soit avec leurs touffes de bruyères lilas couvrant les rochers. On voudrait qu'elle eût passé à différentes saisons au milieu de tout cela et qu'elle en eût laissé dans quelques lettres le souvenir impérissable.

Les descendants des de Guitaut habitent toujours le château d'Époisses. La chambre de Mᵐᵉ de Sévigné est toujours là et porte toujours son nom. Mais dans ce château rempli d'œuvres d'art, il y a quelque chose de plus précieux à nos yeux que tout le reste : ce sont les lettres autographes de la marquise adressées à la famille de Guitaut.

I

Si Mᵐᵉ de Sévigné n'a fait que de rapides séjours dans notre pays et si on ne peut voir que de profil ce visage ouvert et rayonnant de grâce, de malice et de bonté, son cousin, Bussy-Rabutin, nous appartient tout entier. Il aurait bien voulu n'être pas un Bourguignon aussi déterminé. Les années d'exil qu'il passa dans son château de Bussy pesèrent lourdement sur sa vie.

Il était né en 1618 à Épiry, non loin de Bazoches. Élevé à Autun dans un collège de jésuites, il s'en alla, dès qu'il eut seize ans, commander une compagnie dans le régiment de son père. Ses examens d'aptitude étaient superflus; il était noble. Après quatre années de service et de campagnes, le jeune Bussy obtenait la faveur de commander le régiment de son père qui le lui cédait, comme il lui aurait cédé une ferme. Bussy avait vingt ans. Il continuait à se battre, épousait, dans un intervalle de paix, Gabrielle de Toulongeon, sa cousine, et achetait la lieutenance de la compagnie des chevau-légers du prince de Condé, moyennant douze mille écus. Son père en mourant lui fit des recommandations qui se résumaient ainsi : La crainte de Dieu, le souci de l'honneur qu'il fallait mettre au-dessus de la vie et le service du roi. Toute l'existence d'un gentilhomme tenait dans ce discours en trois points. Le service du roi Louis XIV était l'objet d'un tel culte que Bussy écrivait un jour au duc de Saint-Aignan qui venait de perdre son fils aîné :

« J'ai su si bon gré au roi de la manière dont Sa Majesté vous a consolé que ce maître-là m'a paru digne du service de toute la terre. Ce n'est qu'auprès de lui seul au monde qu'on peut trouver des douceurs à perdre ses enfants... »

Cela passe la mesure. Bussy la dépassait toujours. Il était courtisan jusqu'au bout des ongles. Mais comment se fait-il que cet homme à l'âge de quarante ans, et quand il souffrait comme d'une injustice de n'être encore que mestre de camp général de cavalerie légère, eût l'imprudence et la sottise, tout homme d'esprit qu'il fût, de commettre les séries d'étourderies et d'inconvenances qui devaient le conduire d'abord à la Bastille, puis le faire exiler? Tous ses biographes ont raconté son escapade faite en pleine maturité, en compagnie de jeunes gens qui, sous prétexte de retraite pascale, se rendirent à quelques lieues de Paris, le vendredi saint, dans ce siècle de foi ou tout au moins d'étiquette religieuse, et improvisèrent dans une orgie des couplets plus que libertins. Le refrain *Alleluia* encadrait des ignominies contre le roi, la reine, le frère du roi, contre tout le monde. C'est à peu près à la même époque, et dans un désir prolongé de médisance, qu'il composa, pour amuser la marquise de Montglas, une série de chroniques sous le titre de l'*Histoire amoureuse des Gaules*. Avec sa vanité de grand seigneur qui daignait être un écrivain, Bussy lisait volontiers ces pages manuscrites. On en parlait avec des chuchotements et des rires étouffés, tandis que les victimes, et elles étaient nombreuses, juraient de se venger. L'occasion ne tarda pas. Une amie de Bussy, la marquise de la Baume, qui avait eu ces portraits à la plume entre les mains, en fit faire deux copies. Bussy essaya vainement d'arrêter le cours de ces indiscrétions. Une de ces copies fut livrée à un imprimeur hollandais qui s'empressa de la transformer en livre publié à un grand nombre d'exemplaires. Tous les noms que Bussy avait masqués de pseudonymes étaient dénoncés. Il y eut une explosion de colère. Dans un portrait de Condé, Bussy, tout en lui laissant sa physionomie d'aigle, disait que Condé était « né fourbe, insolent, sans égard et que l'adversité lui avait appris à vivre ». Les officiers et les valets de Condé parlaient de tuer Bussy. Sans la sœur de Condé, M™ de Longueville, qui s'interposa, Bussy aurait passé un mauvais quart d'heure, qui pouvait être le dernier. Bussy espérait cependant que l'orage accumulé passerait sur sa tête, sans éclater. Il venait de consentir, c'est le mot dont il se sert, à être reçu membre de l'Académie française. Son discours, il l'avait commencé d'une façon impertinente, selon son habitude, mais qui ne manquait pas d'originalité :

« Si j'étais à la tête de la cavalerie, disait-il, et que je fusse obligé de lui parler pour la mener au combat, la croyance où je serais qu'elle aurait quelque respect pour moi et que de tous ceux qui m'écouteraient il n'y en aurait guère de plus habile, me le ferait faire sans être fort embarrassé; mais ayant à parler devant la plus célèbre assemblée de l'Europe et la plus éclairée, je vous avoue, messieurs, que je me trouve un peu étonné. »

Il fut beaucoup plus étonné encore, lorsque Louis XIV, après avoir lu l'*Histoire amoureuse des Gaules*, le fit conduire à la Bastille. Bien que sainte Chantal eût prédit, quand il était tout jeune, qu'il serait un jour le saint de sa race, il ne se sentait pas d'humeur à gagner les trois degrés nécessaires à la canonisation par un séjour indéfini à la Bastille. Les treize mois qu'il y passa lui parurent plus que suffisants. Quand il sortit, il dut donner sa démission de mestre de camp. Louis XIV lui enjoignit de respirer l'air natal de Bourgogne, de gagner ses terres de Bussy, de Chaseu, de Forléans et d'y rester en exil.

C'est à six kilomètres de la station des Laumes qu'est situé le château de Bussy. Pour ne pas mêler les impressions diverses qui, se superposant, feraient dans la mémoire un amas confus d'idées, quelque chose comme des meubles entassés dans une voiture de déménagement, ne pensez plus, en regardant la plaine des Laumes, à Vercingétorix. Tout disparaîtrait encore derrière ce grand souvenir. Vous pouvez cependant, si vous vous trouvez en présence d'un contradicteur quelque peu retardataire qui assure que l'Alésia de César est en

Franche-Comté et cherche à renouveler, avec documents à l'appui, cette discussion qui a passionné jadis des sociétés savantes, vous contenter de répondre que toutes les médailles romaines et toutes les médailles des peuplades gauloises, trouvées dans la plaine des Laumes, suffiraient à elles seules à prouver que l'Alésia de César n'a jamais pu être ailleurs qu'en Bourgogne. La question est jugée depuis longtemps. Il en est une autre plus sérieuse et que Mérimée, dans un article sur l'*Histoire de Jules César*, article publié en 1866 dans le *Journal des Savants*, a formulée à peu près ainsi, au moment où il faisait le compte des quatre cent quatre-vingt-sept médailles gauloises recueillies à Alise-Sainte-Reine.

Les ignorants, écrivait-il, demandent pourquoi, lorsque l'on regarde à ses pieds on trouve tant de monnaies antiques et si peu de pièces d'un franc et même de sous. Les érudits répondent que les anciens n'avaient pas de poche. Sans discuter ici cette grande question, reprenait Mérimée, nous nous contenterons de rapporter un fait assez curieux, c'est que plusieurs fois, autour d'Alise, on a trouvé des petits amas de médailles dans la concavité d'un *umbo*, sorte de poche placée à l'intérieur du bouclier. Les soldats portaient ainsi leur pécule. S'ils étaient frappés dans le combat, ils tombaient avec leur bouclier qui, renversé, laissait échapper un bon nombre de médailles. Mais nous revoilà encore au milieu des Romains. C'est du xvııᵉ siècle qu'il s'agit.

Un vieux chemin malaisé, dur aux voitures, mène à Bussy. Le château n'apparaît pas. Personne ne se doute qu'il est placé sur la droite, près de cette route de ferme, bordée de grands arbres. Tout à coup le voilà qui se découvre avec ses larges fossés remplis d'eau et ses quatre tours rondes. La cour d'honneur s'étend large, pleine de soleil, faisant face à un parc à la française peuplé de vieux, de magnifiques arbres dont les branches traînent jusqu'à terre. Des marches tachées de rouille et de mousse conduisent à des allées pleines d'ombre, qui s'enfoncent mystérieusement et montent vers la campagne voisine. Ce contraste entre ce fond de verdure et ce château élégant et grandiose cause une impression extraordinaire. Il semble que l'on pénètre dans le château de la *Belle-au-Bois-Dormant*, et que les hôtes de cette demeure vont apparaître et revivre, comme s'ils n'avaient été frappés que d'un coup de baguette qui les eût endormis pour deux siècles. La salle du rez-de-chaussée, que l'on appelle la salle des devises, est pavée des mêmes tuiles vernies qu'autrefois, traversée au plafond des mêmes poutres, éclairée par les mêmes fenêtres à petits carreaux qui donnent sur la cour d'honneur. Tout est intact. Sur des boiseries qui couvrent les murs de la salle sont peintes des vues de France qui rappelaient à l'exilé tout ce qu'il aimait et tout ce qui lui était souvenir de grandeur : Versailles, Saint-Cloud, le Luxembourg, Saint-Germain-en-Laye. Puis, au-dessous les devises, les fameuses devises que Bussy avaient composées en les surmontant de peintures dont quelques-unes passent pour être de sa main. Comme la préoccupation de sa destinée était l'idée fixe de sa vie, il y a à chaque instant quelque chose qui rappelle gaiement ou tristement, selon le jour, son état d'esprit. C'est quelquefois assez vulgaire, quand il représente, par exemple, un oignon, qui peut bien être fait par lui, avec cette légende : « Qui me mordra pleurera. » Un escargot lui inspire ces mots latins : « *In me me involvo.* Je me renferme en moi-même. » Mieux vaut le brasier où court cette devise : « *Splendescam da materiam.* Je resplendirai, donnez-moi la matière. » Il y a là quelque chose de peu modeste, mais quand on songe à l'ennui plein d'impatience, à ces jours vides que traînait dans la solitude celui qui, aimant la gloire, voyait tous ses camarades plus jeunes que lui servir dans l'armée et arriver aux premiers grades, on comprend l'allégorie de cette existence inutilement consumée. Bussy avait en outre d'autres chagrins. M<sup>me</sup> de Montglas, oubliant, avec une désinvolture toute féminine, qu'elle était indirectement cause des malheurs qui s'étaient abattus sur lui, puisque l'*Histoire amoureuse des Gaules* avait été écrite pour elle, s'était éloignée quand elle vit Bussy malheureux. Bussy s'est vengé par des devises et des peintures qui, depuis plus de deux cents ans, perpétuent le souvenir de cet abandon. Cette sirène, avec cette devise : « Elle attire pour perdre » a la figure de M™ de Montglas, qui chantait bien. Plus loin une hirondelle s'envole : « Elle fuit les hivers, » dit la devise du bas. Un arc-en-ciel aux couleurs différentes, un croissant de lune où se retrouve encore le visage de M™ de Montglas, toutes ces allusions au caractère changeant de l'amie infidèle se retrouvent, se répètent, se contredisent quelquefois. On lit, en effet, ces deux mots : « *Decipit et placet*. Toute décevante qu'elle soit, elle plaît. » Le maître du château avait voulu se faire peindre à la place d'honneur. Au-dessus de la cheminée est un excellent portrait de Bussy, avec ces mots : « Roger de Rabutin, comte de Bussy, lieutenant général des armées du Roy, mestre de camp général de la cavalerie légère. » C'est bien lui avec ses beaux yeux, son grand front, sa physionomie railleuse.

Au sortir de la salle des devises on monte un escalier et on arrive au salon des grands hommes de guerre, selon le cœur de Bussy. Le premier est Bertrand du Guesclin, avec les titres suivants dictés par Bussy : « Connétable de France sous Charles V, duc de Molines, comte de Longueville et de Burgos, prodige de valeur. » Il y a soixante-cinq portraits, les uns ne méritant pas cette gloire, les autres dignes de cet hommage particulier et de l'admiration générale, comme Turenne. Bussy, ne pensant qu'au mérite de ce grand homme, avait pardonné la note que lui donna un jour Turenne, en le signalant à Louis XIV comme étant le meilleur officier de l'armée... pour les chansons. Dans l'illustre compagnie de tant de maréchaux, Bussy avait voulu tenir son rang et, se mêlant à eux par son portrait, les coudoyer en peinture. Ne se persuadait-il pas, d'ailleurs, avec l'illusion de tous les exilés, qu'il serait rappelé au service d'un jour à l'autre? S'il ne l'était pas, son portrait du moins serait une protestation contre l'injustice de la fortune. Il écrivait dans une de ses lettres, datée de 1677, avec un ton plein d'assurance qu'il y avait dans sa vie de quoi faire deux maréchaux de France.

Sa seule consolation, quand il se vit éloigné de plus en plus de la cour, des faveurs, des récompenses et des pensions, fut d'arranger sa demeure. Il affectait en même temps d'être revenu de toutes les vanités de ce monde. Mais quand on s'amuse à rapprocher les dates de sa correspondance, on voit cet éternel chagrin qui persiste à travers toutes les distractions et les résignations. Après avoir écrit à la comtesse de Fiesque, le 5 mai 1667 : « Je me suis tellement mal trouvé toute ma vie de prendre les choses trop à cœur que je suis résolu de ne plus avoir de passions que pour mon repos et pour des plaisirs indépendants. » Il écrivait, trois jours après, au duc de Noailles : « Est-il possible, monsieur, que je voie cette nouvelle guerre sans y être et que le roi, à qui je meurs d'envie de plaire aux dépens même de ma vie me la laisse passer si inutilement pour son service, tandis que cent mille gens qui ne sont pas si zélés que moi vont avoir l'honneur de le servir? »

Bonne comme toujours, M^me de Sévigné devinait, avec la prescience des âmes tendres et pleines de sollicitude, les tristesses de cet ambitieux déçu et de ce courtisan évincé. Elle lui écrivait dans ce même mois de mai 1667 : « Mandez un peu des nouvelles de votre vie, quelles sortes de choses vous peuvent amuser, et si l'ajustement de votre maison n'y contribue pas beaucoup. » Bussy était précisément en train d'organiser un nouveau salon où il prétendait mettre les portraits de toutes ses bonnes amies.

Nous voici, en effet, dans la tour de l'Ouest, que l'on appelle la Tour dorée. C'est là, au milieu de peintures mythologiques et de toutes les femmes célèbres de son temps, que Bussy a voulu se faire peindre pour la troisième fois en dieu Mars, en dieu vainqueur, à demi-vêtu, sûr de sa force, les cheveux blonds, le visage charmant et hospitalier. Et toujours des inscriptions latines, des banderoles, des phrases qui flottent entre les maximes d'un moraliste et des banalités sentimentales comme celles-ci : « Les larmes en amour valent bien les paroles. Il est doux de vivre en aimant... Si l'on n'aime pas trop, on n'aime pas assez. »

Il y a encore une chambre qui s'appelle la chambre Sévigné où l'on voit un portrait de la marquise, moins souriant et moins blond que le pastel fait par Nanteuil et popularisé par la gravure. Dans une grande galerie, des portraits de toutes sortes résument, pour ainsi dire, l'histoire de la Bourgogne et de la France. Les quatre ducs de Bourgogne et les quatre duchesses défilent tour à tour. En dehors des rois de France, nous retrouvons de grandes figures qui nous sont connues : Philippe de Commynes, Michel de L'Hôpital, le président Jeannin, saint Vincent de Paul et sainte Chantal.

Le parc semble s'étendre à l'infini. De distance en distance les marches de pierre paraissent attendre quelque défilé de grands seigneurs et de grandes dames du temps jadis. Les statues qui se détachent sous les arbres ont le charme mélancolique des statues de Versailles et de Saint-Cloud. Tout le xvii° siècle non plus solennel, mais intime et reflétant ce que pouvait être l'existence d'un homme de qualité sous Louis XIV, revit merveilleusement dans ce château et ce grand parc. On revoit Bussy-Rabutin, on assiste à ses essais de distractions de chambre en chambre, on l'accompagne dans ses promenades pleines de rêveries philosophiques et amères sur sa vie brisée, qui ne savait plus où se prendre. Son amour-propre, le plus irritable qui fût jamais, s'envenimait à la moindre piqûre. Comme il rêvait tous les genres de gloire, gloire des armes, gloire des lettres, une promotion de maréchaux, une faveur donnée à des écrivains lui faisait perdre encore tout bon sens.

« On m'a mandé, écrivait-il un jour au duc de Saint-Aignan, que le roi avait chargé Racine et Despréaux de travailler à son histoire. Sans parler du caractère de ces gens-là, que je tiens plus propres à des vers qu'à de la prose, j'aurais cru qu'il fallait de plus nobles mains que les leurs pour cet ouvrage. Outre qu'un homme de guerre n'eût pas eu besoin de consulter personne pour parler en termes du métier, il me paraît que les actions du plus grand roi du monde devaient être écrites par un de ses principaux capitaines, si lui-même comme César ne s'en voulait pas donner la peine. »

Notez le ton avec lequel, parlant de Racine et de Boileau, Bussy dit : ces gens-là. Il aurait fallu l'entendre dire en contre-partie : des gens comme nous, lorsque, pensant que l'Académie française ne devait être composée en majorité que de grands seigneurs : « Il faudra pourtant y laisser un certain nombre de gens de lettres, daignait-il ajouter, quand ce ne serait que pour achever le dictionnaire et pour l'assiduité que des gens comme nous ne sauraient avoir en ce lieu-là. » Cette histoire de Louis XIV, Bussy devait l'écrire un jour, mais en dépit de son assurance hautaine et des prévisions mêmes de M^me de Sévigné, ce livre n'est qu'un *memento* sans intérêt, rempli de louanges sans mesure en l'honneur de Louis XIV. Depuis le règne de Salomon, écrivait Bussy, jamais prospérité si longue n'a été sur la terre. « Le roi était grand partout, dit-il ailleurs, en particulier, en général, dans sa famille, dans ses conseils, à la tête de ses armées. » Non, Louis XIV n'était qu'un homme assez ordinaire, mais qui avait le don d'emprunt et de reflet, selon la phrase de Saint-Simon, qualité de second ordre, mais capitale pour un roi, et joignant à cette faculté un grand air de politesse et de galanterie. Dans son livre plus que médiocre, le *Te regem laudamus* est chantonné par Bussy à petits refrains plats de courtisan vieilli. Courtisan, il devait l'être jusqu'à la fin de ses jours. En 1687, quand il avait soixante-neuf ans, son exil achevé, il recommençait des démarches auprès de Louis XIV, pour faire obtenir à son second fils une abbaye et réclamer pour lui-même quatre-vingt mille francs qu'il disait lui être dus sur ses appointements de mestre de camp. Louis XIV ne daigna pas répondre. Bussy revint à la charge comme père. Son fils aîné eut un régiment de cavalerie et ce second fils, déjà pourvu, qui était né pour être évêque et membre de l'Académie française, reçut un excellent prieuré. Mais Bussy, qui ne vivait que du casuel de ses terres, en était réduit à écrire au roi : « Donnez-moi du pain, s'il vous plaît, Sire, » et, à la fin de cette supplique humiliante, il ajoutait dans une phrase heureuse où se retrouve le lettré : « Les beaux jours d'un homme de mon âge sont de beaux jours d'hiver qui ne sont pas de durée. »

On attendait tout du roi, dispensateur souverain des honneurs et de l'argent. Les plus grands personnages de France se trouvaient trop heureux d'approcher du roi, de le suivre respectueusement, de le regarder souper et de tenir son bougeoir quand il lisait ses prières. Les jeunes nobles, comme le petit-fils de M<sup>me</sup> de Sévigné, le marquis de Grignan, commençait, pour être un bon courtisan, par apprendre la danse. Savoir saluer et relever la tête était le commencement de la fortune. A quatorze ans, on se faisait présenter à Versailles, puis on entrait dans un régiment, on commandait une compagnie que l'on équipait à ses frais, on devenait rapidement colonel à vingt ans. Comme il y avait lutte de vanité entre officiers, tous s'efforçant d'avoir, à force d'argent, la plus belle compagnie ou le plus beau régiment, c'était la ruine. Et alors les familles s'épuisaient en démarches auprès du roi et des ministres pour redorer l'écusson. Les parents combinaient des projets de mariage de leur fils avec quelque fille de fermier général dont la dot fumerait les terres seigneuriales. Toutes les petites lâchetés, toutes les complaisances, toutes les abdications d'amour-propre et de fierté disparaissaient devant la vanité de paraître, de tenir grand état de maison et de jouer le soir pour imiter encore ce qui se passait à Versailles. Quand tout vous échappait et que la mort apparaissait à la fin de cette vie de parade, — que la guerre seule rendait intéressante, — on se rapprochait de Dieu pour se réserver une dernière place d'honneur dans la cour céleste. Dans une lettre adressée au roi, datée du 3 octobre 1691 et mise en appendice à la suite de la correspondance si complète de Bussy, publiée en 1859 par M. Ludovic Lalanne, Bussy écrivait sans artifice : « Sire, le misérable état où je suis depuis dix ou douze ans en suite de ma disgrâce m'a fait retourner à Dieu. » Il paraphrasait l'étendue de ses désastres dans un discours à ses enfants, il étudiait la vie des hommes les plus malheureux des siècles antérieurs, remontant jusqu'à Job, passant par Tobie et Bélisaire, pour aboutir à son histoire personnelle qui tient les deux tiers du volume. Dupe de lui-même et de ses fausses résignations, il se sentait, disait-il, plus obligé au roi de l'avoir mis dans le chemin d'être saint que de l'avoir fait maréchal de France. Il mourut le 9 avril 1693, à Autun, d'une attaque d'apoplexie. Sa fille, M<sup>me</sup> de

Coligny, lui fit faire une belle épitaphe, vantant surtout le courage de son père, courage toujours au-dessus de l'adversité, dit-elle, et témoignant de la résignation du parfait chrétien. C'est le lettré surtout qu'il fallait rappeler. Tous ceux qui doivent à la littérature les plaisirs les plus vifs, les plus délicats, les plus désintéressés, ne peuvent oublier que c'est à Bussy, à ses soins de conserver les lettres de Mᵐᵉ de Sévigné, recopiées sur un registre avec autant de soin que sa propre correspondance, que nous devons de connaître une des femmes les plus spirituelles qui aient jamais paru sur la terre. Aussi ces deux noms Sévigné et Bussy-Rabutin sont-ils devenus inséparables l'un de l'autre et, en dépit de ses défauts, de sa vanité, de son amour-propre aigri et maladif, a-t-on pour le comte de Bussy une curiosité sans cesse renouvelée. On se sent attiré vers le commerce de cet écrivain en qui se résume la race du courtisan lettré avec ses échappées pleines d'esprit, ses retours perpétuels sur sa propre fortune, se croyant propre à tout et, à la fin de son existence, regardant Dieu comme une sorte de Louis XIV, immuable, mais plus accessible. Bussy a pu se rapprocher de Dieu, même sur les autels. Chose étrange en effet, mais que la personne la plus digne de foi nous a affirmée, entre Autun et Étang, dans l'église de Laisy, un portrait de Bussy-Rabutin, trouvé sans doute à Chaseu ou dans les environs, a été transformé en saint Julien, une palme à la main.

II

Il est regrettable que dans notre pays où revivent tant de souvenirs on n'ait pas eu le culte de la maison de Vauban. Un bâtiment sans caractère, au toit moitié tuiles, moitié ardoises, s'élève à la place même où était jadis, à l'entrée de la commune de Saint-Léger, la pauvre demeure couverte de chaume. C'est là, dans une des deux chambres obscures qui composaient toute la maison, que venait au monde, le 14 mai 1633, ce futur maréchal de France. Il fut baptisé le lendemain, dans l'église de Saint-Léger, et inscrit sous le nom de Sébastien Le Prestre.

Sa famille paternelle, qui était de petite noblesse bourguignonne, avait eu en héritage la seigneurie de Vauban, située dans le Nivernais, non loin de Bazoches. Mais la misère avait obligé ces gentilshommes ruinés à changer de vie et à ne pas même ajouter à leur nom le nom de Vauban que leur fils devait illustrer à jamais. Les biographes, qui se plaisent à rechercher dans les ascendants la trace des qualités d'un homme célèbre, pourraient trouver dans le père de Vauban un trait caractéristique : la passion de rendre service. Si le dernier mot de la philosophie est de cultiver son jardin, le cultiver en pensant que l'on peut être utile à son voisin est mieux. Il y a dans le verger, qui existe encore autour de la maison, une pépinière de petits arbres fruitiers. Ce sont les descendants de ceux que ce brave homme tenait en réserve pour les offrir à tout le voisinage. « Celui qui a planté un arbre n'a pas vécu inutile, » dit un proverbe indien. Le père de Vauban en a planté partout.

Le curé de Saint-Léger, l'abbé Fontaine, prit à sa charge ce petit enfant des Le Prestre et lui donna une instruction élémentaire. Un peu de calcul, de dessin et d'arpentage, c'en était assez pour que cet écolier en chambre, laborieux et tenace, eût l'idée de travailler seul et d'en remontrer à son curé précepteur. La légende s'en mêla. Il ne faut pas dédaigner les légendes : elles résument un caractère et elles reflètent l'opinion du peuple. A Saint-Léger, il ne manque pas de gens qui vous racontent que le petit Vauban gardait un jour les moutons ou les oies (la variante ne porte que sur le genre de troupeaux) et qu'il s'amusait à tracer des fortifications avec des amas de sable, lorsque des officiers, qui étaient en tournée, s'arrêtèrent devant lui. Après quelques questions, ils furent émerveillés de ses réponses et l'emmenèrent avec eux. Comment cet enfant, qui n'avait probablement jamais été à Avallon, aurait-il eu l'idée des opérations d'un siège, de l'attaque et de la défense d'une ville? Mais si la vérité n'a pas ce côté dramatique, digne de figurer dans l'histoire des enfants célèbres, l'anecdote prouve du moins que Vauban devait déjà passer dans son village pour un esprit méditatif. Ce qui est vrai, c'est qu'un gentilhomme de Saint-Léger, qui était en Flandre capitaine dans l'armée de Condé, M. d'Arcenay, détermina la vocation militaire de Vauban. A dix-huit ans, Vauban partait de Saint-Léger, un ballot sur l'épaule et allait trouver ce parent capitaine.

Les qualités d'ingénieur qui s'éveillaient en Vauban ne tardèrent pas à se montrer. Il fortifia dans l'Argonne la petite ville de Clermont; il en fit de même pour Sainte-Menehould et il eut l'occasion, chemin faisant, de se conduire en héros. Mazarin, qui aimait les gens heureux, voulut voir ce cadet de famille et se l'attacha, par ce don de grâce et de séduction personnelle qui explique le pouvoir de ce ministre, toujours à la recherche d'hommes capables de le servir.

L'avancement de Vauban fut si rapide qu'à vingt-deux ans il était nommé ingénieur du roi. Jamais carrière ne fut mieux remplie. On a fait le compte des sièges qu'il a dirigés : ils sont au nombre de cinquante-trois; des places qu'il a fortifiées : le chiffre atteint cent soixante, le tout sans préjudice des combats et des actions de vigueur. Se dévouer à une très grande et très noble tâche, sans être calomnié, c'est un spectacle inconnu. Un jour, on l'accusa, lui et les ingénieurs qui travaillaient sous ses ordres et fortifiaient Arras, de certains détournements. Louvois demanda des explications à Vauban, qui répondit par une lettre indignée se terminant ainsi :

« Examinez donc hardiment et sévèrement; bas toute tendresse ; car j'ose bien vous dire que, sur le fait d'une probité très exacte et d'une fidélité sincère, je ne crains ni le roi, ni vous, ni tout le genre humain tout ensemble. La fortune m'a fait naître le plus pauvre gentilhomme de France ; mais, en récompense, elle m'a honoré d'un cœur sincère, si exempt de toutes sortes de friponneries qu'il n'en peut même souffrir l'imagination sans horreur. »

A côté de ses états de services qui sont incomparables, il y a quelque chose de plus extraordinaire, c'est la façon dont il comprenait la guerre et le commandement. La guerre, il la voulait avec la part d'humanité qu'elle peut avoir. Bombarder une ville lui paraissait un acte sauvage et criminel. Le moins de sang possible, se disait-il toujours. S'il avait ce souci, quand il s'agissait de l'ennemi, avec quelle prudence ménageait-il la vie de ses soldats ! Souvent il luttait avec les officiers jeunes, impétueux, prêts à exposer leur vie et celle de tous leurs hommes, pour hâter un mouvement militaire dont le résultat pouvait être atteint d'une façon plus calme et plus patiente. Il luttait même avec le roi. Un jour que Louis XIV voulait emporter brusquement, séance tenante, une position qui pouvait être cernée : « Vous perdrez tel homme, disait Vauban au roi, qui vaut mieux que le fort. »

Dans l'exercice du commandement, il apportait une sollicitude moins tendre, moins paternelle que celle de Turenne et prêtant moins à la légende au bas d'une gravure, mais il s'appliquait à chercher tous les moyens de rendre moins lourd le rude impôt du sang et du temps. Il voulait tout d'abord que l'on réglât mieux les levées d'hommes dans les cantons, qu'il y eût un tirage au sort, une répartition égale dans toute la France. Une des choses qui le révoltait était de voir que l'on condamnait aux galères les pauvres diables qui désertaient, après qu'on les eût arrachés par violence à leurs champs ou qu'on les eût trompés pour les enrôler.

Le service de trois ans lui paraissait suffisant, après quoi, disait-il, congé absolu et honorable. Il voulait que le soldat, pendant cette période où il se dévouait au roi, fût bien traité, qu'il eût une paie convenable, qu'il fût mieux nourri. Lui-même imagina une recette pour faire, au lieu du pain immangeable que l'on distribuait, une soupe au blé très facile à faire. A sa préoccupation de bien-être et à sa bienveillance pour les inférieurs s'alliait une grande fermeté avec ses officiers et une franchise absolue, même quand il parlait aux ministres ou au roi. Le courage des idées, qu'un moraliste a appelé le courage le plus rare de tous, il le montra dans une grande circonstance sans craindre de braver l'opinion courante ou la colère de Louis XIV. Il ne s'agissait plus alors de questions militaires, il s'agissait d'un acte politique. Vauban vit plus loin et plus juste que tous ses contemporains.

Ce qui caractérise un grand homme, c'est d'être en avant sur son siècle, c'est de pressentir ce que sera la vérité pour les générations futures et d'oser le dire. Homme de guerre, homme de science ou homme politique, il soulève souvent, quand il formule sa doctrine, de violentes colères. Parfois, s'il est d'une nature trop délicate, il meurt lentement de la secrète et profonde blessure que causent à celui qui n'est animé que d'intentions justes et désintéressées la tristesse, l'amertume de n'être pas compris, d'être méconnu ou calomnié. Mais le temps fait son œuvre. La vérité surgit. La gloire n'en est que plus grande. Le plus bel éloge que l'on puisse adresser au souvenir d'un homme ne se résume-t-il pas dans ces simples mots : Comme il avait raison !

Comme il avait raison, le grand Vauban, raison contre le roi, contre tout le clergé, contre toute la cour lorsque, s'alarmant des conséquences entraînées par la révocation de l'édit de Nantes, — révocation promulguée en 1685 contre les huguenots, — il protesta de toutes les forces de sa conscience et de son patriotisme. Ministres, évêques, grands seigneurs et tant d'autres se confondaient en admiration. Michel Le Tellier, qui avait reçu l'ordre de dresser le « pieux édit », selon l'épithète de Bossuet, disait, en pleurant de joie, qu'après ce dernier coup porté à l'hérésie il mourrait en paix et sans regret. Bossuet fit plus que prononcer son adjectif malheureux : il le paraphrasa. Au lieu de compter sur la force de son génie et l'éloquence de sa foi pour provoquer les conversions, il ne répudia pas les violences commises dans son propre diocèse. Il félicita Louis XIV et alla jusqu'à proclamer que cette révocation était « le plus bel usage de l'autorité ». Fénelon, tout en demandant que « les curés expliquassent l'Évangile affectueusement et que l'on gagnât par la parole les peuples nourris dans l'hérésie », tout en disant que les partis de rigueur ne répondaient pas au véritable esprit de l'Évangile, ne reculait pas devant les procédés d'attaques indirectes, de pièges assez perfides pour ruiner le parti protestant, et il n'était pas indigné que l'on arrêtât aux frontières les huguenots qui, poursuivis et traqués, ne songeaient qu'à fuir désespérément.

Partout il y avait des sentinelles. Le long des côtes, les navires, les frégates du roi, les barques étaient en surveillance. Déguisements, cachettes, que ne fallait-il pas inventer pour échapper aux agents, aux paysans surtout dont le zèle était alimenté par une prime d'arrestation ! Sans compter la dépouille des gens dont ils s'emparaient, les paysans avaient droit à trois pistoles par fuyard ramené et livré. Le comte de Tessé, qui s'était chargé de convertir les huguenots à force de les malmener, de les brutaliser par des compagnies de dragons que l'on installait en maîtres chez les habitants « opiniâtres », le comte de Tessé écrivait à Louvois qu'une femme s'était avisée d'une invention pour se sauver, qui méritait d'être sue. Elle s'entendit avec un marchand de fer savoyard, et se fit empaqueter au milieu de barres de fer. A la douane, le marchand paya le poids du fer, qui fut pesé avec la femme, et la femme ne fut dépaquetée qu'à plus de six lieues de la frontière. Parfois, pour se frayer un passage, des protestants se réunissaient par groupes, par petites armées. Trois cents huguenots de Sedan réussirent ainsi à gagner Maëstricht. Mais malheur aux prisonniers! Le ministre Louvois ordonnait de les traiter comme des voleurs, d'en pendre une partie sans autre forme de procès et de condamner les autres aux galères.

Et la conscience publique n'était pas révoltée, et tout le monde applaudissait! Les femmes elles-mêmes. M$^{me}$ de Maintenon, qui ne mérite pas d'être calomniée comme l'a fait Saint-Simon, et qui est réhabilitée sur tant de points quand on lit sa correspondance, ne peut cependant être dégagée de la part qu'elle a prise à la révocation de l'édit de Nantes. Peut-être n'a-t-elle pas directement provoqué l'acte de Louis XIV, mais elle l'a du moins pleinement approuvé. Encore si elle n'avait écrit que cette phrase : « On ne voit que moi dans les églises conduisant quelque huguenot, » on pourrait croire à un besoin d'évangélisation féminine ; mais comment a-t-elle pu adresser cette ligne au duc de Noailles : « On tue beaucoup de fanatiques ; on espère en purger le Languedoc, » et comment plus tard, quand la garde des frontières devint impossible et que le flot des émigrés s'échappa, comment eut-elle la force inhumaine de dire qu'il fallait continuer à enlever aux familles protestantes leurs enfants pour les élever dans le catholicisme? Mais ce vent de violence soufflait partout. On ferait un triste recueil des félicitations que l'on adressa à Louis XIV. M<sup>lle</sup> de Scudéry exultait en vers et disait que la voix du ciel et le concert des anges pouvaient seuls parler dignement de ce grand acte. Il n'y a pas jusqu'à M<sup>me</sup> de Sévigné, qu'on est désolé de trouver là, qui n'écrivit cette lettre à Bussy en approuvant les dragonnades : « Vous avez vu sans doute l'édit par lequel le roi révoque celui de Nantes. Rien n'est si beau que tout ce qu'il contient et jamais aucun roi n'a fait et ne fera rien de plus mémorable. » Et Bussy répondait de Chaseu : « J'admire la conduite du roi pour ruiner les huguenots. » Plus tard, dans son discours à ses enfants, il parle avec le même sentiment de « ce grand dessein que le roi méditait depuis plusieurs années d'abolir dans son royaume la religion prétendue réformée ». En dehors des ministres dont c'était la politique, des évêques ne voyant que le triomphe de leur foi, des femmes se laissant entraîner par des impressions immédiates et passionnées, il en est d'autres que l'on ne s'attendait guère à voir parmi les approbateurs. La Fontaine, d'esprit si indépendant, qui haïssant « les pensers du vulgaire », ne se gênait pas pour définir la cour, et appeler ceux qui la composent « peuple caméléon, peuple singe du maître », La Fontaine trouvait que le roi avait bien fait d'avoir « banni de la France l'hérétique et très sotte engeance ».

En face de tant d'adulations et de cet attentat à la liberté de conscience et au sentiment d'humanité, Saint-Simon protesta dans une de ses pages les plus indignées, mais ses pages restaient au fond de son tiroir. Vauban eut le courage de parler : « Les rois, écrivait-il dans un mémoire adressé à Louvois, en 1689, sont bien maîtres des vies et des biens de leurs sujets, mais jamais de leurs opinions, parce que les sentiments intérieurs sont hors de leur puissance, et Dieu seul les peut diriger comme il lui plaît. » Tous les dommages que causait à l'État la révocation, il les énuméra par paragraphes successifs : le départ de quatre-vingt ou cent mille personnes de toutes conditions, la ruine du commerce, des arts et manufactures particulières, l'industrie transportée hors de France, nos cinq ou six cents officiers, nos dix ou douze mille soldats, nos huit ou neuf mille matelots qui avaient grossi les rangs des armées étrangères, officiers, soldats et matelots « beaucoup plus aguerris que les soldats ennemis, comme ils ne l'ont fait que trop voir, ajoutait Vauban, dans les occasions qui se sont présentées de s'employer contre nous ». Et près de deux siècles plus tard, la guerre de 1870 nous a montré, comme un témoignage de la durée des fautes politiques, les noms français que l'on retrouvait parmi les officiers allemands qui descendaient de ces familles émigrées au moment de la révocation. Et quel triste résultat! disait Vauban. Pouvait-on citer un seul protestant qui fût véritablement converti, « puisque très souvent ceux qu'on a cru l'être le mieux ont déserté ou s'en sont allés? La contrainte des conversions n'a produit que des impies, des sacrilèges et des profanateurs ».

Ennemi de toutes les violences, il fut toujours profondément humain. Le souvenir de son enfance passée au milieu des pauvres paysans lui était resté. Comme il avait parcouru ensuite toutes les provinces, pendant quarante années que durèrent ses inspections d'ingénieur, il avait sans cesse interrogé les gens, groupé les faits et mené sur tous les points une enquête pleine de sympathie sur la condition du peuple. L'éclat des personnages qui au xvii° siècle occupent le devant de la scène, l'admirable décor de Versailles sorti de terre sur l'ordre de Louis XIV, et autour de la majesté du roi tant de grands hommes trop honorés d'un de ses regards, tout nous fait oublier ce qui se passait dans les coulisses, dans les faubourgs populaires et dans le fond des campagnes. Nous ne voyons que la magnificence de quelques vies princières, les expédients des seigneurs qui voulaient mener une existence pareille. A côté de cette mise en scène, le reste de la France, selon le mot de Fénelon, ressemblait à un hôpital désolé.

Une armée de traitants, de sous-traitants, de collecteurs et de commis, toutes ces sangsues de l'État, comme les appelait Vauban, s'attachaient au paysan et lui enlevaient le peu de vie qu'il avait encore. Aussi, en face des haines suscitées, les commis, les répartiteurs d'alors étaient-ils obligés d'aller en bande et de s'armer quand ils traversaient les villages pour réclamer la taille, l'odieuse taille qui se divisait en deux catégories : la taille réelle, établie sur le revenu que pouvaient produire les fonds de terre, et la taille personnelle, la plus répandue, sur la fortune présumée des contribuables. Présumée, c'est-à-dire l'arbitraire dans toute sa force. Il faut ajouter que la taille ne frappait ni le clergé, ni la noblesse, ni les officiers, ni les commensaux du roi. Tout le poids pesait sur les biens des roturiers. Dans un immense recueil qui ne formait pas moins de douze gros volumes manuscrits et dont les descendants de Vauban ont encore entre les mains plus d'un chapitre inédit, dans ce recueil que Vauban a modestement appelé *Oisivetés* et où l'on trouve les écrits les plus divers, depuis le mémoire pour le rappel des huguenots jusqu'aux conseils pour bâtir une maison, il existe un projet de répartition plus équitable de l'impôt, qu'il a rédigé au mois de février 1695. Avec son sentiment de justice, Vauban déclarait tout d'abord que l'impôt devait être levé indifféremment sur tout ce qui a moyen de payer. Il commençait par le clergé. Par le clergé, Vauban entendait non seulement tous les cardinaux, archevêques, évêques, abbés, prieurs, curés, chapelains et tous les prêtres rentés possédant bénéfices et vivant de l'autel, mais encore tous les ordres religieux d'hommes et de femmes, sauf les ordres mendiants. Il voulait que tout le monde en France participât aux dépenses de l'État.

Un an après, en 1696, il vint passer quelque temps de repos au château de Bazoches. Il s'était plu à l'arranger comme une maison de travail et de retraite. Pendant ses vacances, il étudia les mœurs, les besoins de tout le pays qui s'étendait sous les fenêtres de sa chambre. Cette division territoriale s'appelait l'élection de Vézelay. Elle avait une dizaine de lieues de long, quatre ou cinq de large. C'est dans les pages écrites sur cette élection qu'il parle de ce pays bossillé, entrecoupé de ruisseaux, rempli de loups, de renards, de loups surtout « que l'on ne pouvait détruire, dit-il, à cause de la grande étendue des bois dont le pays est presque à demi couvert ». Ainsi que le grand Condé, il remarquait combien « l'air est bon et sain ». Mais il notait avec tristesse qu'il y avait deux mille mendiants sur vingt-deux mille personnes et que, sur cinq mille maisons, sept cent cinquante-neuf étaient abandonnées. Et quelle misère! Les hommes du bas peuple ne vivaient que de pain d'orge et d'avoine mêlées. Ils se nourrissaient de quelques herbes potagères cuites à l'eau avec un peu d'huile de noix ou de navette. Été comme hiver, ils étaient vêtus de toile à demi-pourrie et déchirée, chaussés de sabots dans lesquels ils avaient le pied nu toute l'année. Beaucoup d'enfants mouraient par défaut de nourriture, et il ajoutait cette phrase énigmatique et grosse de réticences, qu'il soulignait : « D'autres vexations de ces pauvres gens demeurent au bout de ma plume, pour n'offenser personne. » Quant aux gens de la classe moyenne, ils pourraient vivre assez heureux, reprend-t-il, s'ils ne passaient pas leur temps en procès soit avec le peuple, soit avec les ecclésiastiques, soit avec les nobles, sans compter les difficultés qu'ils cherchent entre eux. Vauban constatait ce besoin de chicanes que l'on avait dans tout le pays, au point que des habitants de bonne volonté, quand ils manquaient de procès pour eux-mêmes, se chargeaient spontanément, mais non gratuitement du procès des autres, pour exercer leur savoir-faire. Au surplus, continue-t-il, ce pays serait très capable d'une grande amélioration, si, au lieu de toutes les différentes levées qui se font pour le compte du roi par des voies arbitraires, qui ont donné lieu à tant de vexations et voleries, on calculait un impôt sur tous les fonds de terre en considérant leurs revenus.

Vauban proposait à Louis XIV de faire l'expérience de son nouveau système d'impôts sur l'élection de Vézelay, ne fût-ce que pour voir comment il réussirait. On pourrait ensuite, en cas de succès, l'appliquer aux voisins et l'étendre peu à peu à tout le royaume. Revenant, à la fin de ce mémoire, à la chose qui l'irrite sans cesse, à cette armée de collecteurs d'impôts : « Cinquante mille fripons, dit-il en toutes lettres, sans compter leurs croupiers, qui pillent impunément le royaume, et qui profanent incessamment son nom par le mauvais usage qu'ils en font, seraient réduits à gagner leur vie et à payer comme les autres. »

Cette perpétuelle préoccupation de l'intérêt général, cette idée fixe, dès qu'il était quelque part, non seulement de réformer les abus, mais de rendre service à son pays en commençant par sa petite patrie en attendant la grande, apparurent dans une circonstance toute locale qui mérite d'être rappelée. Vauban venait d'être nommé maréchal de France, au mois d'octobre 1704. On aurait souhaité qu'il le fût près de vingt ans plus tôt. En dehors des hommes de guerre, tous ceux qui l'approchaient éprouvaient l'émotion faite de respect et de reconnaissance que l'on ressent devant un grand homme. Dès 1687, Boileau écrivait à Racine, qui était enthousiasmé de l'esprit net et précis de Vauban, de ses qualités d'homme de bien par excellence : « Vous avez raison d'estimer comme vous faites M. de Vauban. C'est un des hommes de notre siècle, à mon avis, qui a le plus prodigieux mérite, et, pour vous dire en un mot ce que je pense de lui, je crois qu'il y a plus d'un maréchal de France qui, quand il le rencontre, rougit de se voir maréchal de France. » Le corps municipal d'Avallon, se réjouissant d'un honneur qui rejaillissait avec éclat sur le pays de Saint-Léger et sur tout ce coin de Bourgogne, décida qu'une délégation irait offrir au maréchal des hommages et le complimenter. Tout grand personnage ne manque guère, dans ces circonstances solennelles, de faire un discours où, sous un faux air de modestie, il dit que l'on salue en lui trente, quarante années, selon les cas, d'un travail où il s'est efforcé de... par... grâce, etc. Vauban, touché de cette démarche et ne songeant qu'à son titre d'enfant du pays, déclara très simplement que, voulant donner une preuve de l'affection toute particulière qu'il éprouvait pour la ville d'Avallon, il concevait le dessein de faire porter bateau à la rivière du Cousin, estimant qu'il en reviendrait beaucoup d'utilité à la ville d'Avallon par le débit de ses denrées et de celles des pays voisins, que cela procurerait encore de l'ouvrage au menu peuple. « La seule chose qui en pourrait retarder l'exécution, ajoutait-il avec regret, serait le contretemps fâcheux de la guerre, que la France était obligée de soutenir. »

Pendant qu'il ne songeait ainsi qu'à mettre au service de ses compatriotes ses talents d'ingénieur, qui malheureusement ne purent être utilisés, Vauban donnait une preuve plus rare encore de sa modestie. Il déclarait qu'il était disposé, tout en ayant le bâton de maréchal, à diriger les sièges sans songer le moins du monde à revendiquer le commandement en chef. « Que le roi ne se fasse aucune peine sur ma manière de servir, écrivait-il au ministre Chamillard, à la veille du siège de Landau, je ne veux me mêler que de ce qui regardera la conduite des lignes et des attaques. Cela ne doit point donner de jalousie au général auquel je serai aussi soumis que le pourrait être un de ses lieutenants. » Il est des sentiments élevés que les esprits vulgaires, incapables d'atteindre à de telles hauteurs, aiment mieux nier avec scepticisme que d'être obligés d'admirer. Chamillard ne crut pas à tant d'abnégation. Vauban fut écarté.

Louis XIV chargea le maréchal de Tallard de diriger le siège de Landau, et Vauban, dévorant sa disgrâce sans en rien laisser paraître, écrivit un mémoire détaillé sur l'attaque de cette place, pour que celui qui le supplantait eût du moins entre les mains des renseignements précieux. « Puisqu'il ne m'est pas permis de conduire les attaques de Landau, et de donner en cela de nouvelles marques de mon zèle et de mon affection au service du roi, écrivait-il en tête de ce mémoire, je veux m'en consoler du mieux que je pourrai, en faisant part de mes vues et de mes lumières à ceux qui doivent tenir ma place. » Landau capitula. L'honneur de cette victoire revient aux indications de ce vieillard congédié, à la figure pensive, énergique et tenace, qui eût paru dure sans ses yeux bleus voilés de douceur et de mélancolie.

Il approchait de l'âge où l'on éprouve le besoin du repos. C'est en 1705 qu'il vint surtout habiter Bazoches. Si rien ne reste de la petite maison de Saint-Léger, le château de Bazoches, avec ses quatre tours aux quatre angles, est à peu près tel qu'il était quand Vauban y demeurait. Une immense salle, que séparent aujourd'hui des chambres particulières, servait à accrocher des plans. Le long du grand corridor, placé devant ces chambres, on voit encore une carte toute jaunie où sont représentées les principales parties d'une place fortifiée, avec toutes les pièces d'artillerie qui servent à l'attaque et à la défense, carte dressée sur les mémoires du maréchal Vauban. Pont de bateaux, tranchée, fondation d'un rempart, bombe attachée à son levier pour être portée à la batterie, goupillon pour nettoyer le canon, fouloir pour bourrer le canon, échelle pour monter à l'escalade, rien ne manque à ces leçons par l'image, pas même les rigueurs de la discipline. Supplice du chevalet et du carcan, sans compter la potence et la fusillade, telles étaient les punitions militaires sous Louis XIV.

Dans sa chambre, tout est là, comme s'il allait rentrer. Le grand lit se dresse avec ses broderies. Au mur sont appliquées de très belles tapisseries représentant des scènes de kermesse. Les portraits de Louis XIV et de Turenne achèvent de donner un caractère solennel à cette chambre. Deux fenêtres s'ouvrent sur le parc et une autre, placée dans une encognure, donne sur le village et tout ce pays qu'il a tant aimé. Vauban devait s'asseoir dans ce renfoncement et laisser flotter sa rêverie méditative sur les horizons lointains. Pendant les deux années qu'il a passées dans ce château, il revint à ce grand travail politique, appelé la *Dîme royale*, dont l'idée le poursuivait depuis longtemps. « Je me sens obligé d'honneur et de conscience, disait-il dès les premières pages du volume, de représenter à Sa Majesté qu'il m'a paru que de tout temps on n'avait pas eu assez d'égard en France pour le menu peuple, et qu'on en avait fait trop peu de cas; aussi c'est la partie la plus ruinée et la plus misérable du royaume; c'est elle, cependant, qui est la plus considérable par son nombre et par les services réels et effectifs qu'elle lui rend, car c'est elle qui porte toutes les charges, qui a toujours le plus souffert, et qui souffre encore le plus. »

Le projet de Vauban supprimait surtout la taille, qui était appliquée avec un tel arbitraire que tantôt, par exemple, une ferme — dont le revenu était de trois à quatre mille livres — n'était taxée que de quarante ou cinquante livres, tandis qu'une autre de quatre à cinq cents livres en payait quatre cents, quelquefois plus. Et quand un paysan ne pouvait payer, on enlevait la porte de sa maison, on arrachait jusqu'aux poutres, jusqu'aux solives, jusqu'aux misérables planches, pour les vendre à vil prix. Celui qui aurait pu acheter une ou deux vaches ou quelques moutons se gardait de le faire pour n'être pas accablé par la taille l'année suivante. C'était à qui vivrait le plus pauvrement et laisserait dépérir le peu de terre qu'il avait, de peur que, si elle rendait ce qu'elle pourrait rendre, étant bien fumée et cultivée, on n'en prît occasion de l'imposer doublement. Pour remédier à tant d'injustices et d'exactions, Vauban proposait d'établir la perception de la dîme des fruits de la terre. Le paysan n'aurait eu qu'à payer cette dîme, que Vauban appelait la dîme royale. En dehors de ce prélèvement sur les produits de la terre, Vauban frappait d'un droit les produits des immeubles, les appointements, les pensions, les gages, les bénéfices de l'industrie, tous les revenus en un mot. Mais, s'il était facile d'établir l'impôt sur le produit d'une maison (encore fallait-il distinguer le produit brut ou le produit net), l'impôt devenait plus difficile à déterminer quand il s'agissait des bénéfices d'un industriel, d'un avocat, d'un notaire ou d'un procureur. Se fier uniquement aux déclarants ou glisser dans un système d'inquisition, voilà le double danger qui se présente toutes les fois que l'on songe à établir l'impôt sur le revenu.

La dîme devait être imposée au vingtième pour toute une classe de citoyens, mais Vauban l'abaissait au trentième pour les manouvriers. « Sans eux, disait-il, l'État ne pourrait subsister. Tous les gros ouvrages des villes et de la campagne sont faits par eux. Ils fournissent tous les soldats et matelots. C'est pourquoi on doit ménager cette classe dans les impositions pour ne pas la charger au delà de ses forces. » Un impôt sur le sel, qu'il aurait voulu ne pas établir, mais qui lui paraissait indispensable quelque temps encore, constituait ce qu'il appelait le troisième fonds de la dîme royale. Cet impôt, il le voulait modéré. « La cherté du sel, en effet, le rend si rare qu'elle cause une espèce de famine dans le royaume, très sensible au menu peuple qui ne peut faire aucune salaison de viande pour son usage, faute de sel. » Dans le quatrième fonds se trouvaient englobés, entre autres choses, le papier timbré, le port des lettres, les douanes dont il voulait abaisser les tarifs, enfin les impôts dits volontaires, c'est-à-dire que l'on peut augmenter selon sa vanité ou retrancher selon ses goûts. Le tabac, le café, l'eau-de-vie étaient du nombre et, pour le vin, Vauban était d'avis de faire frapper d'un droit beaucoup plus élevé le vin que l'on buvait au cabaret parce que, dit-il, « les dimanches et fêtes les paysans ne désemplissent point les cabarets, ce qui pourrait peut-être obliger les plus sensés à rester chez eux ». Il frappait d'un impôt de luxe les carrosses de plus en plus dorés comme dans un conte de fées, les mobiliers « d'une magnificence outrée ». Il n'y avait pas jusqu'aux grandes et magnifiques perruques qui ne lui parussent mériter cet impôt somptuaire. On peut discuter à perte de vue sur toutes ces questions d'impôts, mais le point fixe, le seul qui nous intéresse en ce moment, est la pensée de Vauban qui voulait que chacun contribuât, selon ses forces, au paiement de l'impôt. Ni exemptions ni privilèges, tel était son programme.

Tout en prenant ainsi et dans chaque occasion la défense du peuple, Vauban ne rêvait cependant pas le gouvernement du peuple par le peuple. Il eût plutôt augmenté que diminué le pouvoir royal. Le peuple à ses yeux était créé pour obéir au roi, mais le roi devait puiser sa force et sa gloire dans les profondeurs du peuple. Le père de Vauban, avec son goût des arbres, eût comparé le roi à un de ces beaux chênes du Morvan qui étendent leurs branches superbes et protectrices sur un large espace, mais qui doivent à la terre la force de leur sève et la puissance de leurs racines. Pas plus que ses contemporains, Vauban ne se dégageait du culte pour le roi; mais où il se montre bien en avant de son siècle, c'est par la guerre qu'il déclare aux abus, et par le danger grandissant qu'il signale avec courage, en parlant de la noblesse qui n'était plus qu'à la recherche de l'argent.

Comme il devinait les cris de paon que pousseraient tous les seigneurs au moindre paragraphe de cette *Dîme royale*, et qu'il prévoyait en outre que la meute des libellistes gagés s'acharneraient contre lui et, selon une de ses comparaisons, japperaient et mordraient, et qu'à force de japper ils empêcheraient le lieutenant de police d'accorder l'autorisation de publier le volume, — car la liberté d'écrire était aussi interdite que la liberté de penser, — Vauban chargea un de ses secrétaires d'aller faire imprimer en province ce livre écrit, comme il le disait lui-même, « sans autre passion ni intérêt que celui du service du roi, le bien et le repos de ses peuples ». A la fin de 1706, le livre était prêt. Vauban alla chercher hors de Paris les exemplaires que ses domestiques empilèrent dans son carrosse. Le carrosse passa tranquillement devant les barrières, sans que les surveillants eussent l'idée de regarder dans la voiture d'un maréchal de France s'il y avait quelque chose à déclarer. Vauban distribua le volume à quelques amis. Il n'y eut pas des cris, il y eut des rugissements. Ce vieux maréchal de France, chargé de soixante-quatorze années, couvert de gloire, les courtisans voulaient qu'il fût mis à la Bastille. Le roi s'y opposa, mais il ordonna l'interdiction du volume. Voici cette défense : « Sur ce qu'il a été représenté au Roi, en son Conseil, qu'il se débite à Paris un livre portant : *Projet d'une dîme royale*, imprimé en 1707, sans dire en quel endroit, et distribué sans permission ni privilège, dans lequel il se trouve plusieurs choses contraires à l'ordre et à l'usage du royaume... le roi, en son Conseil, ordonne qu'il sera fait recherche dudit livre, et que tous les exemplaires qui s'en trouveront seront saisis et confisqués et mis au pilon. Fait Sa Majesté défense à tous les libraires d'en garder ni vendre aucun, à peine d'interdiction et de 1 000 livres d'amende. »

A la lecture de ces lignes, Vauban, qui n'avait jamais ni tremblé, ni pâli, se sentit frappé en plein cœur. Il s'enferma dans un morne silence, ne voulant voir personne. Il était déjà souffrant : la fièvre augmenta. Il se coucha pour ne plus se relever. Est-il mort, comme le dit Saint-Simon parce qu'il ne pouvait survivre aux bonnes grâces de Louis XIV? Fut-il simplement emporté par un rhume que sa santé défaillante aggrava? Des historiens comme M. Thiers partagent ce dernier avis. « Il mourut, disait M. Thiers, de son grand âge et de ses longs services, faisant des vœux pour que le gouvernement de son roi s'éclairât. » Quoi qu'il en soit, le rapprochement entre la date de l'arrêté et la date de sa mort reste comme un point d'interrogation plein de tristes et cruelles pensées. Il rendit le dernier soupir le 30 mars 1707, à neuf heures du matin : « Vous êtes prié, disait le billet de faire part dont la banalité de la forme revêt ici un caractère émouvant, vous êtes prié d'assister au convoi de haut et puissant seigneur M. Sébastien Le Prestre de Vauban, Pierre-Perthuis, Pouilly, Cervon, la Chaume, Espiry et autres lieux, chevalier des ordres du Roy, maréchal de France et gouverneur de la citadelle de Lille, décédé en son hôtel rue Saint-Vincent, qui se fera vendredy, premier avril 1707, à sept heures du soir en l'église de Saint-Roch, sa paroisse. *Requiescat in pace.* »

Le cœur de Vauban avait été placé dans une boîte de plomb. Le cœur et le corps furent transportés à Bazoches, et le 16 avril avait lieu l'inhumation dans l'église de Bazoches. Nul cortège d'apparat ne suivait les funérailles. Mais ce qui valait mieux, deux mille personnes étaient là, qui ne savaient peut-

être pas que Vauban avait dirigé cinquante-trois sièges et assisté à cent quarante actions militaires, mais qui savaient seulement qu'un grand homme de bien venait de disparaître. De même que pour bien juger de la hauteur d'une montagne, il est nécessaire de s'éloigner, il faut, pour se rendre compte de la gloire d'un grand homme, attendre que les années se soient écoulées. Plus le temps passe, plus la reculée est grande, plus le sommet d'une gloire méritée s'élève pendant que tout s'abaisse autour d'elle. Soixante-quatorze ans plus tard, en 1781, l'Académie des sciences, arts et belles-lettres de Dijon proposa comme prix l'éloge de Vauban et, le 2 août 1784, un nom qui devait être deux fois célèbre, à cent ans d'intervalle, était prononcé en séance solennelle. Le capitaine au corps du génie Carnot, le futur organisateur de la victoire, était le lauréat de l'Académie de Dijon. En 1808, Napoléon I*er* ordonna que le cœur de Vauban reposât sous le dôme des Invalides, en face du monument de Turenne. Les lecteurs qui aiment un genre de documents qu'on ne rencontre guère au milieu des livres d'histoire pourraient retrouver, dans le *Moniteur universel* du 25 mai 1808, l'ordonnance du préfet de police prescrivant les mesures à prendre pour cette cérémonie officielle :
« La circulation et le stationnement des voitures des personnes étrangères à la cérémonie sont interdites, depuis onze heures du matin jusqu'après le

passage et le retour du cortège, dans les endroits ci-après désignés : rue de Lille, rue du Corps-Législatif, rue de Bourgogne, rue de Varennes, boulevard des Invalides, place Vauban et cour du dôme des Invalides. Il est défendu, lisait-on à la fin de l'ordonnance, de monter sur les arbres des boulevards et des avenues des Invalides. » Maréchaux, inspecteurs et colonels, le ministre de la marine, le président de l'Institut, tous se rangèrent autour du monument où devait reposer ce cœur qui n'avait battu que pour de grands sentiments. Un officier du génie, Allent, prononça un discours, et le duc de Dantzig déposa une couronne de lauriers sur l'urne funéraire. L'année suivante, Napoléon Ier chargea ce même officier du génie, Allent, d'aller au village d'Épiry (que Bussy-Rabutin avait cru rendre célèbre par sa naissance) et de placer sur la haute tour carrée, comprise aujourd'hui dans une ferme, une plaque de marbre noir portant ces mots : « Ici fut la demeure de Vauban. Il y médita les travaux qui l'ont rendu immortel ; la France reconnaissante a déposé le cœur de ce grand homme non loin des restes de Turenne, sous le dôme des Invalides. » Peut-être l'inscription eût-elle été mieux placée sur le château de Bazoches, si rempli de son souvenir. Mais comment se fait-il que dans l'église de Bazoches, à droite du chœur, près de la chapelle autrefois consacrée à saint Sébastien, au patron de Vauban, et que l'on a remplacé récemment par saint Joseph, rien n'indique la place où est le corps de Vauban? Il est sous une des dalles. Seul, un anneau-boucle, attenant à la pierre, désigne l'emplacement. Ne pourrait-on graver sur un pan des murs de cet autel : « Ici repose Vauban, » avec cette simple phrase de Saint-Simon : « Patriote comme il l'était, il avait toute sa vie été touché de la misère du peuple. »

# UN GRAND SEIGNEUR ET UN PAYSAN

## DU XVIIIᵉ SIÈCLE

Le château de Chastellux. — Son aspect. — Ses souvenirs. — Histoire d'une famille. — Le chevalier de Chastellux. — La fin du xviiiᵉ siècle. — Restif de la Bretonne. — Une famille de paysans. — Impressions d'enfance et de jeunesse. — Restif précurseur du naturalisme, réformateur de l'orthographe et de la société.

A peu de distance d'Avallon, dans un coin sauvage où mènent les premiers bois du Morvan, s'élève dans toute sa force le château de Chastellux que les gravures, les dessins et les photographies ont rendu célèbre. Mais, si préparé que l'on puisse être à un décor majestueux, la surprise n'en est pas moins vive et pleine d'admiration, quand ce château se montre brusquement au détour de la route et au-dessus d'un viaduc, bâti en quelque sorte pour lui faire honneur. Avec ses grosses tours rondes et sa masse imposante, le château, du milieu de ses arbres, domine la rivière de la Cure dont on entend le fracas à travers des quartiers de roches. Rivière, village, tout est au pied de ce château féodal : tout paraît lui être encore soumis comme jadis les serfs l'étaient aux maîtres de cette demeure.

Ceux qui aiment à torturer le sens des mots, pour trouver des étymologies ingénieuses, ont imaginé qu'il y avait peut-être dans le nom de Chastellux une réminiscence d'une dame Lucia, pour qui César aurait fait construire en cet endroit une habitation particulière. D'autres chercheurs plus graves, et qui voient presque uniquement dans César l'organisateur de camps romains en France, ont émis l'idée d'un camp établi sur cet escarpement cerné de bois : *castrum luci, lucorum*, disent-ils sans hésiter. Mais le touriste préoccupé d'exactitude peut sauter une dizaine de siècles et se contenter de donner une attention d'honneur à la partie la plus ancienne de Chastellux, à la vieille tour Saint-Jean, débris d'une antique forteresse. Encore devra-t-il n'écouter que d'une oreille un peu défiante le monologue du valet de chambre servant de guide qui, après vous avoir montré dans cette tour la salle où se rendait, dit-il, la justice seigneuriale, vous conduit avec une fierté aristocratique droit aux oubliettes et fait tomber, au milieu de ce trou béant, un papier allumé qui tournoie et disparaît dans les profondeurs. Avant de revoir en imagination les manants et les captifs précipités dans ce gouffre, il est bon de se rappeler que la justice se rendait presque toujours à Avallon. Mais cette petite mise en scène, qui relève plus de la légende que de l'histoire, n'est pas à regretter : elle ajoute à l'impression que l'on éprouve en pénétrant dans le château proprement dit. La première salle est la salle des gardes. C'est là que l'on a placé la célèbre mosaïque gallo-romaine découverte non loin de Chastellux et qui indiquait l'installation des vainqueurs dans ce pays pacifié. Sous un plafond aux larges solives est une immense cheminée en pierre, surmontée d'un blason où on lit ce cri : « Montréal à sire de Chastellux. » Les Chastellux descendent de la vieille, très vieille famille des Montréal et ce cri de ralliement était un rappel du nom patronymique, quelque chose comme : Sois digne de tes ancêtres.

Longtemps les Chastellux eurent des privilèges souverains. Au milieu du XVIII<sup>e</sup> siècle, et à la suite d'une vente mobilière, un chaudronnier d'Avallon eut entre les mains le vieux balancier dont les sires de Chastellux s'étaient servis autrefois pour battre monnaie à leurs armes. Le droit de guerre, ils l'avaient aussi. Dès que la cloche placée dans la toiture de la tour Saint-Jean se faisait entendre, les gentilshommes relevant de Chastellux et tous les vassaux immédiats devaient se rendre au château pour y recevoir les ordres. De siècle en siècle la physionomie guerrière du château de Chastellux s'éclaira. Ses remparts devinrent des terrasses; ses tourelles des prétextes à jolis dessins. Sur les restes comblés des vieux murs d'enceinte s'étaient des corbeilles de fleurs. Désormais, il n'y a plus à redouter que l'invasion des touristes. Mais beaucoup de ces derniers passent devant les portraits d'ancêtres, qui sont dans le salon, devant tous ces hommes de guerre, sans mêler à ces mâles visages la reconstitution de faits historiques ou de batailles.

Sans remonter jusqu'aux croisades, le portrait du maréchal lui-même, du célèbre Claude de Chastellux qui, au temps de Jean sans Peur et de Philippe le Bon, a joué un si grand rôle en Bourgogne, n'éveille dans la plupart des esprits qu'un souvenir confus. Qui se rappelle la victoire de Cravant et ce titre de chanoine que la reconnaissance du chapitre d'Auxerre lui décerna? Comme ce titre était transmissible, le jour où l'aîné de la famille devait le recevoir dans la cathédrale d'Auxerre, il mettait sur un surplis son baudrier et son épée. Il était ganté des deux mains et coiffé d'une toque à plume blanche. L'histoire locale raconte que lorsque Louis XIV traversa Auxerre, en 1683, et fit son entrée dans la cathédrale, César de Chastellux se présenta ainsi vêtu. Les seigneurs de la cour ne purent réprimer un sourire. « Ne badinez pas, leur dit Louis XIV, il n'est aucun de vous qui ne dût se faire honneur d'un pareil titre .» Si on faisait l'appel de tous ceux dont le souvenir flotte dans les galeries du château, il est une phrase glorieuse qui reviendrait souvent : « Tué à l'ennemi. » C'est ainsi que moururent et César de Chastellux, qui était à Nordlingen, dans la bataille gagnée par le grand Condé, et Philibert de Chastellux, qui était à Chiari en 1701, et Paul de Chastellux, qui était à bord du vaisseau *Le Terrible*, en 1747.

Au milieu de ces portraits à uniformes militaires, un uniforme contemporain attire brusquement les regards. Il est porté par un jeune homme de notre temps à figure ouverte, intelligente et décidée. Ce lieutenant de cuirassiers, Jean de Chastellux, qui respire la force et le courage, est mort subitement, il y a peu d'années. Esprit d'une rare souplesse, il nous apparaissait, à nous qui l'avons connu et aimé, comme le type charmant de l'officier lettré. Il est parti sans laisser d'autre souvenir en ce monde que son nom gravé dans la petite chapelle de l'église qui s'ouvre dans le parc. Sur la porte on lit ce vœu d'une fierté mélancolique : « *Dormiam cum patribus meis*. Que je dorme avec mes pères ! »

Parmi tous ses ancêtres, il en est un vers qui, ce me semble, Jean de Chastellux eût été attiré littérairement et dont il aurait écrit un portrait qui reste à faire. Ce fut le membre de l'Académie française, qui vivait en plein XVIII° siècle et que ceux qui ont le goût des lettres connaissent sous le nom du chevalier de Chastellux. C'était un grand seigneur libéral. Il naquit en 1734. Sa mère était Claire-Thérèse d'Aguesseau, fille du célèbre chancelier d'Aguesseau, un des esprits les plus étendus et une des âmes les plus modérées de son temps. Le chancelier dut être pour cet enfant un admirable éveilleur d'idées et de sentiments. C'est sans doute au souvenir de premières conversations avec ce vieillard que Chastellux écrivait un jour cette jolie réflexion : « On ne peut mieux employer son esprit qu'à jouir de l'esprit des autres. » Obéissant aux traditions de sa famille, le jeune chevalier prit, à seize ans, la carrière militaire. Il devint colonel à l'âge où l'on est conscrit. La valeur des officiers et des soldats était paralysée par l'impéritie de leur chef Soubise, qui devait l'honneur de commander l'armée à l'influence de M<sup>me</sup> de Pompadour. Soubise fut battu à Rosbach en 1757 par le roi de Prusse, Frédéric II. Il suffit de six bataillons et de trente escadrons pour rompre toute l'armée française. La défaite fut telle que Soubise, dans une lettre à Louis XV, s'exprimait ainsi : « J'écris à Votre Majesté dans l'excès de mon désespoir. La déroute de votre armée est totale; je ne puis vous dire combien de vos officiers ont été tués, pris ou perdus. » L'opinion publique, de qui commençaient à relever les rois, les princes et les généraux, se vengea par des chansons que l'on appela des soubisades. Il en est une que l'on fredonna :

> Le prince dit, la lanterne à la main :
> J'ai beau chercher! où diable est mon armée?
> Elle était là pourtant hier matin :
> Me l'a-t-on prise ou l'aurais-je égarée?
> Prodige heureux! la voilà, la voilà!
> O ciel! que mon âme est ravie!
> Mais non, qu'est-ce donc cela?
> Ma foi, c'est l'armée ennemie.

Les fripiers vendaient des habits à plate couture que l'on appelait des habits à la Soubise. Mêlé à ces officiers pleins de bravoure, mais d'une frivolité inconcevable, le chevalier de Chastellux devait ressembler un peu à un sous-Vauvenargues. Loin, bien loin, il est vrai, de cet écrivain mort à trente-deux ans dans toute la force et la grandeur de son âme, un des plus grands et des plus purs moralistes qui aient honoré l'humanité, le seul penseur que Voltaire respectât. Vauvenargues aimait l'action et voyait dans la guerre moins le mal qu'on y donne que la mort qu'on y reçoit ou qu'on y brave, ainsi que toutes les vertus héroïques développées par les souffrances noblement supportées, Chastellux regardait « la paix comme la source de tout ordre et de tout bien ». La gloire dont Vauvenargues se faisait une idée haute et consolante, Chastellux la regardait plutôt comme une célébrité de salon et d'académie. Enfin, et s'il n'était pas un peu puéril et démodé d'avoir l'air de poursuivre un parallèle, là où il n'y a qu'une occasion de rapprochement, Vauvenargues débutait par des pages sur le libre arbitre et le chevalier de Chastellux par un essai sur l'union de la poésie et de la musique. Mais ces deux officiers-philosophes se ressemblaient par le courage.

Personne ne se rappelle aujourd'hui que ce fut le chevalier de Chastellux qui, le premier en France, se fit inoculer contre la variole. Pour mieux apprécier le dévouement du chevalier, il faut se reporter aux phases de cette méthode. Au commencement du xviii° siècle, une anglaise, l'ambassadrice d'Angleterre en Turquie, Milady Montague, avait été frappée de voir que les femmes circassiennes qui venaient à Constantinople étaient à l'abri de la variole, par la pratique d'une opération qui consistait à prendre un peu de pus sur les boutons d'un varioleux et à se le faire inoculer. Une petite vérole affaiblie se déclarait. Il y avait des accidents, mais, toute statistique donnée, ils étaient assez rares. Les boutons se cicatrisaient vite et la maladie mortelle ou défigurante n'apparaissait plus. Les médecins de Constantinople avaient obtenu en temps d'épidémie variolique les mêmes résultats heureux. Milady Montague fit inoculer son fils âgé de six ans et, revenue à Londres, elle voulut que l'on pratiquât, sous les yeux mêmes des médecins de la cour, la même expérience sur sa fille. Le roi d'Angleterre parut disposé à en faire autant pour sa propre famille, mais, en chef d'un grand peuple éminemment pratique, il commença par faire expérimenter la méthode sur six condamnés à mort. Les condamnés furent sauvés, la famille royale se fit inoculer.

L'Angleterre, l'Écosse, l'Irlande, les colonies anglaises suivirent l'exemple donné par le souverain. Toutefois, en face des partisans déclarés, les contradicteurs se multipliaient. Certains théologiens anglais éprouvaient le besoin de s'en mêler et je ne sais quel prédicateur allait jusqu'à dire en chaire que le diable avait autrefois greffé sur Job la petite vérole confluente. On hésitait, comme on hésite toujours en face des oppositions et de quelques accidents grossis que l'on racontait à satiété. Mais, en 1738, au moment d'une épidémie terrible dans un comté d'Angleterre, deux mille personnes se firent inoculer. Cet exemple triompha des dernières résistances. En France, cependant, on continua d'appeler l'inoculation une méthode criminelle. Les inoculateurs étaient traités de bourreaux et les inoculés de dupes, quels que fussent les ravages de la variole. Ils étaient terribles. Des familles entières disparaissaient. En 1723, vingt mille personnes mouraient à Paris de la petite vérole. Voltaire, à la fin de cette même année, fut atteint à son tour. La cinquième partie de la France était tuée ou enlaidie à jamais. Ceux qui échappaient après avoir été frappés, s'imaginaient, il est vrai, et Voltaire, dans une de ses lettres de convalescence, crut un instant comme tout le monde, que la petite vérole par elle-même, « dépouillée de toute circonstance étrangère, n'était qu'une dépuration du sang qui, en nettoyant le corps de ce qu'il avait d'impur, lui préparait une santé vigoureuse ». Ces raisonnements-là sont la consolation des malades. Voltaire bien portant en rabattit : « Si on avait pratiqué l'inoculation en France, écrivait-il trente ans plus tard, on aurait sauvé la vie à des milliers d'hommes. » Le chevalier de Chastellux, au moment où nul dans notre pays n'osait tenter cette inoculation directe, risqua l'expérience. Il est assez singulier que les livres de médecine ne relatent pas ce fait et qu'il faille le découvrir au milieu de la littérature, dans les mémoires de Bachaumont et dans un discours à l'Académie française. Quand apparurent les premiers boutons du mal qui devait être un mal protecteur, Chastellux courut tout joyeux chez Buffon : « Je suis sauvé, s'écria-t-il, et mon exemple en sauvera bien d'autres. » Si grand que fût ce service rendu, les oppositions systématiques n'en éclatèrent pas moins. On continua les essais : ils furent aussi heureux. Mais les attaques redoublaient toujours : la passion des contradicteurs était déchaînée. A la date de décembre 1765, après avoir publié que, selon les statistiques, il mourait un inoculé sur trois cents, le *Mercure de France* ajoutait : « Il est bien triste pour ceux qui aiment leur nation de voir que tout ce qu'on propose de plus utile ait toujours tant de peine à s'y introduire et qu'il se forme toujours un parti contraire qui inonde le public d'écrits, et qui cherche à donner plus de force à un fait qui favorise leur opinion qu'à mille qui la détruisent. »

Certes, la vaccine de Jenner fut un bien autre progrès. Jenner, après avoir constaté d'abord, comme tout le monde, que les vaches sont sujettes à certaines éruptions de pustules qui se manifestent sur le pis, observa que les filles de basse-cour qui gagnaient ces boutons étaient désormais à l'abri de toute atteinte variolique. Il démontra enfin — et c'est là où intervient la puissance de son esprit — l'effet bienfaisant de la vaccine, sa vertu préservatrice. Avec l'inoculation directe, on risquait de créer un foyer de variole. La vaccine supprimait ce danger. Jenner a fait une rencontre de génie, en attendant qu'un autre homme qui appartient à la France trouvât, en dehors de ce cas de la vaccine — resté un cas isolé dans la science, — une méthode de génie qui s'appelle l'atténuation des virus.

La passion de Chastellux pour le bien public se manifesta encore et d'une toute autre façon, mais avec un égal succès, par un livre bien oublié aujourd'hui, qui eut au XVIII<sup>e</sup> siècle une vogue extraordinaire : *La Félicité publique*. Ce livre parut sans nom d'auteur, en 1773. C'était une sorte d'essai philosophique sur l'histoire universelle. Chastellux passait en revue le sort de l'humanité depuis le commencement du monde, et arrivait à conclure que les hommes n'avaient jamais été aussi heureux que dans la seconde période du xviii° siècle. Toutes les illusions généreuses de ce temps si fertile en grandes espérances se retrouvaient dans ce volume. C'était bien le résumé de ce que pouvait penser une partie de la jeunesse française. L'ancien temps n'inspirait que du dédain, l'avenir apparaissait à travers la douceur d'une aurore dégagée de tout nuage. Moment, en vérité, unique dans l'histoire. On s'imaginait que le bonheur du genre humain était proche. On était persuadé que le règne de la raison arriverait sur la terre sans secousses, sans trouble. Dès qu'on connut l'auteur de ce livre plein de béatitude, le parti philosophique battit des mains. Voir un représentant de l'ancienne noblesse, qui non seulement se ralliait aux idées modernes, mais qui travaillait à les répandre, c'était double joie.

Voltaire ne manquait jamais de saluer le premier tous ceux qui apportaient quelque nouveau secours aux idées de liberté, de justice, de tolérance, et pouvaient augmenter le nombre de ses approbateurs zélés : « Je vous remercie, écrivait-il à Chastellux, de tout ce que vous avez dit; je vous remercie de l'honneur que vous faites aux lettres et à la raison humaine. Je suis bien vieux et bien malade, mais de telles lectures me rajeunissent. Certes il se forme une grande révolution dans l'esprit humain. Vous mettez de belles colonnes à cet édifice nécessaire. »

Non content de comparer cet ouvrage, qui fut immédiatement traduit en anglais, à un livre de Locke ou d'Addison, de rappeler que M. de Malesherbes le trouvait digne d'être signé du chancelier d'Aguesseau, Voltaire allait plus loin encore et il manquait de sa finesse habituelle, quand il mettait cette compilation au-dessus de l'*Esprit des lois* par Montesquieu. « Je ne veux point mourir sans le prouver, » écrivait-il, mais il n'était pas pressé de mourir. C'était une de ses phrases gracieuses comme il en prodiguait, quand il était en veine de coquetterie et de câlinerie. Il écrivait de même à Chastellux le jour où le chevalier fut candidat à l'Académie française, pour remplacer M. de Chateaubrun, l'heureux académicien qui avait composé une tragédie en 1714, et avait mis quarante ans à en faire une seconde : « J'apprends, monsieur, que vous faites à M. de Chateaubrun l'honneur de lui succéder. S'il ne s'était pas pressé de vous céder sa place, je vous aurais demandé la préférence. J'ai été si malade depuis près de deux mois que j'ai cru que je le gagnerais de vitesse et alors, ajoute Voltaire dans une petite phrase qui montre son souci perpétuel de la louange, je me serais recommandé à vos bontés. »

La réception du nouvel académicien eut lieu le jeudi 27 avril 1775. Elle fut saluée par un enthousiasme général. Bien que son discours sur le goût s'embarrassât dans des considérations qui manquaient de ce tact, de cette mesure dont il faisait l'éloge, on ne le lui fit pas sentir. Lorsque, parlant de son prédécesseur, il dit avec modestie qu'il lui succédait sans avoir la prétention de le remplacer, on applaudit cette phrase que Ducis à son tour devait prendre comme phrase de début en succédant à Voltaire et qui depuis est entrée dans des exordes et des péroraisons innombrables. Ce fut Buffon qui répondit au chevalier. Il le fit avec infiniment de bonne grâce. Il rappela — et l'acte en effet était le meilleur titre de Chastellux à être immortel — l'initiative courageuse de Chastellux se faisant inoculer, et son premier mot qui donnait à cette tentative son caractère de dévouement. « Je ne connais pas d'âme, ajoutait Buffon, qui ait un zèle plus ardent pour le bonheur de l'humanité. »

Actes, paroles, écrits, tout dans l'histoire du chevalier de Chastellux a un intérêt d'autant plus vif que l'on retrouve, à travers sa biographie, des sentiments qui ont été l'honneur et l'illusion du xviii<sup>e</sup> siècle. Rien de ce qui passionna ses contemporains ne lui fut étranger. Lorsque la guerre d'Amérique éclata, parce que les Anglais pour payer leurs dettes voulaient écraser d'impôts les habitants des colonies, et rendre les Américains leurs tributaires à merci, la France, non pas la France du gouvernement de Louis XVI toujours irrésolu, dont le mot d'ordre semblait être le mot de tous les gouvernements faibles : « Pas d'histoire, » mais la France des philosophes, des jeunes nobles et du tiers-état, fut entraînée de toute sa sympathie vers ceux qui, après avoir protesté contre les Anglais, proclamèrent hardiment leur indépendance.

Le jeune marquis de La Fayette, qui devait jouer son rôle dans l'histoire de la Révolution, n'avait pas vingt ans. Il était alors capitaine au régiment de Noailles. Sa physionomie froide, maîtresse d'elle-même, cachait l'âme la plus enthousiaste. Il entra un jour dans la chambre de son ami Ségur : « Je pars pour l'Amérique, lui dit-il, tout le monde l'ignore, mais je t'aime trop pour avoir voulu partir sans te confier mon secret. »

« J'appris alors de La Fayette, continue Ségur dans ses Mémoires où l'on retrouve la peinture exacte de cette époque et où le nom du chevalier de Chastellux est mêlé aux noms des philosophes, j'appris alors de La Fayette qu'ayant, sous un prétexte plausible, fait un voyage hors de France, il avait acheté un vaisseau qui devait l'attendre dans un port d'Espagne. Il l'avait armé, s'était procuré un bon équipage et avait rempli ce navire non seulement d'armes et de munitions, mais encore d'un assez grand nombre d'officiers qui avaient consenti à partager son sort. »

La cour, qui redoutait dans ce départ un cas de conflit immédiat avec l'Angleterre, ordonna d'arrêter La Fayette. Il réussit à s'échapper, retrouva sur la côte d'Espagne son vaisseau et ses compagnons d'armes, échappa à de nouveaux bâtiments français lancés à sa poursuite, trompa la surveillance des frégates anglaises qui gardaient les côtes de l'Amérique, rejoignit près de Philadelphie le général Washington, fut agréé par le Congrès, et nommé major général dans l'armée des États-Unis. Alors commença une petite guerre d'escarmouches et d'embuscades. « Ce n'étaient guère, disait-il un jour au premier Consul, que des rencontres de patrouilles. » Mais c'est dans des rencontres comme celles-là que se jouait le sort d'un peuple. La France, de plus en plus attentive et voyant se dérouler là-bas sa propre politique en action, força le gouvernement à envoyer une escadre de secours. Bientôt ce fut tout un corps d'armée qui s'embarqua sous les ordres du comte de Rochambeau. Le chevalier de Chastellux sollicita et obtint la faveur de partir. En 1781, un nouveau renfort permit aux Franco-Américains de cerner lord Cornwalis dans l'État de la Virginie et de le contraindre à se rendre. L'Angleterre demanda la paix.

Pendant son séjour en Amérique, le chevalier de Chastellux aurait manqué à sa vocation de lettré s'il n'eût écrit le journal de ses impressions. C'est sous le titre de *Voyage en Amérique septentrionale* que l'ouvrage parut en 1786. Quand on le relit aujourd'hui, on trouve que le succès extraordinaire qui lui fut fait est hors de proportion avec son mérite. Toutefois il garde un reste de fraîcheur, grâce à sa parfaite sincérité. Ce grand seigneur, à l'esprit toujours en éveil et sans l'ombre de pose, passe d'un coup de pistolet heureux tiré sur un geai aux considérations philosophiques et aux recherches scientifiques ; puis, dans un mouvement de candeur, il s'imagine, parce qu'il est témoin d'un acte d'humanité, que l'âge d'or va régner en Amérique. Il voit le monde entier à travers sa nature bienveillante. Sainte-Beuve, qui aimait à marquer et à faire toucher du doigt le point faible d'un homme, avait bien vu le penchant de ce caractère. Comme il ne trouvait pas le chevalier digne d'une causerie du lundi, il trace cette esquisse dans une petite note dédaigneuse : « M. de Chastellux, dit-il, était l'*engoué* par excellence à une fin de siècle où l'illusion enlevait toutes les têtes et où l'on était lancé comme des cerfs-volants. Il portait cela en tout. Un soir qu'il revenait de la Comédie-Française où il avait vu débuter une actrice appelée Thénard, il dit en entrant chez M<sup>me</sup> de Staël : « Je viens de voir une nouvelle actrice qui « a joué admirablement. — Ah! c'est un peu fort, « dit M<sup>me</sup> de Staël ; j'y étais et je trouve qu'elle n'a « pas bien joué du tout. — Mais, reprit M. de Chas- « tellux, elle me semble s'être très bien tirée de « telle et telle scène. » Et il essayait de les indiquer. M<sup>me</sup> de Staël persista, et une ou deux personnes qui revenaient du théâtre se joignant à elle, M. de

Chastellux finit par se rabattre à dire : « Que vou-
« lez-vous ? la pauvre diablesse a fait ce qu'elle a
« pu ». C'est là, conclut Sainte-Beuve, avec son ironie déshabillante, c'est là que, de rabais en rabais,
cette grande admiration vint aboutir. »

Sainte-Beuve est trop sévère et quand un homme comme le chevalier, emporté par ses préoccupations d'intérêt général n'a pensé qu'aux autres, il mérite mieux que cette anecdote au bas d'une page. S'il n'avait jamais songé à sa fortune, Chastellux rencontra du moins le bonheur, en étant amoureux à cinquante ans. Un jour, dans la ville de Spa dont les eaux étaient célèbres et qui était alors le rendez-vous de tout le monde qui voulait se soigner en s'amusant ou s'amuser tout simplement, Chastellux s'éprit d'une jeune irlandaise, M^lle Plunkett, et l'épousa. Mais cette heureuse union fut courte : il mourut en 1788. Toutes les idées justes et nobles de la Révolution française lui étaient apparues, sans rien qui en ternit la pureté. Il n'avait prévu que 89 et ne soupçonna pas 93.

## II

L'année même où naissait le chevalier de Chastellux, venait au monde, dans le petit village de Sacy, non loi de Cravant, à une lieue et demie de

Vermenton, un enfant qui devait, sous le nom de Restif de la Bretonne, laisser la renommée littéraire d'un J.-J. Rousseau des halles et de la boue parisienne. Il faut, pour aborder les deux cents volumes qu'il a publiés, soit l'intrépidité d'un critique consciencieux et peu pressé d'écrire un compte rendu, soit la curiosité d'un de ces flâneurs de lettres qui passent leur vie à lire sans se préoccuper de conclure. Que feraient d'ailleurs au grand public la plupart des vieilles anecdotes du siècle dernier que Restif a recueillies pêle-mêle? Crudité des scènes, brutalité des mots, certains entrepreneurs de littérature contemporaine les ont dépassées avec un sentiment très vif des exigences actuelles. Mais, à travers les résultats de l'énorme et confuse enquête que ce polygraphe a publiés, il y a quelque chose de précieux à extraire. Grâce aux indications éparses dans ses livres, on arrive à reconstituer toute une société dédaignée dont il voulait être l'historien. Le xviii° siècle apparaît dégagé de la mise en scène habituelle. C'est un xviii° siècle vu du fond d'une province, d'un faubourg d'Auxerre, ou d'une rue de Paris. Mais la meilleure part de cette œuvre si mêlée, il la doit à ses souvenirs de famille et d'enfance.

Restif a écrit la vie de son père, dans un livre qui est un chef-d'œuvre de sentiment filial. Ce père, qui s'appelait Edmond, était né, en 1690, à Nitry. Si l'on voulait reconstituer les rapports qui existaient autrefois entre parents et enfants, on trouverait des documents curieux dans ce petit livre. Trois générations défilent tour à tour. Le grand-père était maître absolu. Sa femme vivait dans une crainte perpétuelle. Les enfants n'osaient lever les yeux ni adresser une parole. Il n'aurait pas fallu que les filles avant leur mariage eussent un avis, qu'elles prononçassent un oui ou un non. Elles étaient obligées de parler au conditionnel. *Je croirais; il semblerait; si telle chose était.* Un ton décidé leur aurait attiré plus qu'une réprimande. Le fils de dix-huit ans ne comptait pas davantage. Pour un bouquet, offert sans autorisation paternelle, à une jeune fille de Sacy, Edmond reçut de son père trois grands coups de fouet, d'un fouet de charretier. Le sang coula : « Comme vous l'avez arrangé ! » ne put s'empêcher de dire, les larmes aux yeux, la mère qui, comme les braves paysannes et les petites bourgeoises de ce temps-là, essayait d'adoucir quelque peu la dureté des pères. Dureté voulue, sévérité romaine. Qui eût osé résister ? disait son fils. La puissance paternelle, ajoutait-il, ressemblait à la puissance de Dieu même. Quand il s'agissait d'un mariage, le fils, aurait-il eu quelque autre sentiment au cœur, n'avait qu'à se soumettre au désir de son père. « Bénis soient le fils et la fille qui obéissent aux dépens de leur cœur ! » s'écriait ce père au pouvoir absolu, en imposant à son fils une Marie Dondaine qui n'avait pas de beaux yeux, pour des yeux de Nitry.

C'est après ce mariage de raison paternelle et après la mort d'un père aussi redoutable qu'Edmond Restif vint demeurer à Sacy. On appelait alors les habitants de ce village les besaciers de Sacy, parce que portant besace ils mendiaient presque tous. Edmond Restif fut-il le parfait laboureur que nous peint son fils Nicolas, le fameux Restif? Est-ce lui qui fit défricher toutes les terres incultes, planter les vignes, prodiguer le sainfoin et apporta, dans ce petit pays, par son initiative et ses conseils, une ère de prospérité? Il y a sans doute un peu d'exagération dans l'enthousiasme du fils. Restif voulait offrir le tableau d'un homme vertueux, selon l'adjectif du temps, d'une vertu de tous les jours, facile, aimable. « Mon père voyait tout en beau et en bon, dit Restif au bas d'une page, en ajoutant : c'est ainsi que sont faits les cœurs droits. »

Mais, à côté de cette phraséologie sentimentale, il y a des faits nets et précis. Ce que Restif a vu enfant a un mérite inappréciable. Il avait huit ans, en 1742, lorsque son père alla demeurer au haut du village, à la ferme de la Bretonne, qui était isolée et défendue des autres maisons par les murs d'un enclos. Cette ferme a été transformée. Seule, une grande chambre, pavée de larges dalles, une salle commune, est à peu près tout ce qui reste de l'ancienne habitation. C'est là que l'on soupait et que le père de Restif siégeait comme un patriarche au milieu de vingt-deux convives. Enfants, garçons de charrue, bouviers, bergers et deux servantes, tous s'asseyaient à la même table. Le père de famille était du côté du feu; sa femme près de lui, elle seule se mêlant de la cuisine et servant. Tout le monde mangeait le même pain. La distinction odieuse du pain blanc et du pain bis, dit Restif, n'avait pas lieu dans la maison. Les enfants ne buvaient que de l'eau. C'était la règle. Les femmes elle-mêmes ne buvaient un peu d'eau rougie que quand elles avaient plus de quarante ans. Après le souper, le père lisait à haute voix l'Écriture sainte. On l'écoutait avec respect. Dans le temps de l'Avent, il prenait plaisir à chanter des Noëls, ces vieux Noëls bourguignons qui se répétaient gaiement au coin du feu, avec leurs naïvetés, leurs gaietés, leurs familiarités qui faisaient de Jésus un Jésus des bonnes gens. Il y a là toute une joyeuse littérature de foyer et même de cabaret, qui mériterait une étude à part. Les enfants récitaient une leçon de catéchisme, puis le père de famille racontait des histoires. C'était la récréation, dit Restif. L'avidité était extrême pour ces récits instructifs, et comme chacun pouvait rire et faire ses observations, c'était un amusement délicieux pour des paysans et des enfants.

Ce personnage à la Greuze n'eut dans sa vie qu'un moment d'impatience : le collecteur des tailles le taxa d'une façon exorbitante. Il dut réclamer à deux reprises jusqu'au moment où l'intendant de Tonnerre, M. Berthier de Sauvigny, reçut la requête de ce père de famille qui signait : Edme Restif, père de quatorze enfants. Il le fit venir, lui parla avec affection, et la taxe de Restif ne fut désormais portée qu'à six livres. Quand le père était en voyage pour aller à Auxerre, à Vermenton ou à Vézelay, si l'heure du souper sonnait sans qu'il arrivât, on voyait toute la famille, enfants et domestiques, attendre avec un air d'inquiétude et de tristesse. Frappait-il à la porte, raconte Restif dans ce livre où il y a des pages exquises et que l'on devrait sauver de l'oubli, le coup de heurtoir était accueilli par un cri de joie. La mère se levait avec empressement; elle s'agitait, préparait elle-même les sabots, mettait la chaise à la place qu'il aimait, lui versait un verre de vin chaud, qu'elle lui présentait à son entrée, avant de lui dire une seule parole. « Le patriarche, dit Restif, en souriant tendrement du mot, le patriarche buvait, l'air content; ensuite, il la saluait et nous saluait tous, jusqu'au petit berger, s'informant de chacun, avec complaisance et bonté. »

Ce père, tout en se faisant strictement obéir, n'était pas dur comme son père. Il était rare que l'on en vînt aux corrections. La sentence du fouet n'était prononcée que dans un cas grave. Restif raconte qu'il ne l'eut que deux fois de la main de son père, mais qu'il en avait gardé le cuisant souvenir. Si l'un des enfants avait fait une bonne action, quand la tasse de lait et l'œuf frais qu'on lui avait apportés aux champs pour son dîner, il les avait offerts à un pauvre qui avait faim, le père dans la soirée louait publiquement cet enfant selon son cœur et lui donnait sa bénédiction paternelle. La bonté passait avant le courage. Un des fils fut loué, dit Restif, mais d'une manière moins solennelle, pour avoir lutté contre un loup et lui avoir arraché un mouton de la gueule.

Il est fâcheux que le portrait de Restif, accroché à la muraille de cette salle où se sont passées tant de scènes charmantes, soit le portrait de Restif aux sourcils épais, aux yeux ronds, lorsqu'il avait l'air d'un vieux bohème ou d'un hibou. Mais ceux qui voudraient dans cette salle même avoir une idée de ce qu'était Restif enfant, quand il s'asseyait à la grande table de famille, n'auraient qu'à chercher au commencement des quatre mille huit cent quarante pages de son autobiographie, intitulée : *Monsieur Nicolas ou le Cœur humain dévoilé*. Voici comment il fait les honneurs de sa propre figure, avec la complaisance que l'on y mettait au xviii<sup>e</sup> siècle : « J'avais environ neuf ans, dit-il, j'étais beau : mes cheveux, alors châtain doré, se bouclaient et me donnaient l'air de ces anges, enfants de la riante imagination des peintres d'Italie. Ma figure délicate était ennoblie par un nez aquilin, par la beauté de mes yeux, par la fraîcheur de mes lèvres... J'étais pâle et d'une blancheur de lis; mince, fluet, dans un pays où la taille est épaisse; ce qui me donnait un air futé, comme on disait ».

C'était la mode alors de parler ainsi de soi. J.-J. Rousseau, dont le nom revient invinciblement à l'esprit quand on parle de Restif, — car tous deux, dans l'exaltation de leur personnalité et dans leur sensibilité maladive ont plus d'un point de ressemblance — était à peine plus modeste : « J'étais, écrit-il dans ses *Confessions*, au milieu de la seizième année; sans être ce qu'on appelle un beau garçon, j'étais bien pris dans ma petite taille, j'avais un joli pied, une jambe fine, l'air dégagé, la physionomie animée, la bouche mignonne, les sourcils et les cheveux noirs, les yeux petits et même enfoncés, mais qui lançaient avec force le feu dont mon sang était embrasé. » On pourrait établir encore un autre rapprochement entre leur manière de comprendre la nature. Lorsque J.-J. Rousseau, plus que grand garçon, avait dû s'éloigner de la petite maison solitaire que l'on voit encore près de Chambéry et qui s'appelle *les Charmettes*, avec ses contrevents verts et son petit jardin, là où s'était écoulé le meilleur temps de sa vie, il écrivait dans une crise de profonde tristesse : « Ce qui rendait mon état plus insupportable était la comparaison que j'en faisais avec celui que j'avais quitté. C'était le souvenir de mes chères Charmettes, de mon jardin, de mes arbres, de ma fontaine, de mon verger, et surtout de celle pour qui j'étais né, qui donnait de l'âme à tout cela. » En 1745, voici ce qu'éprouvait Restif, tout enfant, lorsque ses parents le forcèrent de quitter Sacy pour devenir un petit écolier à Vermenton : « Il me semblait qu'il me passait dans la tête des nuages qui tourbillonnaient. Je restais immobile, insensible. A la fin, mes larmes coulèrent ; ce qui me soulagea. Voilà l'idée qui me reste de cette situation, qui était moins, comme on le crut, l'effet de l'attachement moral pour mes parents, que celui de la tenue physique au sol natal, des soins amusants et délicieux que je donnais aux abeilles, aux agneaux, à tous les animaux de la maison, dont j'étais le protecteur et le nourricier. Depuis que nous demeurions à la Bretonne, ce site demi-sauvage avait un charme inexprimable pour moi : il était ce que leurs montagnes sont pour les Suisses. Aussi fut-on obligé de m'y renvoyer tous les samedis ; j'y restais le dimanche, et ne partais que le lundi matin, pour me trouver à l'école. Le chemin de Sacy à Vermenton n'est pas agréable : on monte une âpre colline, appelée le *Tartre*, au-dessus de laquelle sont des champs arides. Enfin, on descend le *Terrapion*, encore plus rude que l'autre colline, comme l'indique son nom, qui signifie qu'il faut mettre pied à terre ; les voitures y passent néanmoins, depuis un siècle qu'on est parvenu à adoucir les cascades que formaient les lits de pierres. Du haut de cette dernière colline on découvre Vermenton, gros bourg qui, comparé à Sacy, a l'air d'une ville. Alors mon pauvre cœur se serrait ; ces édifices, plus orgueilleux que ceux de mon humble village, me navraient de tristesse ! Quand, au contraire, le samedi me ramenait dans ma patrie ; que du haut du *Tartre*, je découvrais les chaumières de ce cher village, et plus loin, les murs nouvellement blanchis de la Bretonne ; sur les côtés, les bois de Nitry et de Sacy ; au milieu, le *Boutparc*, mon cœur se dilatait ; il bondissait ; des cris de plaisir s'échappaient ; je volais. »

Ah ! ce Boutparc, quelle joie quand Restif y retourna jeune berger ! Il remarque, dans un passage à noter, que les bergers avaient jadis une vie relativement plus facile et plus contemplative que les autres et qu'ainsi s'explique leur penchant à faire « des vers, des contes, des histoires, durant leurs loisirs ; car les garçons de charrue, les vignerons, et même les batteurs en grange qui veulent employer leur temps, ont trop de peine, pour avoir l'imagination libre et riante, qui porte à faire de longs récits ». Un matin, Restif partit derrière le bois du Boutparc ; il gagna avec son troupeau un vallon solitaire. Personne ne le dérangeant, il sentit, avec son imagination vive et réalisante, la joie d'être seul au monde. L'idée de liberté absolue l'enivra. Le sentiment de peur qu'il avait eu un instant quand il aperçut un loup ne diminua pas le charme de cette solitude. « De retour à la maison paternelle, écrit-il, j'étais triste et taciturne : le tracas, le tumulte, la subordination m'impatientaient. Ma bonne mère me crut malade. « Je me porte « bien, lui dis-je un peu durement, mais je voudrais « être chevreuil ou sanglier à seule fin de vivre tran- « quille dans les bois, et surtout dans le vallon où « j'ai été aujourd'hui. — Et où donc as-tu été, mon « Nicolas? — Au delà du Boutparc. — Oh! si loin, « mon enfant. — Fût-ce plus loin encore!... oh! si « vous saviez comme c'est joli!... » Et je me tus manquant de termes. »

Comme il notait tout avec une patience, souvent une minutie sans égale, il a reproduit jusqu'à certaines phrases qui nous donnent l'illusion d'entendre le patois que l'on parlait alors, et que l'on retrouve encore quand on cause avec les vieux paysans. C'est ainsi qu'après avoir raconté que ses sœurs, quand il avait dix ans, l'avaient paré comme un petit chérubin, le jour de la fête de Saint-Nicolas, Restif fait dire aux filles qui le regardaient passer à côté d'un grand garçon qui s'appelait lui aussi Nicolas : « Lou P'tit-Colas ôt mieu' érangé que l'Grand ; » et on vantait « son pus biau chapeau, son pus biau bouquet ». Comme il voulut échapper à cette ovation et qu'il s'enfuit en bondissant, on criait : « Ç'ô in chevreu ! (C'est un chevreuil.)

Il ôt dératé ! » répondaient les femmes. Le ô long que Restif écrit ôt s'emploie pour est. Dans un glossaire du Morvan publié, en 1878, par M. de Chambure, il y a certaines notes grammaticales qui auraient pu être suivies d'exemples donnés par Restif. Beaucoup de lettres tombent, d'autres se mangent. On ne dit pas un genêt, mais g'nête. Certaines consonnes disparaissent dans les terminaisons. On dit un *beu* au lieu d'un bœuf, et M. de Chambure aurait pu noter en passant que l'on devait prononcer ainsi jadis partout, puisqu'on disait le *beu* gras et non pas le bœuf gras. Il est des syllabes entières qui sont noyées comme *brâment* au lieu de bravement.

Restif avait douze ans quand il fit avec son père le voyage de Paris. « A la vue d'Auxerre qui s'élève en amphithéâtre sur une colline, écrit-il, moi, qui n'avais jamais vu que de chétifs villages, je fus frappé, saisi d'admiration. Nous avançâmes. Je n'avais jamais vu de pont ; nouvelle surprise ! je tremblotais d'émotion et de respect... La cathédrale me parut l'ouvrage des fées. » Il lui semblait que tous les passants étaient riches. « Il n'y a donc ici que des messieurs ? » demandait-il avec candeur. Pour connaître la façon de voyager de ce temps-là, on n'aurait qu'à suivre son moyen de locomotion. Dans ses mémoires, où il ne fait grâce d'aucun détail, il nous raconte qu'il monte avec son père dans le coche-d'eau, supportant avec peine les secousses provoquées par les coups de perche que donnaient, dit-il, les maladroits conducteurs de cette lourde nacelle. Puis on monta en carriole jusqu'aux environs de Melun et de Villejuif.

« En sortant de Villejuif, nous découvrîmes, dit-il, un immense amas de maisons surmontées par un nuage de vapeurs. Je demandai à mon père ce que c'était : « C'est Paris. — Oh! que Paris est « grand!... Mon père! il est aussi grand que de « Vermenton à Sacy et de Sacy à Joux. Oh! que de « monde! — Il y en a tant que personne ne s'y con« naît, même dans le voisinage, même dans sa pro« pre maison. — On ne se salue donc pas? — Non. « — On ne prend donc pas garde l'un à l'autre? — « Non, non. — On ne prendra pas seulement garde « à moi? — Oh! pas le moins du monde. » Je tressaillis d'aise en disant : Je vas voir, je vas voir. »

Mais il s'agissait d'abord d'aller à Bicêtre. Destiné, pour le moment, à être enfant de chœur de cet hôpital, il avait moins l'air d'un ange qu'autrefois, car il était grêlé de la variole. Rude atteinte à sa joliveté, selon son mot. Le mal du pays faillit un instant s'emparer de lui. Il lui suffisait de murmurer un air de son village, ce qu'il appelle un *Deo laus* de charrue, pour qu'il éprouvât une douleur à suffoquer. Deux petits camarades en camail le consolèrent. Restif, bien qu'il fût tondu, calotté de rouge, en soutane de grandes fêtes, en ceinture, n'était guère fait pour vivre dans un tel milieu. Il n'aurait pas tardé à sortir de ce petit séminaire, si on n'avait pas licencié cette colonie janséniste installée dans cet hôpital de vieillards.

Restif reprit le chemin de la Bourgogne. Il demeura quelques instants à Courgis et revint à Sacy. A la veille de le quitter encore, et dans une de ses trouvailles d'expression qu'il faut savoir découvrir au milieu d'un fatras, il dit que tout ce qu'il voyait « avait un air d'adieu attendrissant ». Son père décida de le mettre à Auxerre dans une imprimerie, qui est devenue aujourd'hui l'imprimerie Gallot. Un apprenti était alors le commis et le souffre-douleurs des ouvriers. « Les mauvais traitements que les anciens, dit Restif, faisaient éprouver aux nouveaux étaient inouïs. » Quant au patron, il ne se gênait pas, lorsqu'un ouvrier avait mal travaillé, pour lui jeter la feuille d'imprimerie au nez et hâter sa marche d'un coup de pied. Ses aventures à Auxerre, Restif les a racontées dans le roman par lettres du *Paysan perverti*, de ce paysan, qui lui ressemble comme un frère.

On ne recherche plus guère aujourd'hui ce roman que pour ses jolies gravures ; il mérite mieux cependant : il a marqué une évolution littéraire. Ce livre est le livre d'avant-garde du naturalisme. Il fut construit avec la préoccupation de types et de milieux vrais. « Je fis, écrivait Restif, quand il racontait l'histoire de ses livres, je fis les premières lettres avec un plaisir infini, parce qu'en parlant de mon héros, je racontais les aventures de ma jeunesse, à mon arrivée à Auxerre, en 1751, et pendant le cours de mon apprentissage. Pour donner à mon livre ce fonds de vérité dont je m'étais fait un devoir en prenant la plume, en 1766, je donnai à mon *Paysan perverti* les aventures de Borne, procureur du roi des eaux et forêts, et je les amalgamai au revers des miennes et de celles de quelques autres jeunes gens que le séjour de la capitale avait perdus. »

La méthode de travail des grands romanciers, la méthode d'après nature, Restif la pratiqua en réclamant pour les classes inférieures le droit au roman : « Les conditions basses, dit-il dans une petite note perdue au milieu des quatre cent quarante-quatre histoires des *Contemporaines*, ne sont pas les moins intéressantes de la société; cependant elles n'ont pas d'historiens; et quoiqu'on n'ignore pas à Paris quelles sont les mœurs des Cafres, des Hottentots, des Iroquois, on ignore assez communément dans la rue Saint-Honoré et au faubourg Saint-Germain, les mœurs des faubourgs Saint-Marceau et Saint-Jacques, peuplés de ce qu'il y a de plus pauvre dans la capitale et dans l'univers. Aucun de nos écrivains ne s'en est occupé, je les fais connaître. Leurs mœurs sont fidèlement exposées dans mes récits. » Ces nouvelles paraissaient par quatre volumes à la fois. Un jour, une marquise, après avoir eu la curiosité de les lire, car on en parlait dans le monde, rejeta le volume et s'écria avec dégoût : « Je comptais trouver les histoires des dames de la cour et je n'ai vu que des laveuses d'écuelles. » « Il ne fallait l'entretenir que de duchesses, dit Restif avec l'indignation qu'augmentait sa vanité débordante. Mais les Crébillon et les autres auteurs de cette trempe, qui ont peint les mœurs du grand monde, ont travaillé d'après leur imagination. Point de faits vrais. » Mieux valait, selon lui, étudier les aventures de la fille d'un porteur d'eau, d'une rempailleuse ou de la femme d'un crocheteur. « Restif est l'homme qui a le plus vécu dans la rue et le plus fréquenté le petit peuple, » a écrit M. Taine dans un de ses volumes sur les origines de la France contemporaine. « C'est le peuple auteur, » avait déjà dit Monselet.

En dehors de cette situation originale qui ne lui a pas été assez reconnue, parce qu'on recule devant cette œuvre immense, cynique, souvent odieuse et qu'il est difficile de suivre une idée directrice dans l'amas des volumes qu'il a entassés, Restif mérite aussi d'être regardé comme précurseur sur d'autres points. Il a jeté dans la langue quelques néologismes curieux, comme les mots *guérisseurs, femmelet;* des verbes comme *prismatiser, hypocriter, tapager.* Il accusait Voltaire de *frivoliser, d'agrémenter* et de *superficielliser* toutes choses. Quand il dit, dans ses *Idées singulières*, que Paris, où l'on veut des fruits précoces, des talents précoces, *prématu-*

*rise* tout, le mot est assez joli. *Jacteur*, au lieu de vantard, est moins heureux aux yeux des Auxerrois, car il dit que les jeunes gens d'Auxerre sont les plus grands *jacteurs* de tous les Français. Souvent il a des alliances de mots tout à fait charmantes. « J'étais, écrit-il quelque part, dans une situation d'esprit et de cœur que je ne saurais bien exprimer qu'en disant qu'elle avait un *charme douloureux*. » Il dit aussi une *attitude écoutante*, une *tristesse affaissante*, des *soupirs sanglotés*. Parlant de certains minois chiffonnés, il dit qu'ils se *froncent* de bonne heure; et ailleurs il écrit cette phrase générale qui donnera à tant de femmes une illusion consolante : « Les femmes qui ont été jolies savent à merveille prendre leurs avantages et *repousser* dix ou quinze de leurs années. » Parfois il a des phrases comme celles-ci qui résument l'orgueil et la joie de la vie : « J'arrivais, écrit-il, ivre de cette volupté que donne le grand air à tout ce qui est fort et bien constitué. » Dans une autre situation d'esprit : « Savez-vous ce que c'est que la douleur? C'est quand tout fait couler les larmes. » Ce n'était pas seulement par le choix de ces mots qui portent l'empreinte de l'écrivain original et le distinguent de tous les auteurs d'emprunt ou de surmoulage, c'est aussi par certaines réformes rêvées qu'il se rapproche encore de nous.

On a beaucoup agité depuis quelque temps les questions de réforme orthographique. Restif, qui se vantait d'avoir passé dix années à étudier cette question, écrivait, en modifiant lui-même l'orthographe, ces lignes qui ressemblent également à quelques manifestes de nos contemporains : « J'entreprens de doner aux Français une ortografe facile, invariable et conforme à la prononciacion. » Parmi ses fantaisies révolutionnaires, il en est quelques-unes qui ne manquaient pas de justesse. Il voulait, par exemple, marquer la différence des deux espèces de s, l'un doux, l'autre dur. Ainsi les mots à s dur comme sociable, vraisemblable, auraient dû, dans sa pensée, être orthographiés avec un s long qui se serait marqué ainsi comme un $\int$; et les mots rose, aisé, auraient conservé le s ordinaire. Il demandait, comme le demandent aujourd'hui nos réformateurs, la disparition des doubles consonnes. On aurait écrit *desus* au lieu de *dessus*, *bone* au lieu de *bonne*, et Restif, donnant *brâment* l'exemple, coupait un n de son nom : il écrivait *La Bretone*. Il voulait procéder radicalement. Mais en orthographe comme en politique on doit marcher pas à pas et sérier les questions avec un esprit paisible et discernateur. Qu'il y ait quelque chose à faire, cela n'est pas douteux. Un des esprits les plus justes de notre temps, dont on ne saurait trop invoquer l'autorité en ces matières, M. Michel Bréal, l'a constaté en ces termes : « L'orthographe, écrivait-il dans des pages sur l'instruction publique en France, est devenue le tourment de l'élève et, par un juste retour des choses, le désespoir du maître... Il faut écrire un *verrou*, des *verrous*, mais il faut écrire un *bijou*, des *bijoux*. Pourquoi ? » Les règles pour les noms en *ou* ne reposent que sur une fantaisie ou un caprice. Que de temps perdu pour des subtilités ! Un *couvre-pied* des *couvre-pieds*. Mais il faut écrire : un *serre-tête*, des *serre-tête*, parce que chacun n'a qu'une tête. *Casse-tête* en revanche prend un *s* au pluriel, probablement parce qu'on peut en casser plusieurs, pendant qu'on est en train. Et que de vétilles sans compter les inadvertances ! Écrire *dixième* et *dizaine*, *feux* et *bleus*, c'est vouloir, en vérité, que la grammaire apparaisse à l'enfant pleine d'embûches, de *chausse-trapes*, par un *p*, tandis que *trappe* en prend deux. Pourquoi *abatage* et *abattre*, *agrandir* et *aggraver*, *apercevoir* et *apporter*, *coureur* et *courrier*, *exigeant* et *exigence*, *existant* et *existence*, *fabricant* et *trafiquant*, *honneur* et *honorer*, *patronage* et *patronnesse*, *préférant* et *préférence*, *regret* et *regretter*, puisqu'on dit *rejet* et *rejeter* ? Ces bizarreries qui font le chagrin des élèves et souvent l'impatience des grandes personnes, on devrait les signaler avec une malice pleine de déférence et de respect à l'Académie française. Elle jugerait en dernier ressort ces petites difficultés journalières.

En dehors de l'orthographe, Restif aurait volontiers réformé l'imprimerie. Rien n'est plus curieux que certains de ses ouvrages, dont la typographie est variable selon l'importance du sujet. Comme il n'écrivait pas et se mettait immédiatement à imprimer lui-même ses livres, il composait en gros caractères les souvenirs qui l'avaient ému davantage. C'est ainsi que ses impressions d'enfance et de jeunesse sont en lettres beaucoup plus démesurées que les autres. Il employait des caractères plus petits quand il n'était plus directement en scène. Son défaut, qui fut une hypertrophie monstrueuse de vanité, se montre là naïvement.

Ne doutant de rien, il réformait en un tour de volume l'humanité tout entière. Il avait un programme pour les habitants des villes et les habitants des campagnes. Dans une de ses nouvelles, vingt particuliers se sont réunis pour habiter ensemble du côté de la rue Saint-Martin. Boulanger, boucher, tailleur, chirurgien, huissier, tous s'engagent, d'après des statuts, rédigés au nom de la sainte humanité, à mettre en commun, sans restriction ni réserve, leur avoir, leurs profits, leur part d'héritage. Au cours des promenades faites en bande, chacun était libre d'offrir son bras à une de ses collaboratrices, à moins que le mari ne voulût avoir sa femme, qui lui sera remise à la première parole, disait un article des statuts. Tout était prévu sur le papier, tout jusqu'à l'heure du lever, jusqu'au menu du dîner. On avait droit à deux plats et à un dessert, vin compris. Mais il fallait que le vin (c'est là où reparaît le bourguignon Restif), fût du vin de Bourgogne naturel. Les enfants étaient élevés à frais communs dans une égalité parfaite. Les garçons, après quelques idées saines en physique, en morale et en religion, étaient libres de choisir l'état qui leur plairait. Il sera absolument interdit, disait l'article 13, « de forcer la vocation des enfants, c'est-à-dire de porter les incapables où ils ne doivent point aller ». Les filles, en apprenant la couture, la dentelle, et quelques-unes la peinture et la musique, toutes le dessin, l'italien et l'anglais, devaient savoir, en outre, dès l'enfance, « qu'elles étaient destinées à être soumises à leur mari ». Comme les co-associés étaient pareillement égaux en importance, la fille du médecin ou de l'avocat, sans dot d'ailleurs, pouvait être demandée en mariage et donnée au fils du cordonnier ou du boulanger. Dans ce programme, tous les maris sont heureux, toutes les femmes sont mères, tous les enfants sont sages.

Le bonheur des paysans était aussi facile dans l'esprit de Restif. Il a rédigé les statuts d'un bourg où tout serait en commun : terre, bestiaux et greniers. Chacun n'avait à soi que ses meubles, son linge et ses habits. Il arrêtait jusqu'au programme des jeux : jeux de boules pour les hommes, jeux de cartes pour les plus anciens, jeux de paume pour les grands, jeux de barres pour les petits. Les vieillards étaient chargés de présider aux travaux champêtres, au service des tables, au paiement des impôts prélevés sur les bénéfices communs, à la distribution d'un prix de mœurs et d'un prix de labourage. L'organisation allait si bien, dans la pensée de Restif, qu'il prévoyait le supplément de vin qui serait alloué aux pères de huit enfants. Chaque soir, la cloche annonçait la clôture des travaux ou des amusements. Personne ne devait plus rester dans les rues, et les portes du bourg étaient fermées jusqu'au lendemain, à l'heure d'aller aux champs.

Restif s'imaginait, comme Morelly, Mably et J.-J. Rousseau, que le bonheur du genre humain était facile à obtenir par le retour à l'état de nature. Il ne voyait que la cueillette des fruits en commun, la joie de travailler pour le plaisir de tous. Le combat de la vie devenait une églogue en action. Mais n'est-il pas curieux de retrouver, à travers ces rêveries codifiées, la théorie du travail attrayant et du système phalanstérien? Sciences sociales, philosophie, législation, politique, religion, art, Restif a touché à tout, écrivait M. Paul Cottin, dans un livre qui a paru, il y a deux ans, sur les inscriptions de Restif. Restif eut la manie de se promener à Paris dans l'île Saint-Louis, et d'écrire sur les parapets des quais les dates commémoratives des événements les plus insignifiants de sa vie. Avec son manteau à grand collet, son chapeau à larges bords, sa tenue débraillée, il était poursuivi par les gamins qui l'appelaient le Dateur et le

Griffon, parce qu'il datait et griffonnait sans cesse. Le souvenir de son enfance lui revenait souvent. Ainsi que ce fleuve de la Seine qui passait sous ses yeux, emportant au milieu de tant d'immondices l'eau des premières sources, des sources pures du Morvan, il se rappelait sans doute que dans son œuvre salie il y avait des souvenirs limpides d'enfance, de famille et de sa petite patrie. Il mourut au mois de février 1806, dans une chambre de la rue de la Bûcherie, en proie à la misère, et regardant avec mélancolie son autobiographie, dont tous les volumes étaient empilés sous ses yeux mourants. On ne songea plus au vœu qu'il avait exprimé dans une des pages de ses confessions. C'est au cimetière de l'église de Sacy, près de la porte murée, que l'on appelait la porte des *Épousailles*, qu'il voulait reposer à jamais. « Mon père et ma mère sont enterrés auprès de cette porte, écrivait-il, y puissé-je reposer un jour sous une tombe où seront inscrits les titres de mes ouvrages ! »

# UN MARÉCHAL ET UN SOLDAT

## SOUS LE PREMIER EMPIRE

Les premières années de Davout. — Les volontaires de l'Yonne. — Trahison de Dumouriez. — La Terreur. — Enthousiasme de Davout pour Marceau et Desaix. — Campagne d'Égypte. — Davout général et Coignet soldat. — L'Empire vu à travers leurs impressions. — Le retour de l'île d'Elbe. — Davout ministre de la guerre. — Son rôle et sa fin. — Un tombeau de Napoléon.

Toutes les fois que le mot devoir revenait sous la plume du maréchal Davout, écrivait un jour sa fille, M<sup>me</sup> de Blocqueville, le mot commençait invariablement par un grand D. Devoir et justice, bravoure et discipline, la vie du maréchal pourrait se résumer ainsi. Même enfant, il était révolté par l'idée d'un passe-droit. Un jour, à l'école militaire d'Auxerre, où Davout fut élevé, un de ses camarades vint lui dire, au moment de la distribution des prix : « Tu ne seras même pas nommé. » Davout, qui espérait sa part très légitime de succès, quitta la salle. Armé d'un bâton, il alla droit au verger du collège. Il donna à droite et à gauche des coups formidables sur les pommiers et sur les poiriers; il abattit ainsi avec rage tous les fruits réservés sans doute à la table des maîtres. Un professeur, arrivant essoufflé, lui cria : « Que faites-vous ? Ne savez-vous donc pas que l'on vous cherche partout pour vous donner le prix de mathématiques et le prix d'anglais ? » Ce n'était pas la vanité déçue qui avait conseillé à l'élève Davout ce mouvement de colère : c'était l'irritation que donnait à son âme éprise de justice le refus d'une récompense méritée. La gloriole tenait si peu de place dans son esprit que, nommé lieutenant au régiment Royal-Champagne, il raya l'apostrophe de son nom, bien que sa noblesse bourguignonne remontât au XIV<sup>e</sup> siècle.

Les d'Avout étaient originaires du petit village d'Annoux, qui est à une des extrémités de l'arrondissement d'Avallon. Ils occupaient une demeure placée au haut du village, dans une situation dominatrice. C'est aujourd'hui une ferme morcelée. Sauf une grande chambre dont le plafond est traversé par une poutre peinte en blanc, un peu plus élégante que les poutres ordinaires, il n'y a aucun vestige digne de provoquer l'attention. « Quand un d'Avout vient au monde, disait-on jadis, dans une phrase passée en proverbe, c'est une épée qui sort du fourreau. » Mais personne ne prévoyait quelle serait la fortune de ce lieutenant très modeste, très réservé, perdu dans le régiment Royal-Champagne.

De même que Bonaparte, à cette époque simple officier d'artillerie, caserné à Auxonne, aimait, en dehors des heures d'exercices, à emporter un livre d'histoire et à gagner solitairement la grande route qui fait suite au pont de la Saône, pour passer quelques heures dans une lecture méditative, Davout s'éloignait volontiers de ses camarades pour mieux étudier quelque ouvrage du xviii$^e$ siècle. Nul ne croyait à la grande destinée de ces deux hommes de guerre, pas même eux. A Auxonne, dans cette petite ville enfermée dans ses remparts, gardant toujours un aspect si militaire que les civils ont tous l'air dépaysé et que les maisons habitables ne servent qu'à des logements d'officiers, Bonaparte, à qui sa femme de ménage disait : « Je souhaite que vous deveniez un jour général, » lui répondait : « Ah ! ma pauvre Thérèse, combien je serais satisfait si j'arrivais à être commandant ! Je n'en demanderais pas davantage. » On ne croyait pas que Davout pût arriver même à ce grade, envié par Bonaparte. Un des oncles de Davout, major dans le régiment Royal-Champagne, écrivait sur un carnet cette note catégorique : « Davout lit les philosophes et n'entendra jamais rien à son métier. » Ce gros major faillit triompher plus tôt qu'il ne le croyait. L'avenir de Davout risqua d'être à jamais compromis.

Une trentaine de soldats appartenant à son régiment avaient été poursuivis pour cause d'opinion politique : Davout protesta. Il fut arrêté et emprisonné à Arras. Un décret de l'Assemblée nationale lui rendit la liberté qu'il refusa : il voulait être jugé. Écolier ou officier, il était toujours le même : il ne voulait que la justice, mais il la voulait tout entière. On ne l'écouta pas : il dut rentrer dans la retraite jusqu'en 1792, jusqu'au moment où la patrie, menacée par l'Autriche et la Prusse fut en danger. Pour Davout, comme pour ceux qui veulent résumer en un seul mot tous les sentiments de patriotisme, la patrie, c'était le sol. Il courut demander non sa place d'officier, mais son rang de simple soldat au 3ᵉ bataillon des gardes-nationaux de l'Yonne. Ses camarades le nommèrent commandant. Il devait servir sous les ordres de Dumouriez, dans l'armée du Nord. Comment arriva-t-il à faire tirer son bataillon contre le général en chef? C'est un point que les histoires trop sommaires laissent dans l'ombre.

Après les victoires de Valmy et de Jemmapes, le plan de Dumouriez, qui venait d'entrer à Bruxelles, était de réunir la Belgique à la France et d'imposer ses volontés à la Convention. Mais que rêvait-il? Était-ce le rôle de Cromwel ou de Monk? Il est assez difficile de savoir ce qui se passait dans l'âme de cet aventurier toujours en combinaisons, dont la fertilité d'esprit se plaisait à imaginer les hypothèses les plus diverses et à essayer de les résoudre d'avance et au choix. Il n'avait qu'un sentiment fixe : l'ambition de jouer un grand rôle. Sous ses ordres servait le fils du duc d'Orléans, qui devait être un jour Louis-Philippe et que l'on appelait le général Égalité. Dans le rapport sur la victoire de Jemmapes, gagnée par de jeunes troupes françaises sur les vieilles troupes ennemies, Dumouriez ne manqua pas de vanter ce fils de prince dont les hasards de la Révolution pouvaient faire un roi, qui se souviendrait un jour de son général. Mais, tout en se réservant cette chance d'avenir, Dumouriez cherchait à prendre immédiatement le rôle d'homme nécessaire. Le ministre de France à La Haye, qui était un de ses amis, fut chargé de dire à quelques conventionnels que l'Angleterre n'entrerait pas en hostilités avec la France, si Dumouriez était choisi comme négociateur. La Convention se défiait de ce général qui, au sortir du champ de bataille, ne songeait qu'à des plans d'intrigues. Toutefois, le briser, c'était le grandir dans l'esprit des foules dont l'enthousiasme est si facile à égarer. La popularité de Dumouriez n'allait-elle pas jusqu'à inspirer à une femme, Olympe de Gouges, une pièce en cinq actes : *L'Entrée de Dumouriez à Bruxelles?* « Alexandre n'eût été qu'un petit garçon à ses côtés, » disait-elle imperturbablement. Danton, qui continuait à défendre Dumouriez, parce qu'il ne voyait en lui que le porteur du drapeau tricolore, voulait le conserver à la tête de l'armée pour le précipiter dans la guerre et l'arracher ainsi, en plein fracas de patriotisme et de gloire, à toutes les combinaisons louches où ce vainqueur de Valmy et de Jemmapes risquait de sombrer.

La guerre, prévue par Danton, s'annonçait de plus en plus menaçante. Au lendemain de l'exécution de Louis XVI, l'Europe, poussée par l'Angleterre, se coalisa formidablement contre la France. La Convention, oubliant alors tous les dissentiments qui la déchiraient, se dressa frémissante. La guerre qu'on voulait lui déclarer, ce fut elle qui la jeta comme un défi. Menacée sur les frontières du nord et de l'est, exposée aux angoisses de la guerre civile par les insurrections de la Bretagne et de la Vendée, elle ne désespéra pas du salut de la patrie, dût-elle acheter ce salut au prix de terribles et sanglants sacrifices. Dumouriez, en qui la France espérait toujours avec cette foi intrépide qu'elle n'a cessé de prodiguer à ses chefs militaires, rêva une victoire qui le rendrait souverain maître. Il engagea imprudemment, à Nerwinde, un combat contre les Autrichiens et dut battre en retraite. C'était du même coup perdre la Belgique. A la suite d'un arrangement avec un colonel autrichien, chargé de négociations secrètes, il fut entendu que les Français pourraient reculer jusqu'à notre frontière sans être inquiétés. Déjà Dumouriez avait eu des pourparlers avec l'ennemi; mais on avait cru en France que c'était une tactique pour empêcher la concentration des troupes autrichiennes. Cette fois, que se passait-il? La Convention résolut de faire comparaître à sa barre ce général de plus en plus suspect. Danton, renonçant à le protéger davantage, disait : « Il faut le décrocher de son armée et puis nous en ferons justice. » Le ministre de la guerre, le général Beurnonville, partit, accompagné de commissaires, tous armés de pleins pouvoirs.

« Le soir du 1ᵉʳ avril, racontait dans un de ces journaux intimes qui sont comme la monnaie précieuse de l'histoire, un soldat, le canonnier Bricard, dont on a publié les notes personnelles, il y a quelques mois, nous apprîmes l'arrivée du ministre de la guerre avec des commissaires de la Convention nationale. Nous ignorions le motif de leur mission, car depuis longtemps nous étions privés de nouvelles de la France; toutes les lettres étaient interceptées. » Ces deux lignes révélatrices ne montrent-elles pas, de la manière la plus évidente, que Dumouriez voulait tenir l'armée à l'écart de toutes communications extérieures et la transformer en garde prétorienne? « Citoyen général, dit un des commissaires, nommé Camus, voulez-vous obéir au décret de la Convention nationale et vous rendre à Paris? » Le général refusa. « Eh bien! je déclare que vous êtes suspendu de vos fonctions, dit impétueusement le délégué conventionnel, vous n'êtes plus général. J'ordonne qu'on ne vous obéisse plus et qu'on s'empare de vous. » L'état-major, qui entourait Dumouriez, murmura. Au moment où Camus, se retournant, demandait le nom des officiers qui ne s'inclinaient pas devant la volonté nationale : « Il faut en finir, » s'écria Dumouriez, qui avait à quelques pas, rangé en bataille devant sa maison, un régiment de hussards prêt à obéir à ses ordres, quels qu'ils fussent. Un officier de ce régiment, suivi de trente hommes à pied, entra. Dumouriez lui donna en allemand l'ordre d'arrêter le ministre et les quatre commissaires. La voiture qui les avait amenés les transporta au grand trot, escortés de cette garde ironique, vers Tournai où ils furent livrés au général autrichien Clerfayt. Dumouriez avait bien voulu recommander à son collègue et ami étranger de traiter ces Français avec égards. Il priait de les considérer comme des otages qui répondraient des excès commis à Paris.

Le lendemain et le surlendemain, Dumouriez essaya d'entraîner dans sa cause ses soldats désorientés. Il mêlait aux ordres des allocutions demi-paternelles où revenaient les mots : mes amis, mes enfants, mes braves frères d'armes. Il représentait les commissaires comme des factieux chargés de désorganiser les troupes et d'envoyer les chefs à l'échafaud. Mais l'armée, l'armée des volontaires surtout, ne voyait qu'une chose, c'est qu'il y avait la France et que Dumouriez trahissait la France. Quand il se dirigea vers la place forte de Condé où il voulait s'enfermer avec des troupes dont il espérait la fidélité, trois bataillons de volontaires, à qui il donnait l'ordre de rétrograder, lui crièrent : « Arrête ! » Sur le commandement de Davout, les fusils chargés partirent, et Davout poursuivit le général fuyant à travers champs. Quatre hommes de l'escorte furent tués. Dumouriez, qui dans ses mémoires assure, avec un sentiment de peur exagérée, que l'on tira sur lui dix mille coups de fusil, put traverser l'Escaut et se précipiter vers les Autrichiens. Il essaya le lendemain de revenir au camp français et eut l'audace de se présenter escorté de cinquante dragons autrichiens. « Qu'est-ce que ces gens-là ? dit, en sortant des rangs, un sergent-fourrier, Fichet. — Ces messieurs sont devenus nos amis, balbutia le général. — Eh ! quoi, ils fouleront la terre de France, s'écria le fourrier, c'est une trahison. Vous allez leur livrer Lille et Valenciennes. » Dumouriez n'eut que le temps de se dérober à l'indignation qui gagnait toute l'armée et, suivi de quelques officiers, il disparut pour jamais de la terre de France.

Davout, envoyé en Vendée, fut nommé général de brigade à vingt-trois ans. Mais, au moment où la fortune semblait le prendre ainsi par la main, un décret de la Convention expatriait les anciens nobles de l'armée. Davout dut disparaître momentanément et se retirer en Bourgogne. Sa mère, accusée d'avoir envoyé un peu d'argent à des émigrés, à quelques parents sans doute, fut arrêtée comme suspecte. Davout demanda à la suivre en prison. Elle fut admirablement défendue par un Auxerrois qui devait être plus tard un membre de l'Académie des sciences et de l'Académie française, Fourier. Ce grand mathématicien, jeté à cette époque dans le mouvement révolutionnaire, était un orateur des plus éloquents. Dès que la levée en masse fut décrétée, il provoqua, par un de ses discours, un enthousiasme tel que le contingent de l'Yonne se réunit sur-le-champ, prêt à marcher vers la frontière. Mais Fourier était de ces républicains très fermes qui répudient toutes les violences et ont l'effroi du sang versé.

Le courant d'humanité se retrouvait partout dans ce coin de Bourgogne. Après l'arrestation des Girondins, — le député d'Avallon, Boilleau, était du nombre, — les citoyens d'Avallon réunis, le 13 juin 1793, aux corps administratifs et judiciaires et autorités constituées, tous convoqués et assemblés dans la grande salle de la maison commune, rédigèrent une longue adresse que l'on peut lire encore dans les archives d'Avallon. Elle devait être envoyée à tous les districts de la République. Rédigée avec les sentiments républicains les plus nets, elle protestait contre l'arrestation des Girondins : « ... Un grand attentat à la souveraineté vient d'être commis. Le sanctuaire des lois est violé ; l'unité, l'intégrité de la représentation nationale rompues, l'inviolabilité de ses membres anéantie. » A travers les phrases oratoires et ampoulées de ce temps-là, revenait cette idée que les droits du peuple, seul souverain, avaient été violés dans la personne de ses mandataires : « Prenez-y garde, législateurs, quelle prise par là ne donnez-vous pas aux malveillants? Si la représentation nationale n'est pas entière, peut-elle faire des lois? Comment ces lois seront-elles l'expression de la volonté générale, si tous les membres, chargés de l'exprimer, ne sont pas réunis au corps qui délibère? » Le sentiment de tolérance, le besoin de calme que l'on retrouve toujours dans cette petite ville, revenait sous les formes les plus diverses. La sincérité impétueuse en excuse l'emphase : « Périsse à jamais le monstre qui arme les frères contre les frères! Laissons aux barbares, aux cannibales la soif du sang et du carnage... Venez donc, hommes des départements, venez, portant d'une main vos justes réclamations, et de l'autre le faisceau d'épis et l'olive de la paix, venez nous donner l'exemple de la concorde et de la fraternité !... Hâtez-vous, arrivez tous à Paris, le même jour et à la même heure. Si ce pouvait être le 14 juillet ! Une seconde fois ce beau jour sauverait la France! »

Parmi les cent cinquante signataires, on relève

les noms des Gariel, Houdaille, Bidault, Baudenet, Baudot, Dornau, Bertheau, Guiard et tant d'autres noms, portés aujourd'hui par les troisième, quatrième et cinquième générations de ces citoyens courageux qui risquaient leur tête. Robespierre envoya un représentant pour sévir contre cette protestation fédéraliste. Sur les cent cinquante signataires, trois seulement prirent peur et effacèrent leur nom avec un tel soin qu'il est impossible de les découvrir sous l'encre étalée. Le représentant de Robespierre exigea que la délibération fût annulée et des barres transversales furent faites sur ces grandes pages. Le secrétaire de la Société des sciences de l'Yonne, M. Henri Monceaux, qui a publié, en 1890, un essai bibliographique très volumineux sur la Révolution dans le département de l'Yonne, dit, en signalant cette adresse, que sur les cent quarante-sept restants, trente-deux furent arrêtés et subirent une détention de sept mois. Au bout de ce temps, vingt-huit furent relaxés et quatre prisonniers restèrent pour l'exemple : Malot, commissaire national, Arthault, médecin et maire de la commune, Arthault, juge, et Peutat, avoué. Ils purent enfin être délivrés. Cette affaire, ajoute M. Monceaux, est tout à l'honneur des Avallonais.

La chute de Robespierre permit à Davout de reprendre la liberté et son rang de général de brigade. Il eut, en 1795, la joie de servir sous Desaix.

Desaix et Marceau lui inspirèrent un de ces sentiments profonds qui remplissent l'âme humaine, sentiment fait à la fois de sympathie, de respect, de confiance, d'admiration et d'enthousiasme. Ces deux héros en étaient dignes. Loin d'être emporté par l'ivresse du succès, Marceau répondait un jour à une demande de documents qu'on lui adressait pour écrire sa biographie : « Mon cher camarade, renonce à ton projet... Pour moi, né avec de faibles moyens j'ai, par un travail opiniâtre, forcé la fortune à me devenir un peu propice. Une âme ardente, un patriotisme pur et beaucoup de bonheur à la guerre m'ont placé où je suis et je t'assure que, soutenu par mon faible mérite, il ne me reste pas assez de temps pour m'occuper d'autre chose que de mon métier et encore ai-je souvent la peine de me trouver au-dessous de mes fonctions. » Marceau, qui avait les deux plus grands biens de ce monde, la jeunesse et la gloire, fut sur le point d'épouser la sœur de Davout. Il est vrai de dire que d'autres noms de jeunes filles étaient également prononcés. Mais une balle de chasseur tyrolien embusqué dans un bois, à Altenkirchen, blessa mortellement ce général de vingt-six ans. Les généraux ennemis furent saisis de respect devant Marceau mourant et plein de douceur envers la mort. Un vieux général, le général Kray, serra en pleurant cette main défaillante.

Au mois de mars 1798, Desaix présenta Davout à

Bonaparte qui, revenant vainqueur de la campagne d'Italie au milieu d'un enthousiasme général, vivait alors dans une retraite un peu affectée et de courte durée, rue Chantereine. Cette rue, en vertu d'un arrêté d'une des administrations municipales de Paris, s'appela désormais rue de la Victoire. Deux ans après, l'expédition d'Égypte était décidée. Bonaparte, avide non seulement de la gloire des armes, mais de la gloire scientifique, avait fêté son nouveau titre de membre de l'Institut en emmenant avec lui des savants, qui, entre deux batailles, représentaient une délégation de l'Académie des sciences. Fourier passa tranquillement son temps à publier un mémoire sur les équations algébriques. Davout partagea la gloire de Desaix qui s'empara de la Haute-Égypte.

Au mois d'août 1799, Bonaparte, apprenant que la France était à la veille d'être envahie, s'embarqua clandestinement et laissa à Kléber le soin de diriger l'armée. Kléber, très mécontent de n'avoir pas même été consulté, fut pris de colère et parla d'abandonner l'Égypte. Davout le calma et l'amena à voir les choses sous un jour plus patriotique. Kléber revint si bien à d'autres sentiment que lui, qui venait de parler dans des termes pleins d'amertume, approuva publiquement, par une proclamation, ce départ imprévu. Dans une lettre intime, publiée par les *Mémoires* de la Société bourguignonne de géographie et d'histoire, on trouve ce passage extrait de la correspondance d'un aide de camp du général Desaix, à la fin de cette campagne d'Égypte : « Que de maux, de peines et de privations nous avons endurés depuis deux ans !... Sans nouvelles de quoi que ce soit au monde ; combattant sans repos jour et nuit avec les plus cruels des ennemis ; toujours entourés de maux qui devancent la mort d'un instant : la faim, la soif, une chaleur excessive, pas d'argent et rarement des vivres... ! »

Lorsque Bonaparte, premier consul et maître de la France, prépara sa seconde campagne d'Italie et que Davout et Desaix arrivèrent à Toulon, voici comment s'exprimait le *Moniteur* du 9 mai 1800 : « Les généraux Desaix et Davout sont arrivés à Toulon ; ces deux généraux ont soutenu, après le départ du général Bonaparte, la réputation qu'ils s'étaient acquise dans les campagnes de la Hollande et du Rhin. Nos armées verront avec joie au nombre de ceux qui les guident à la victoire ces hommes qui ne sont connus que par un beau caractère, des vues toujours élevées et l'éclat du succès ; qui, supérieurs à toutes les intrigues, comme étrangers à tous les partis, ont constamment honoré le nom français aux yeux même de nos ennemis. »

## I

Quand on aime les récits de combats autrement que dans les bulletins officiels, qui ressemblent aux explications rapides et confuses que donnent les gardiens de panoramas militaires, il faut chercher ce qu'ont pu écrire les témoins, ceux qui, perdus dans le rang, ne se rendaient pas bien compte des plans de campagnes, mais qui sont à nos yeux les êtres vivants, qui tour à tour souffraient, s'enthousiasmaient et nous ont transmis l'histoire-bataille, vue à travers leur tempérament. Un de ces témoins, les plus sincères, les plus courageux, est le capitaine Coignet. Le département de l'Yonne peut le revendiquer avec fierté. Coignet était né à Druyes-les-Belles-Fontaines, en 1776. Rudes avaient été les premières années de ce petit berger couchant dans les bois et s'endormant sur le cou d'un de ses bœufs. Coignet, simple soldat, fit partie de l'armée qui franchit les Alpes. Les souffrances héroïquement supportées, il les a racontées dans ses cahiers qu'il est bon de consulter, quand on ne se rappelle que le tableau décoratif de David représentant Bonaparte enveloppé dans son large manteau et caracolant sur son cheval qui gravit les pentes du mont Saint-Bernard. « Nos braves officiers, dit Coignet, arrivèrent sans bottes, n'ayant plus de drap aux manches ; ils faisaient pitié à voir. » Pendant la bataille de Montebello, et à un certain coup de canon formidable et rapproché, Coignet, comme tous les conscrits, baissa instinctivement la tête. Son sergent-major, lui donnant un coup de sabre sur le sac, lui dit : « On ne baisse pas la tête. — Non », répondit Coignet qui, se redressant et se voyant à découvert, se jeta la baïonnette en avant sur cinq canonniers ennemis, s'empara de leur canon, tua trois grenadiers hongrois et sauva la vie de son capitaine.

Le soir même, Coignet fut présenté au premier Consul. « Le Consul vint et me prit par l'oreille, raconte Coignet. Je croyais que c'était pour me gronder, pas du tout ! C'était de l'amitié. Me tenant l'oreille, il dit : « Combien as-tu de services ? — « C'est le premier jour que je vais au feu. — Ah ! « c'est bien débuté... Va, me dit-il, tu viendras « dans ma garde. »

Quelques jours après, le 14 juin, eut lieu la bataille de Marengo. Commencé à quatre heures du matin, le combat fut indécis jusqu'à deux heures de l'après-midi. On faiblissait quand Bonaparte passant devant les troupes : « Tenez ferme, dit-il, voilà ma réserve. » Elle s'avançait, composée de 6 000 hommes, sous les ordres de Desaix. « Cette belle division, écrit Coignet, venait l'arme au bras ;

c'était comme une forêt que le vent fait vaciller. La troupe arrivait sans courir, avec une belle artillerie dans les intervalles des demi-brigades et un régiment de grosse cavalerie qui fermait la marche. » « La bataille est perdue, dit Desaix, mais il n'est que trois heures, il reste encore le temps d'en gagner une. » Les Autrichiens, se croyant vainqueurs, marchaient déjà l'arme sur l'épaule. Desaix, masqué par un pli de terrain, les attend et tout à coup feux de bataillons, obus, mitraille pleuvent sur eux. « On bat la charge partout, dit Coignet qui, en racontant de tels souvenirs, en avait encore le frémissement. Tout le monde fait demi-tour. Et de courir en avant ! On ne criait pas, on hurlait ! » Une balle en pleine poitrine atteignit Desaix : « Cachez ma mort, dit Desaix au général qui était près de lui, car cela pourrait ébranler les troupes. » Il resta étendu sur ce champ de bataille, qui était devenu, grâce à lui, un champ de victoire. Son aide-de-camp, retrouvant son cadavre, l'enveloppa dans un manteau de hussard et le transporta au quartier-général. Desaix après Marceau ! C'était pour Davout la disparition des deux hommes qu'il avait le plus admirés et dont il dut plus d'une fois souhaiter la gloire et la mort. Mais Davout qui s'effaçait toujours devait bientôt inspirer aux autres les sentiments qu'il avait éprouvés. Il revint sain et sauf de cette campagne rapide. Bonaparte l'avait en si haute estime qu'il fit plus que le nommer général de division, il en fit un allié de sa famille. Le général Leclerc, qui était beau-frère du premier Consul par son mariage avec Pauline Bonaparte, avait une sœur, M<sup>lle</sup> Aimée Leclerc : elle devint la femme de Davout.

Au musée d'Auxerre, dans la salle appelée salle d'Eckmül, et où M<sup>me</sup> de Blocqueville a rassemblé tant de souvenirs de son père, il y a une miniature que Davout portait toujours avec lui et qui représente la maréchale dans tout le charme de la jeunesse. Comme M<sup>me</sup> Davout aimait passionnément son mari, elle ne voyait pas dans la guerre, ce qui console et donne du courage à tant de femmes de généraux et de maréchaux : le moyen d'obtenir plus d'honneurs et de titres. La guerre n'était pour cette jeune femme qu'une cause d'inquiétudes mortelles, la perspective de séparations indéfinies dont elle ne prit jamais son parti. La correspondance du maréchal, interrompue par tant de lignes de points, ne reflète guère que des réponses à l'impatience que manifestait si souvent celle qu'il appelait sa petite Aimée de reprendre une vie paisible loin de la cour : « Je t'en conjure, était obligé de lui écrire Davout, va rendre un peu plus souvent tes devoirs à M<sup>me</sup> Bonaparte, surmonte ta timidité, ton propre caractère. » Sa timidité était quelquefois prise pour de la froideur, et elle passait pour hautaine dès qu'elle était en représentation. C'est ainsi que l'on se méprend si souvent sur les caractères dont on ne connaît que la surface. Davout avait également certaines apparences de dureté qui n'étaient chez lui que le sentiment très ferme de la discipline. Chefs et soldats, tous tremblaient devant lui. Dans une revue, il interrogeait à brûle-pourpoint le capitaine d'une compagnie sur le nom de chacun des hommes, le chiffre de leur petit pécule qui porte le nom de masse individuelle. Tout mérite particulier et toute aptitude spéciale d'un soldat, le capitaine devait les connaître et les signaler. N'y avait-il pas, en dehors de la responsabilité et de la sollicitude que Davout cherchait à développer chez les officiers, la connaissance profonde des soldats et de ce qu'on obtient d'eux quand on les regarde autrement que des numéros dans une série ? « Je veux qu'on me distingue. » C'est le mot de tous les troupiers et de tous les hommes. S'il y eut sous l'Empire tant de soldats comme Coignet, pour qui l'idée de patrie, déviant de ce qu'elle était sous la République, s'incarna dans Napoléon, c'est que Napoléon eut à un rare degré la science d'aller au-devant de ce sentiment très humain, fait à la fois d'égoïsme et de dignité. Le souvenir de tel nom prononcé une fois, de telle physionomie entrevue, Napoléon se rappelait tout. Hommes et choses, rien ne lui échappait. Coignet raconte qu'à la veille d'une entrée en campagne, Napoléon faisait ouvrir les caissons, montait lui-même sur les roues pour vérifier s'il ne manquait ni un paquet de cartouches, ni une pelle, ni une pioche, ni une fiole de pharmacie. Au moindre oubli constaté, ses colères étaient terribles.

Terribles aussi les colères de Davout, qui n'admettait pas, quelles que fussent les extrémités de la guerre, la plus petite distraction du commandement et la plus petite infraction aux lois de la discipline. Son titre de maréchal ne lui fit rien perdre de sa surveillance minutieuse. C'est au moment où Napoléon venait d'être nommé empereur, en 1804, que Davout fut compris dans la première et célèbre promotion des maréchaux de l'Empire. Mais les titres glorieux qui, pour la plupart des hommes, marquent le point culminant, le point d'arrêt d'une carrière, causent aux vrais grands hommes une sorte de gêne. Prenant, avec leur sincérité habituelle et leur conscience délicate, les mots et les titres dans leur sens absolu, ils s'efforcent d'être dignes dans l'avenir des honneurs qu'on vient de leur rendre. La belle phase de la vie du maréchal commence.

Après avoir rêvé de faire une descente en Angleterre, Napoléon fut obligé de faire face à la Russie et à l'Autriche. « Je surprendrai le monde, avait-il dit, par la grandeur et la rapidité de mes coups. » Il fait capituler toute une armée autrichienne enfermée dans Ulm, et, le 1$^{er}$ décembre 1805, il est en présence des deux armées commandées par les deux empereurs de Russie et d'Autriche.

La veille de cette bataille, qui devait s'appeler Austerlitz, fut une soirée de fête. Comme Napoléon était sorti à la nuit tombante, suivi de grenadiers à cheval qui portaient des torches allumées, toute la garde, dit Coignet, prit des poignées de paille et les alluma. Ce fut un signal général. On improvisa des torches de réjouissance. La musique jouait, les tambours battaient aux champs. Vive l'Empereur! Vive l'Empereur! Vive notre invincible général! Les Russes pouvaient voir les sept corps d'armée française qui fêtaient ainsi leur empereur. « Tout était joie, lumière et mouvement dans nos bivouacs, dit Marbot, par une de ces phrases évocatrices qui font image, tandis que, du côté des Austro-Russes, tout était sombre et silencieux. » Le lendemain devait briller ce soleil d'Austerlitz dont tant de vieux soldats français conservèrent jusqu'à la fin de leur vie l'éblouissement. Jamais Napoléon n'avait mieux combiné son plan de bataille. Il trompa les ennemis, leur tendit des pièges, les écrasa. Le soldat français, le célèbre chasseur à cheval qui, blessé, vint, un étendard de l'ennemi à la main, tomber mort aux pieds de l'empereur, semblait être l'allégorie de toute l'armée, qui ne demandait qu'à mourir aux pieds de ce nouveau César.

Davout, qui contribua pour sa grande part au succès de cette journée immortelle, poursuivit l'ennemi et le serra de si près que, le lendemain, il faillit prendre l'armée austro-russe et l'empereur Alexandre lui-même. Le commandant en chef des armées combinées de Leurs Majestés impériales de Russie et d'Allemagne, selon le titre que se donnait Kutusof, écrivit précipitamment au maréchal pour le prévenir que l'empereur d'Autriche, qui portait alors le titre d'empereur d'Allemagne, était retourné à Austerlitz « s'aboucher » avec Napoléon. « Je m'empresse d'en prévenir Votre Excellence, en la priant de vouloir bien suspendre les hostilités. » Davout, chargé d'écrire un rapport à Napoléon sur cette bataille, s'effaça si modestement qu'il semble n'avoir été qu'un témoin qui aurait simplement suivi toutes les phases du combat. « La grande intrépidité, dit-il, que déployèrent les troupes dans cette journée, est due à l'exemple des officiers généraux, qui furent constamment au milieu du feu le plus vif et y perdirent tous des chevaux. » Le général Friant en perdit quatre. Cette division Friant, qui devait être si souvent associée à la gloire du maréchal, eut dix-sept officiers morts et cinquante-sept blessés, deux cent sept sous-officiers ou soldats tués, et un millier de blessés, sur trois mille trois cents hommes qui la composaient. La paix était faite. L'unité de l'Allemagne détruite. L'empereur d'Allemagne devenait simplement empereur d'Autriche. La Prusse était disloquée. Une confédération germanique créée. Napoléon en devenait le protecteur. Maître de l'Europe, il pouvait disposer des trônes à son gré. Quand il revint en France, le Corps législatif décida qu'une statue de Napoléon le Grand s'élèverait sur une place de Paris. Ce fut la place Vendôme.

L'enthousiasme pour les lieutenants de Napoléon grandissait et se répandait dans toute la France. Ceux qui pouvaient dire en parlant de tel maréchal : « C'est un enfant du pays! » s'enorgueillissaient avec une fierté patriotique. La ville d'Avallon n'avait pas attendu cette étonnante campagne, terminée en trois mois, pour féliciter Davout. Quand il avait été nommé maréchal, les autorités civiles et judiciaires d'Avallon rédigèrent une adresse qui le toucha. On faisait pour lui ce qu'on avait fait pour Vauban. Le Conseil municipal d'Auxerre voulut mieux encore. Dans sa séance du 19 février 1806, après avoir énuméré les services du maréchal Davout et, en dernier lieu, le succès de la journée d'Austerlitz, que, par une manœuvre savante, Davout avait contribué à rendre si victorieuse, décida que le buste en marbre du maréchal serait placé dans la salle du Conseil, avec une inscription où seraient relatés la date de sa naissance et les principaux actes de sa vie. Le maréchal, dans une lettre intime à sa femme, écrivait qu'il allait prier ses compatriotes d'ajourner l'effet de leur reconnaissance et de leur estime, jusqu'à l'époque de sa mort. « Ma réponse, ajoutait-il, ne sera point dictée par un vain orgueil. Le suffrage de mes compatriotes sera toujours d'un grand prix à mes yeux, et le désir de le mériter sera toujours le but de ma conduite, mais l'expression de ce suffrage est dangereuse sous tous les rapports, du vivant de l'homme qui en est l'objet. » Dans sa lettre officielle datée d'OEtting, le 15 avril 1806, le maréchal disait « qu'il était touché et flatté d'une telle marque d'estime et d'affection, mais qu'il ne la méritait pas ». Puis, de même que Vauban, à qui il ressemblait par plus d'un trait sans compter le désir d'être utile à ce coin de Bourgogne, il s'empressait de dire « combien il serait heureux de rendre service à ses compatriotes, s'il réussissait à faire rétablir l'école militaire d'Auxerre, — qui avait été jadis une sorte d'école de Brienne. — Veuillez, Monsieur le Maire, faire connaître au Conseil municipal ma reconnaissance et, en même temps, mon désir de ne voir donner aucune suite à cette délibération. La franchise de mon caractère doit vous garantir la sincérité de ma demande ».

Quand il eut plus de gloire encore, et que le titre de duc s'ajouta à son titre de maréchal, il donna une preuve infiniment délicate de sa simplicité. Un jour, la maréchale, profitant d'une trêve, vint rejoindre son mari à l'armée. Les officiers de Davout demandèrent à présenter leurs hommages à la maréchale qui, à l'heure de l'audience, se fit un peu trop attendre. Elle avait voulu se présenter en grande toilette demi-guerrière. M<sup>me</sup> de Blocqueville raconte que la maréchale était coiffée d'un casque de velours noir à plumes et habillée en amazone de satin blanc. Un peu étonné de cette inexactitude mondaine et de l'apparence trop fière que prenait sa femme dès qu'elle était en scène, Davont se contenta de dire : « Madame la maréchale, les officiers du corps d'armée que je commande ont bien voulu nous faire l'honneur de demander à vous présenter leurs hommages. Je vous prie de vous souvenir, dans l'accueil que vous ferez à ces messieurs, que, si vous êtes maréchale et duchesse, c'est à leur vaillance sur maints champs de bataille que vous le devez. »

II

Les historiens des batailles de l'Empire ne manquent pas, quand ils sont arrivés à la date du mois d'octobre 1806, dans la nouvelle période d'une guerre contre la Prusse et la Russie, d'écrire une phrase à peu près semblable à celle-ci : Tandis que Napoléon battait à Iéna un des deux corps de l'armée prussienne, le maréchal Davout remportait le même jour, à quelques heures de là, sur le deuxième corps de l'armée ennemie, une victoire aussi glorieuse. Ces phrases passent dans un défilé rapide devant l'imagination emportée par ce tumulte des guerres impériales. Le moindre témoignage précis est plus intéressant que ces énumérations de sommaires ou de résumés à toute vapeur. Coignet, qui représente la gaieté dans l'héroïsme, a raconté au milieu de ses cahiers, que devraient adopter toutes les bibliothèques de l'armée, comment le 13 octobre, à six heures du soir, après avoir traversé la ville déserte d'Iéna — tout avait fui, — ils arrivèrent au pied d'une montagne rapide, comme le toit d'une maison. Il fallut grimper sur le plateau, puis se placer à tâtons, sans faire le moindre bruit. L'ennemi était proche. « On nous fit mettre de suite en carré, l'empereur au milieu de la garde. Notre artillerie arrivait au pied de cette terrible montagne, et ne pouvant pas la franchir, il fallut élargir les chemins et couper les roches. L'empereur était là qui faisait travailler le génie ; il ne quitta que lorsque le chemin fut terminé et que la première pièce de canon passa devant lui, attelée de douze chevaux, sans parler ni faire le moindre bruit. »

Les pièces étaient immédiatement mises en batterie. L'empereur permit à vingt hommes par compagnie d'aller chercher des vivres dans la ville morte. Quelques officiers accompagnaient ces détachements qui, parcourant les maisons abandonnées, pillèrent avec ordre tout ce qui pouvait rester au fond des caves. « Nous trouvâmes dans les gros hôtels, dit Coignet, beaucoup de vin cacheté. » On le partagea équitablement. Chaque grenadier mit deux bouteilles dans son bonnet à poil et une autre dans sa poche. Les détachements remontaient successivement sur le plateau, chargés de vin, de sucre, de chaudières et des vivres de toute espèce. On but du vin chaud à la santé du roi de Prusse toute la nuit. Les braves canonniers, qui étaient morts de fatigue, en eurent leur part. Nos moustaches furent bien arrosées, ajoute Coignet, mais défense de faire du bruit... L'empereur nous voyait si sages que cela le rendait joyeux. Avant le jour, il était à cheval pour visiter son monde. » Les Prussiens, voyant des falots que l'on promenait, firent feu sur l'escorte de Napoléon qui continua son inspection, rentra à son quartier général et donna l'ordre de prendre les armes.

« Le petit jour ne paraissait pas encore que les Prussiens nous souhaitèrent le bonjour par des coups de canon qui passaient par-dessus nos têtes et un vieux soldat d'Égypte dit : « Les Prussiens sont enrhumés; les voilà qui toussent. Il faut leur porter du vin sucré. » Toute l'armée prit ses dispositions de combat en se déployant sur les pentes du plateau. On se battit d'abord au milieu d'un brouillard épais, troué par la lueur des coups de fusil. Enfin, vers dix heures, le soleil perça le brouillard, nous pûmes nous voir en face, écrit Coignet qui ajoute triomphalement : « Nous aperçûmes à notre droite un beau carrosse et des chevaux blancs; on nous dit que c'était la reine de Prusse qui se sauvait. » Les impressions de l'empereur furent moins pittoresques, moins imagées; mais son style dominateur se révèle dans la lettre qu'il écrivit à l'impératrice Joséphine : « Mon amie, j'ai fait de belles manœuvres contre les Prussiens. J'ai remporté hier une grande victoire. Ils étaient cent cinquante mille hommes; j'ai fait vingt mille prisonniers, pris cent pièces de canon et des drapeaux. J'étais en présence et près du roi de Prusse; j'ai manqué de le prendre, ainsi que la reine. » Peut-être Napoléon aurait-il pu ajouter que Davout avait singulièrement contribué, par d'autres manœuvres, à l'éclat de cette journée. Mais il écrivait à Joséphine qui, comme toutes les femmes de souverains, de généraux ou de ministres, était toujours inquiète de ce qui pouvait diminuer, effleurer même la gloire de son mari. Les femmes, si généreuses sur tant d'autres points, n'ont aucune générosité sur celui-là.

Pendant la nuit où Napoléon avait si habilement pris ses positions, Davout s'était emparé, non loin de là, du défilé de Kosen. Ses troupes et celles de Bernadotte s'élevaient ensemble à 44 000 hommes, tandis qu'il avait devant lui le gros de l'armée prussienne, forte de 80 000. Réunissant leurs forces, les deux maréchaux auraient déjà eu bien à faire. Davout, pour que toute difficulté de commandement fût tranchée, déclara qu'il se placerait volontiers sous les ordres de Bernadotte. Mais Bernadotte voulait être seul. Tout partage l'offusquait. Il abandonna le maréchal Davout, invoquant une première lettre de l'empereur qui lui disait de longer la Saale et ne tenant pas compte d'une seconde lettre écrite dans la nuit où Napoléon lui enjoignait de soutenir Davout. « Bien que Bernadotte ne trouvât pas un seul ennemi, écrivait le général Marbot dans ses mémoires, et que du haut des positions qu'il occupait, il vit le terrible combat soutenu à deux lieues de là par l'intrépide Davout, Bernadotte ordonna à ses divisions d'établir leurs bivouacs et de faire tranquillement la soupe. » Seul, réduit à ses 25 000 hommes, Davout fit former le carré, se plaça au centre de ses troupes et lui qui parlait si peu, le sévère et le taciturne, comme l'appelait M. Thiers, s'écria : « Le grand Frédéric a dit que c'étaient les gros bataillons qui remportaient la victoire... Il en a menti !... Ce sont les plus entêtés. En avant mes enfants ! faites comme votre maréchal ! » Les Français résistèrent à toutes les attaques ennemies. Au moment de l'offensive, ils firent une trouée si vigoureuse dans l'armée prussienne que cette armée dut céder partout. Il ne faudrait pas demander des détails sur cette victoire, qui s'appela désormais la victoire d'Auerstaedt, à la correspondance de Davout. Dans une lettre intime de Davout à sa femme, il se contentait de dire que l'élite de l'armée prussienne avait marché sur lui, mais qu'il avait cru devoir épargner à cette armée la moitié du chemin. « Aussi, dès les sept heures du matin, écrivait-il, la bataille a commencé ; elle a été très disputée et très longue et sanglante ; mais enfin, malgré l'extrême inégalité des forces, à quatre heures du soir la bataille était gagnée, presque toute l'artillerie de l'ennemi en notre pouvoir, beaucoup de généraux ennemis tués, parmi lesquels se trouve le duc de Brunswick. Ce succès inespéré, ajoutait-il modestement, et sans dire que toute la gloire lui en revenait, est dû au bonheur qui accompagne les armes de notre souverain et au courage de ses soldats. » Il n'eut pas un mot d'amertume sur la conduite de Bernadotte. Il se contenta de dire avec un sourire attristé : « Je me serais réjoui de bon cœur de ce succès, si cela était arrivé à un de mes camarades. » Lorsque l'aide de camp du maréchal vint annoncer à Napoléon cette victoire, ces 80 000 Prussiens vaincus par 25 000 Français, l'empereur douta un instant de l'exactitude des chiffres de l'armée ennemie. « Votre maréchal a vu double, » dit-il tout d'abord. « Le succès de l'illustre Davout, a écrit M. le duc d'Aumale, en citant la phrase de Napoléon, tenait en effet du prodige et, au premier moment, l'empereur n'y pouvait croire. » Grâce à ces deux batailles, nous étions maîtres de la Prusse. Napoléon félicita hautement le maréchal Davout, ainsi que les admirables divisions Morand, Friant et Gudin. Il le fit dans un ordre du jour qui fut lu dans les régiments et dans les ambulances de blessés. Ceux qui souffraient, ceux qui mouraient, apprenaient ainsi qu'ils avaient contribué à la grandeur de la France. Lorsque l'armée française fit une entrée triomphale à Berlin, l'empereur voulut que le corps d'armée du maréchal Davout défilât le premier.

En 1807, Frédéric-Guillaume, roi de Prusse, était comme un fugitif dans son propre royaume. L'arrivée des Russes lui redonna quelque espoir. Immédiatement Napoléon envahit la Pologne et le maréchal Davout s'installa dans le grand duché de Posen. Puis, combinant son plan de bataille, Napoléon fit venir à marches forcées Davout du côté d'Eylau. On était au mois de février 1807. Le froid était glacial. Coignet raconte que la veille de cette bataille, qui devait être une victoire française si célèbre, l'empereur, campé sur une hauteur en face d'Eylau, s'assit au milieu de ses vieux grognards sur une botte de paille devant un feu de bivouac. Il leur demanda de lui donner quelques pommes de terre qu'il partagea avec ses aides de camp. Le 8 février, dans ce terrible combat d'artillerie, les Russes canonnèrent les troupes françaises qui attendaient, immobiles, sur un lac gelé. « Il n'est pas possible, dit Coignet qui n'était pas encore caporal et que nous ne nous lassons pas d'invoquer, parce qu'à côté des actes du maréchal, on voit ce que pensait ce simple soldat bourguignon, il n'est pas possible de souffrir davantage que d'attendre la mort sans pouvoir se défendre. »

Enfin ordre de se porter en avant. On arriva près d'un cimetière. Le sommeil des morts fut troublé par les cris des mourants. Cuirassiers français enfonçant des carrés de soldats russes, grenadiers s'avançant au pas de charge, c'était, de toutes parts, un effroyable massacre. La victoire était indécise. Davout, survenant, la rendit complète. « Victoire sanglante, écrivait-il, car elle a fait de l'impression même sur les individus de l'armée victorieuse. » Napoléon écrivait à Joséphine : « Le pays est couvert de morts et de blessés, l'on souffre et l'âme est oppressée de voir tant de victimes. » Friedland suivit Eylau. Cinq jours après Friedland, la paix de Tilsitt était signée. La Prusse paya tous les frais de la guerre. Elle fut morcelée ; les provinces qu'elle avait prises à la Pologne, Napoléon les donna au duc de Saxe qui prit le titre de roi. Sur la rive gauche de l'Elbe, un nouveau royaume, qui s'appela le royaume de Westphalie, fut constitué avec d'autres provinces prussiennes. L'empereur l'offrit à son frère Jérôme.

En 1809, l'Autriche profita du moment où les troupes françaises étaient en Espagne pour se déclarer contre la France. Napoléon quitta Paris et fit faire des marches forcées et terribles à ses troupes.

Le 3ᵉ corps, commandé par Davout, et comprenant les fameuses divisions Morand, Friant et Gudin, devait se couvrir de gloire. A Thann, Davout culbuta l'avant-garde des Autrichiens; à Eckmül, qui lui valut le titre de prince, Napoléon ne put s'empêcher de dire : « Voyez ce Davout, il va encore me gagner cette bataille-là ! » à Essling, Coignet raconte que dans sa compagnie des files de trois hommes à la fois étaient enlevés par des boulets. A Wagram, le maréchal Davout put, par un mouvement audacieux, s'emparer des hauteurs et faciliter la victoire. « L'empereur, dit Coignet, voyant le maréchal lui faire face, n'hésita pas à faire partir tous les cuirassiers en une seule masse pour enfoncer le centre ennemi. Cette masse s'ébranle, passe devant nous; la terre tremblait sous nos pieds. Ils ramenèrent cinquante pièces de canon toutes attelées. Le prince de Beauharnais va au galop vers l'empereur lui apprendre que la victoire est certaine. »

En 1811, au moment où les limites de l'Empire étaient de plus en plus reculées, Davout fut placé à Hambourg comme dans un poste d'avant-garde de l'immense armée que Napoléon rêvait déjà d'organiser pour marcher contre la Russie. Au moment où cette guerre de folie fut déclarée, Napoléon était dans un éclat de puissance à faire croire que tout lui était facile. Davout lui-même, malgré sa sagesse, fut pour la première fois peut-être entraîné par ce torrent de gloire. Quand l'empereur lui écrivit que la guerre serait pénible dans un pays sans habitations et sans ressources, Davout répondit : « J'ai 70 000 hommes dont l'organisation est complète. Ils portent pour vingt-cinq jours de vivres. Chaque compagnie renferme des armuriers, des maçons, des boulangers, des tailleurs, des cordonniers, des ouvriers enfin de toute espèce. Les besoins sont prévus : tout est prêt. » Napoléon avait quitté Paris le 9 mai 1812. Il s'arrêta à Dresde, puis passa par la Pologne et arriva sur les bords du Niémen. C'est à Kowno que se fit le passage de ces 400 000 hommes soumis à ce seul homme qui, debout sur une colline, assistait, en regardant toutes ces armées étrangères encadrées dans son armée, au défilé de toutes ses victoires. Le brillant Murat commandait l'avant-garde. Davout suivait, s'apprêtant à marcher sur Wilna. Pendant que ceux qui entouraient Napoléon cherchaient à l'irriter contre Davout, alléguant que Davout se vantait d'avoir tout prévu, tout ordonné, tout exécuté, et que l'empereur croyait un instant à ces calomnies, Davout écrivait à sa femme : « Je vaux dix fois mieux lorsque je sais l'empereur près de nous, car lui seul est capable de mettre de l'ensemble dans cette grande et compliquée machine. » La prise de Wilna se fit sans bataille. La ville était abandonnée. Le 15 juillet, Davout écrivait : « Nous continuons notre route sur Moscou : nous y serons avant six semaines. »

Le plan des Russes était de reculer toujours dans leur vaste empire et de ne laisser derrière eux que l'incendie et la ruine, en attendant qu'un allié terrible, qui s'appelait l'hiver, vînt à leur secours et ensevelît sous les neiges cette immense armée. Ce n'est pas le récit de cette campagne de Russie qu'il s'agit de faire : nous ne pouvons que suivre Davout et Coignet comme deux petits points perdus dans ce grand espace. Au milieu du mois d'août, tous deux étaient à Smolensk. Les Russes, placés sur les hauteurs, criblaient d'obus et de boulets cette ville qu'ils avaient incendiée. « On peut dire que Smolensk nous coûte cher, » dit Coignet, pendant que Davout écrivait : « Le résultat de cette bataille est la prise d'une des meilleures places de la Russie, qui était regardée comme le boulevard de Moscou, dont nous ne sommes plus qu'à cent lieues. » A douze lieues de Smolensk, se livra un combat où le corps d'armée de Davout fut comme toujours héroïque. Mais le maréchal, si maître de ses émotions, devait éprouver un chagrin qui le fit pleurer comme un enfant. Le général Gudin, frappé par un obus, subissait une amputation et en mourant cherchait à consoler son chef. Quelques jours plus tard, les généraux Morand et Friant étaient eux-mêmes blessés dans la bataille de la Moskowa. « J'ai été aussi heureux qu'à Eylau, dit simplement le maréchal. J'ai eu un cheval tué et deux contusions insignifiantes. » Il n'ajoutait pas que renversé sous son cheval par le premier boulet que l'on tira dans cette bataille, il s'était relevé en souriant.

Quand enfin on arriva à Moscou incendié, Davout ne raconte pas non plus un incident relaté par Ségur dans l'*Histoire de la campagne de Russie*. Le maréchal passa à travers les décombres fumants d'un quartier réduit en cendres et gagna le Kremlin, pour en arracher Napoléon ou pour y périr avec lui. Davout se jeta avec transport dans les bras de l'empereur, qui l'accueillit bien, mais avec ce calme dont il faisait toujours preuve dans le danger. Au moment où fut décidé la retraite de Russie, on peut suivre, dans le livre de Coignet, ce retour lamentable, terrible. Sur le champ de bataille de la Moskowa des cadavres étaient encore étendus. Quand on arriva à Smolensk, les soldats, les officiers eux-mêmes étaient étourdis de souffrance, de froid, de misère. Les chevaux mouraient de faim et quand nous trouvions des chaumières, dit Coignet, ils dévoraient les chaumes. Davout formait l'arrière-garde. Malgré son stoïcisme, on l'entendit s'écrier, en regardant ses troupes décimées, que c'était trop et que de telles épreuves étaient au-dessus du courage des hommes. Au passage de la Bérézina, dans la nuit du 27 au 28 novembre, Coignet était près de Davout. Lorsque l'artillerie et les munitions purent franchir le pont, avant tant d'hommes qui devaient être engloutis dans le fleuve : « Allons, mon brave, lui dit Davout : allons rejoindre l'empereur! » Quel retour! quel désastre! puis quelle lutte, quand l'Europe coalisée força Napoléon à se battre en France! Coignet fut de toutes ces batailles et il ne manqua jamais de noter les cris de : Vive l'Empereur! qui éclataient encore. « Mais que faire, dix contre un? s'écrie Coignet. Nous avions la bravoure, non la force : il fallait succomber. »

Coignet était présent à Fontainebleau quand Napoléon abdiqua et fit les célèbres adieux tant de fois racontés dans toutes les histoires, reproduits par toutes les gravures. « On n'entendait qu'un gémissement dans tous les rangs, dit Coignet. Je puis dire que je versai des larmes de voir mon cher empereur partir pour l'île d'Elbe. »

Davout, pendant ce temps, était à Hambourg, depuis la retraite de Russie. Napoléon, irrité de la révolte de cette ville qui avait profité des désastres de la grande armée pour s'insurger, avait donné au maréchal l'ordre de l'occuper et d'y rester. Mais de quelle mission Davout était-il donc chargé pour qu'il s'écriât : « Je briserais plutôt mon bâton de maréchal que d'obéir à des ordres dont l'empereur lui-même serait le premier à regretter l'exécution! La guerre est déjà assez horrible, sans y ajouter des cruautés inutiles? » L'histoire de cette défense mémorable est aujourd'hui connue. Tandis que tout croulait autour de lui, Davout fit de cette ville un immense camp retranché. Il n'avait que 30 000 hommes : il résista à 100 000. Refusant toute explication avec l'ennemi qui lui disait que Louis XVIII était revenu sur le trône; continuant, malgré tous les drapeaux blancs que l'on agitait autour de lui, à maintenir le drapeau tricolore, il ne reconnut les Bourbons que lorsque le général Gérard, qui avait toute sa confiance, lui apporta, au nom du roi, l'ordre même de ramener cette armée en France. L'armée de Davout revint intacte avec tous les honneurs de la guerre.

## III

Le retour de l'île d'Elbe jugé par un Auxerrois, voilà ce que Coignet aurait pu écrire en sous-titre de son neuvième cahier. Le 16 mars 1815, Coignet était allé, selon son habitude, au café Milon. A peine avait-il pesé sur le bec-de-canne pour ouvrir la porte, que tous les vieux habitués l'entourèrent et lui apprirent le retour de la redingote grise. L'empereur avait débarqué au golfe Juan, le 1ᵉʳ mars. Escorté de ses six cents grenadiers, il avait lancé ses fameuses proclamations où il annonçait que l'aigle volerait de clocher en clocher jusqu'aux tours de Notre-Dame. Le soir, en allant à son premier bivouac, Napoléon rencontra le prince de

Monaco qui passait sur la route : « Où allez-vous? lui demanda l'empereur. — Je retourne chez moi, répondit le prince. — Et moi aussi, » répliqua Napoléon. Sa marche fut triomphale. Tous les soldats venus au devant de lui pour l'arrêter plaçaient leurs shakos au bout des baïonnettes, arboraient la cocarde tricolore, et le cri : Vive l'Empereur! emportait jusqu'au maréchal Ney, qui avait promis à Louis XVIII de ramener Napoléon dans une cage de fer. L'âme de Ney était mobile, toute d'impression, comme l'âme des foules. A Auxerre, le même commissaire de police, qui avait fait crier dans les rues une proclamation gouvernementale accompagnée des mots : A bas Bonaparte! Vive le Roi! fut obligé le soir même de crier à tue-tête : Vive l'Empereur! « Je puis dire, ajoute Coignet, dans son style de grognard, que je me dilatais la rate. » Le lendemain, 17 mars, l'empereur, après avoir couché à Avallon, arriva à Auxerre par la route de Saint-Bris. Le 14e de ligne se forma en carré à Auxerre, sur la place Saint-Étienne. L'empereur passa le régiment en revue et apercevant Coignet : « Te voilà, grognard? — Oui, sire. — Quel grade avais-tu à mon état-major? — Vaguemestre du grand quartier général. — Eh bien! je te nomme fourrier de mon palais. »

L'empereur s'approchait de plus en plus de Paris. Louis XVIII avait fait, le 19 mars, ses préparatifs de brusque départ. Ceux qui avaient la curiosité philosophique de saisir l'histoire en action pouvaient voir, à travers les fenêtres des Tuileries, les allées et venues, la précipitation, le désarroi des gens qui, selon la phrase d'un des témoins, le duc Victor de Broglie, croyaient entendre à tout instant le pas de charge des grenadiers impériaux. Il ne faudrait pas s'imaginer cependant que Paris tout entier se livrât à la joie de revoir l'empereur. Tout était triste et morne. Cafés à demi fermés, rues désertes. On ne rencontrait guère que des officiers et des soldats qui, plus ou moins fermes sur leurs jambes, offraient aux rares passants des cocardes tricolores. Pendant que l'on s'attendait d'un moment à l'autre à voir apparaître Napoléon dans la cour du Carrousel, l'ancien préfet du palais de l'empereur, Saint-Didier, distribua des livrées à tous les domestiques, cuisiniers et marmitons impérialistes. On vit alors cette armée d'officiers et de soldats de bouche, de valets de chambre et de valets de pied « poursuivre à coups de balai et à coups de broche ce qui restait encore de la domesticité royale ». A neuf heures du soir, l'empereur arrivait. Les généraux, les anciens ministres, tout le monde se précipita au devant de lui. Il fut porté en triomphe dans le grand escalier jusqu'à ses appartements. Lorsque le maréchal Davout parut, il y eut une explosion d'applaudissements. L'homme qui avait si bien défendu le drapeau tricolore et qui, étranger à toute intrigue, avait, depuis son dernier commandement, vécu dans la retraite et dans l'exil; le serviteur de Napoléon, qui avait eu jadis le courage de dire la vérité à son maître, ce maréchal qui venait simplement saluer son ancien chef et compagnon d'armes pour lui dire : « Me voici, » recevait dans ces acclamations l'hommage dû à son caractère, à sa bravoure et à sa dignité. L'empereur lui dit d'attendre que le flot des partisans de la veille et du jour même s'écoulât. Dès qu'ils furent seuls, dans cette nuit historique, Napoléon lui offrit le ministère de la guerre. Carnot serait ministre de l'intérieur; Cambacérès, ministre de la justice; Fouché, l'homme de toutes les combinaisons, de tous les compromis et de tous les complots, ministre de la police; mais on ferait surveiller ce surveillant. Davout, qui n'était pas homme à se laisser éblouir comme tant d'autres par le titre de ministre, se dérobait aux instances de Napoléon. « J'ai laissé, lui dit alors l'empereur, et je dois encore laisser croire que j'agis de concert avec mon beau-père, l'empereur d'Autriche; on annonce de tous côtés que l'impératrice est en route avec le roi de Rome, qu'elle va arriver d'un jour à l'autre. La vérité est qu'il n'en est rien, que je suis seul, seul en face de l'Europe. Voilà ma situation! Voulez-vous m'abandonner? — Sire, je n'ai qu'une réponse : j'accepte le ministère. »

Dans un de ces livres intimes qui donnent, par

leur sincérité vivante, l'illusion d'être le contemporain de tous ces hommes disparus, un rhétoricien de 1815, nommé Bary, dont on a publié les cahiers en 1890, s'amusait à philosopher sur ce retour de l'empereur. Pour noter l'effarement général, l'écolier résumait les exclamations d'un homme qu'il appelle « l'homme prudent ». A la première nouvelle de cette rentrée impériale, l'homme prudent, croyant que les Bourbons seraient maîtres de l'envahisseur, s'était écrié : « Quoi ! ce Corse vient de débarquer en France ? » puis, avec une nuance d'inquiétude : « Est-il vrai que Napoléon soit maître de Lyon ? » puis, à mesure que la poignée d'hommes gagnait du terrain : « L'empereur couchera ce soir à Fontainebleau ! » Et enfin l'homme prudent, en face de la fuite royale, donnait une forme respectueuse et impersonnelle à tous ses sentiments qui ne luttaient plus devant le fait accompli : « Sa Majesté Impériale va entrer dans Paris. »

Le 21 mars, dès cinq heures du matin, Napoléon envoyait à son nouveau ministre les ordres les plus minutieux pour que toute la France connût le grand changement de décor sur la scène politique. Refus de l'entrée des villes au roi, aux princes et à tous les agents des Bourbons ; mutations rapides de régiments ; chasseurs et grenadiers qui étaient à Nancy, lanciers rouges qui étaient à Orléans, tous devant se rendre à Paris sur le champ ; la cocarde tricolore arborée partout ;

grandes et petites choses, il n'était rien qui ne fût indiqué par cet esprit tumultueux et limpide. A six heures quarante-deux minutes du matin, selon la mention faite en tête d'une dépêche télégraphique, Davout cherchait à rétablir l'ordre sur tous les points. Maréchaux qui, après avoir prêté serment de fidélité au roi, pouvaient faire éclater la guerre civile; présence du roi à Lille avant la fuite en Belgique; bruits de séditions en Vendée et dans le midi de la France; menace d'une guerre générale en Europe, Davout dut tout envisager et suffire à ces lourdes tâches. Dès le 26 mars, Napoléon chargeait le maréchal d'organiser la défense nationale. Quand on lit toutes ces dépêches réunies, en 1885, par M. Ch. de Mazade, avec une abondance de notes et de documents qui les éclairent, on éprouve une véritable trépidation. Quelle fièvre dans cet immense labeur où tout cependant était coordonné! L'activité du maréchal était si grande qu'elle dépassait celle de l'empereur.

Lorsque, dans la nuit du 11 juin 1815, Napoléon partit pour l'armée du Nord, Davout, qui aurait voulu commander sur un champ de bataille, dut rester à Paris et veiller à la défense. N'était-ce pas, en dépit de malentendus passagers, d'insinuations perfides et de calomnies dont on le poursuivait dans l'ombre, l'homme qui inspirait à l'empereur le plus d'estime et de confiance? Le 18 juin, la fortune de Napoléon devait disparaître, dans le désastre de Waterloo. La bataille fut cependant indécise jusqu'à la nuit tombante. Napoléon, debout sur une hauteur, près d'un château, attendait Grouchy, et toujours en vain, « et il se minait », ajoute Coignet, placé à côté de Napoléon qui envoyait à chaque instant son vieux grognard, devenu son capitaine-vaguemestre, en éclaireur sur le champ de bataille. Napoléon donna l'ordre d'attaquer sur toute la ligne. La cavalerie, soutenant les efforts héroïques du maréchal Ney, mit les Anglais en déroute. Wellington allait être rejeté dans un bois. Tout à coup, au moment où l'empereur croyait voir apparaître Grouchy, une armée prussienne, commandée par Blücher, déboucha. La jonction avec l'ennemi était complète. « On pouvait compter deux ou trois contre un; il n'y avait pas moyen de tenir, » dit Coignet.

L'empereur, entraîné dans la déroute, réunit en arrivant à Charleroi un conseil de généraux. Devait-il rester à l'armée au milieu des débris de sa vieille garde? Coignet assure qu'il le voulait : mais presque tous les généraux l'obligèrent à partir pour Paris. Beaucoup d'historiens disent au contraire que ce fut Napoléon qui voulut partir et demander aux Chambres un suprême sacrifice. Il arriva à minuit, et descendit à l'Élysée. Fouché, toujours homme de ruse et d'abandon, avait répandu le bruit que l'empereur méditait un nouveau coup d'État. Les Chambres déclarèrent la patrie en danger et s'emparèrent du pouvoir exécutif. Vainement Davout, dans un entretien avec Napoléon, lui conseilla-t-il d'ajourner les Chambres et de faire un appel désespéré au pays. Malade, découragé, croyant son étoile disparue à jamais derrière l'horizon de Waterloo, l'empereur résolut d'abdiquer.

« Je m'offre, écrivait-il le 22 juin, dans une déclaration au peuple français, je m'offre en sacrifice à la haine des ennemis de la France. Puissent-ils être sincères dans leurs déclarations et n'en avoir réellement voulu qu'à ma personne! Ma vie politique est terminée et je proclame mon fils, sous le titre de Napoléon II, empereur des Français. »

Davout, dans sa circulaire aux généraux commandant les divisions militaires, annonça ce sacrifice héroïque. « Faites bien connaître, écrivait-il au major général, qui était le maréchal duc de Dalmatie, que l'abdication de l'empereur est tout à fait volontaire. » Mais une commission exécutive, présidée par Fouché et faisant acte de gouvernement provisoire, avait déjà été constituée dans l'ombre, avant même l'abdication. Davout, que l'on n'osa pas révoquer, resta ministre de la guerre et généralissime des troupes. L'empereur dut se retirer à la Malmaison. Il restait silencieux. Les rares amis, qui l'avaient supplié de songer à sa sureté, passaient leur temps à demander des audiences à Fouché pour obtenir qu'une frégate transportât en Amérique César, sa fortune et ses derniers fidèles.

En attendant, Wellington et Blücher marchaient sur Paris. L'armée française approchait aussi, rêvant une vengeance désespérée. Un instant le peuple de Paris fut sur le point d'aller chercher celui qui tant de fois avait été victorieux. Les cris de : Vive l'Empereur! retentirent encore. Un dernier espoir traversa le château désolé de la Malmaison. Mais cet espoir fut court. Fouché avait, par ses menées diplomatiques, coupé tous les enthousiasmes qui pouvaient provoquer un mouvement populaire. L'empereur dut partir pour Rochefort.

Il avait eu raison de révoquer en doute la sincérité des ennemis, qui assuraient ne s'attaquer qu'à lui seul. Le 1ᵉʳ juillet, le maréchal Blücher avait adressé au maréchal Davout une lettre lui annonçant que c'était une erreur de croire que tout sujet de continuer les hostilités entre les puissances alliées et la France eût cessé, parce que Napoléon avait renoncé au trône. « Il y a renoncé en faveur de son fils, disait Blücher, et la résolution des puissances alliées exclut non seulement Napoléon du trône, mais encore tous les membres de sa famille. » — « Si tel général français, ajoutait le général prussien, s'est cru autorisé à faire une suspension d'armes, ce n'est pas un motif pour que nous en fassions autant. Nous poursuivons nos victoires et

Dieu nous en a donné les moyens et la volonté...
Ce n'est qu'à Paris que pourra avoir lieu une vraie
suspension d'armes. » Le maréchal Davout ne répondit pas à cette lettre, dont nous abrégeons les
termes insolents. Mais il prit ses dispositions de
combat pour repousser sur différents points l'ennemi qui s'avançait. C'est alors que Fouché, sentant que tous ses plans et machinations pouvaient
être emportés par la vaillance de Davout, s'écria
que le prince d'Eckmül allait tout perdre et empêcher le Gouvernement provisoire de sauver la patrie sans effusion de sang. Fouché était président
de la commission du Gouvernement, et s'était
donné à lui-même sa propre voix pour écarter
Carnot ou Caulaincourt. Il voulait la paix et le retour des Bourbons. Louis XVIII, déjà rentré en
France, était à Cambrai et s'offrait comme médiateur entre le peuple et l'étranger. Fouché, le véritable génie de l'intrigue, selon le mot de Lamartine,
poursuivait sa trame au milieu de révolutions si
diverses. Il réunit un conseil composé des bureaux
des deux Chambres, et brusquement il interpella
Davout, qui aurait voulu livrer bataille autour de
Paris ; il le somma, d'après un témoin nommé Clément, de dire si, en demandant avec autant d'assurance à se battre, Davout croyait pouvoir répondre
de la victoire : « Oui, Monsieur le président, j'ai
une armée de 70 000 hommes pleins de courage et
de patriotisme, et je réponds de la victoire et de

repousser les deux armées anglaise et prussienne, si je ne suis pas tué dans les deux premières heures. » La fermeté de cette déclaration ébranla le conseil. Un membre du Gouvernement se leva. C'était Carnot. « Il portait, dit Clément qui se rappelait jusqu'au moindre détail de cette journée, il portait un habit de simple garde national, tout couvert de poussière. Carnot dit qu'il descendait de cheval et venait d'inspecter pour la seconde fois les travaux entrepris pour la défense de Paris; qu'il n'était pas suspect dans l'opinion qu'il allait exprimer, car il avait voté la mort de Louis XVI et n'avait qu'à attendre que des persécutions et l'exil de la part des Bourbons, à la veille de rentrer dans la capitale... mais qu'il était Français avant tout, et qu'à ce titre il se croirait coupable s'il conseillait une résistance qui serait inutile, et aboutirait en définitive au siége de Paris. » Que pouvait faire Davout? L'Empire était fini. Le Gouvernement provisoire voulait capituler. Si Davout se mettait à la tête d'un mouvement populaire, il jouait au dictateur. Toutefois, en face des débris de l'armée française, armée frémissante d'avoir parcouru tant de champs de bataille pour voir les Prussiens entrer à Paris, Davout eut encore pendant quelques instants l'idée de se battre. « Personne ne veut prendre de responsabilité, s'écriait-il devant son aide de camp : je la prendrai, moi, s'ils me laissent faire! » Mais quel avantage retirerait-on de la victoire et du sang versé? Tout n'était-il pas arrangé d'avance pour le retour de Louis XVIII? Fouché avait tout prévu et ne cessait de dire à Davout que le retour du roi se confondait avec la sécurité de la patrie. A la barrière d'Enfer où l'armée était réunie, Coignet vit le maréchal Davout « à pied, les bras croisés, contemplant cette belle armée qui criait : « En avant ! » Il était silencieux et se promenait le long des fortifications, sourd aux appels de l'armée ». Coignet n'était pas de force à démêler ce qui pouvait se passer dans l'âme déchirée du maréchal : « Davout ne savait quel parti prendre, » dit-il, avec une simplicité trop soldatesque.

D'après les conventions, l'armée française devait se retirer sur la rive gauche de la Loire : Davout reçut le commandement de cette dernière armée. Il ordonna au général Drouot, qui commandait la garde impériale à Waterloo, de donner l'exemple de ce triste départ. Les ennemis qui suivaient et talonnaient l'arrière-garde française s'emparèrent de quelques soldats et de quelques officiers pour les dépouiller. « L'armée fit alors demi-tour, dit Coignet, et tomba sur les ennemis qui ne furent plus si insolents et ne nous suivirent que de loin. » Coignet ne se sentait pas de colère et d'humiliation. Rage du vieux soldat de l'Empire, pendant qu'à Rochefort, Napoléon, vaincu, dépossédé, menacé par les croisières anglaises, ne pouvait partir pour l'Amérique et allait être déporté à Sainte-Hélène par l'Angleterre; tristesse du maréchal Davout, dont le reste de pouvoir sur ses troupes n'était plus qu'un pouvoir de police, voilà donc où en étaient réduits ceux qui avaient été les maîtres de l'Europe. Quand on fut arrivé à Orléans, le maréchal se promenait solitairement derrière ses batteries, « bien soucieux, dit Coignet. Personne ne lui parlait. Ce n'était plus ce grand guerrier que j'avais vu naguère sur le champ de bataille si brillant; tous les officiers le fuyaient ». Et, avec son insistance d'homme qui ne comprenait rien aux nécessités politiques, Coignet reprenait : « S'il avait voulu, sous les murs de Paris, lui qui était le maître des destinées de la France, il n'avait qu'à tirer son épée. » Condamné au rôle le plus ingrat qui fût jamais, Davout, tout en comprenant qu'il fallait que l'armée ne restât pas séparée du gouvernement, connut dans leur profonde amertume les souffrances, les luttes entre ce qu'il pouvait considérer comme son honneur militaire et un grand devoir national. Quand il reçut l'ordre de faire arborer aux troupes la cocarde blanche, lui qui leur avait prescrit de prendre la cocarde tricolore, il disait dans sa proclamation datée du 16 juillet : « Je vous demande, je le sais, un grand sacrifice. Nous tenions tous aux trois couleurs depuis vingt-cinq ans; mais ce sacrifice, l'intérêt de notre patrie nous le commande. » Cet intérêt qu'il plaçait si haut et

qu'il payait si cher éclatait dans la phrase suivante :
« Je suis incapable, soldats, de vous donner un ordre qui ne serait pas basé sur ce sentiment ou qui serait étranger à l'honneur. » C'était l'honneur sans épithète, l'honneur, c'est-à-dire la religion de la patrie. Ce qu'il fallait, coûte que coûte, c'était de chasser du sol de la France les ennemis qui tranchaient du vainqueur. Blücher ne disait-il pas qu'il ferait sauter à Paris le pont d'Iéna pour effacer le souvenir de la défaite prussienne? Puis le maréchal, comprenant que son rôle d'abnégation serait peut-être cruellement travesti, écrivait le 20 juillet à sa femme : « Je serai toujours préparé à tout ce que l'injustice et la calomnie peuvent enfanter; la seule peine que j'éprouverais dans les persécutions serait de laisser une femme et des enfants qui en seraient malheureux. » Dans cette même lettre éclate une réflexion inattendue qui montre à quel point Davout était triste jusqu'à en mourir, mais que la mort le frapperait du moins sur le sol de la patrie : « Je serai enterré dans un cimetière français, » dit-il.

Coignet, brave homme s'il en fut, mais à l'esprit fruste, ne pouvant se rendre compte du combat qui s'était livré dans l'âme héroïque de son maréchal, écrivait avec un dédain qui n'était que la suite de ses rancunes : « Nous reçûmes l'ordre de porter le quartier général à Bourges, et le maréchal Davout s'y installa, mais ce ne fut pas de longue durée. N'étant pas le favori de Louis XVIII, il fut dégommé par le maréchal Macdonald, qui prit le commandement de l'armée de la Loire. Davout vint faire sa soumission au roi, mais il fut le premier licencié. » Licencié était inexact : ce fut Davout qui donna sa démission de commandant en chef.

Le 24 juillet, malgré les engagements pris, Louis XVIII fit dresser une liste de proscription d'officiers. Il y en avait que l'on devait traduire devant un conseil de guerre, le maréchal Ney en tête; d'autres qui devaient sortir de Paris dans trois jours et se retirer au lieu que leur indiquerait le ministre de la police, en attendant que les Chambres statuassent sur ceux qui devaient être traduits devant les tribunaux ou bannis du royaume. Davout prit la défense des officiers, « qui n'avaient fait, écrivait-il au gouvernement, qu'obéir aux ordres que je leur ai donnés en ma qualité de ministre de la guerre. Il faut donc substituer mon nom aux leurs. Puissé-je attirer sur moi seul tout l'effet de cette proscription! C'est une faveur que je réclame »...

Il fut tout aussi courageux lorsqu'il vint défendre Ney, traduit devant la cour des Pairs. Il avait conjuré la famille de Ney d'accepter la commission militaire. « Madame, avait dit également le maréchal de Gouvion Saint-Cyr, tout ministre de la guerre qu'il fût, à Mᵐᵉ Ney, faites tous vos efforts pour que votre mari ne repousse pas la juridiction du conseil de guerre : les maréchaux sont ses véritables pairs. Au nom du ciel, qu'il n'aille pas chercher d'autres juges ! » Mal conseillé par ses amis et par ses avocats, Ney repoussa ce conseil pour se livrer à des adversaires politiques, c'est-à-dire à des juges prévenus, à des ennemis sans pitié. Les délibérations se firent sous la menace, dans une atmosphère de haine. Mais Davout était inaccessible à toutes les influences qui emportent les autres hommes. Malgré ses efforts, la cause était jugée d'avance. Le héros de tant de batailles, celui que Napoléon appelait son lion, le brave des braves, fut conduit un froid matin de décembre entre le Luxembourg et l'Observatoire, près d'un mur sombre. « Soldats, dit-il d'une voix de dernier commandement, visez droit au cœur. » Les fusils s'abaissèrent : il tomba foudroyé sous ces douze balles françaises. Celui qui n'avait pas trouvé la mort glorieuse, éclatante, sur tant de champs de bataille mourait ainsi, à quarante-deux ans, au bout de ce quartier désert, tué comme un criminel.

Davout paya son intervention d'un exil à Louviers. Il fut en outre privé de ses traitements. Les partisans de l'empereur, les officiers subalternes, réduits à la demi-solde, furent victimes de toutes les vexations et de toutes les persécutions que pouvaient inventer des esprits vulgaires détenteurs de places élevées. Coignet, renvoyé à Auxerre, vécut « sous la surveillance étroite de tous les dévots de la vieille monarchie ». Des officiers, nouveaux arrivants, faisaient partie de la pension où Coignet, doyen de la table, jouait un peu le rôle de major de table d'hôte. « Un jour, deux jeunes officiers se déboutonnèrent, dit Coignet, du beau rôle qu'ils avaient joué dans l'affaire du maréchal Ney : ils se vantèrent d'avoir été travestis en vétérans pour le fusiller au Luxembourg. Je ne me possédais plus. J'étais prêt à sauter par dessus la table. Je me retins, me disant : « Je vous pincerai au premier jour. » Cela ne tarda guère. A quelque temps de là, Coignet leur dit à brûle-pourpoint : « Si je vous faisais faire le tour de la ville avec un fouet de poste ! Ça ne vous va pas ? Il faudrait pourtant en passer par là. Vous m'avez compris, ça suffit ! Je vous attends sous l'orme. » Mais Coignet attendit vainement, dit-il, avec un mépris qu'il savait faire tomber du haut de sa petite taille : « J'avais affaire à des plats d'étain qui ne peuvent supporter le feu. » Irrité de tout ce qu'il endurait et ressentant dans son âme de vieux soldat des douleurs morales dépassant les souffrances physiques d'autrefois : « J'aurais voulu être encore en Russie, » écrivait-il dans un petit paragraphe où l'on sent tout ce que durent subir ces vieux capitaines qui commandaient à une race de soldats ne s'occupant guère de démêler quelle avait été l'ambition extraordinaire de ce faiseur de rois et de princes, toujours prêt à jouer son va-tout et celui de la France.

Si la Restauration continua à poursuivre d'hostilités mesquines les officiers subalternes, fidèles au souvenir de Napoléon vaincu, elle ne tarda pas à abandonner dans son propre intérêt le système violent des représailles contre les grands généraux de l'empire. Le 5 mars 1819, Louis XVIII, voulant tout effacer, nomma Davout pair de France, ainsi que les maréchaux Jourdan, Lefebvre, Moncey, Mortier et Suchet. Mais privés d'action, ces hommes intrépides ne pouvaient être consolés par les honneurs. Le front de Davout conserva toujours un pli douloureux de contention et d'effort, comme les hommes qui ont beaucoup lutté et beaucoup souffert. Comment se fait-il que ni Davout ni Coignet n'aient laissé la moindre page sur les émotions qu'ils durent ressentir en 1821 quand éclata ce cri : « L'Empereur est mort ! » Davout avait à Sainte-Hélène occupé une des dernières pensées de l'empereur. Au souvenir de la bataille d'Auerstaedt, Napoléon écrivait que cette victoire étonnante devait assurer à Davout une gloire immortelle, en même temps qu'elle élevait au plus haut point la réputation de l'infanterie française. Et, sans vouloir dire que l'empereur songeât également au vieux grognard qui fut notre compatriote, ce qui cependant n'aurait nullement surpris Coignet, il est certain que le souvenir d'Auxerre tenait une bien grande place dans le cœur de Napoléon, puisque, le 17 mars 1821, si peu de temps avant sa mort, à la vue de ce ciel implacablement bleu de Sainte-Hélène, il murmurait : « Ah! il y a six ans à pareil jour j'étais à Auxerre au retour de l'île d'Elbe; il y avait des nuages au ciel : si je pouvais les revoir, ces nuages, je serais guéri. »

Deux ans après, le 1ᵉʳ juin 1823, mourait, à cinquante-trois ans, le maréchal Davout. Il voulait, selon les termes de son testament, être enterré sans le moindre apparat. « Les gens de ma maison assisteront seuls à mon convoi, » avait-il dit. Les partisans du gouvernement de la Restauration ne se firent pas faute de se conformer à un tel désir. Le gouvernement n'allait-il pas jusqu'à défendre aux invalides de se joindre au cortège du maréchal de France? Mais les soixante invalides, qui avaient appartenu à son corps d'armée, réussirent à enfreindre la consigne, et suivirent religieusement le convoi jusqu'au Père-Lachaise, où le maréchal repose sous une tombe de granit du Morvan.

Si l'on voulait s'écarter un instant de la zone étroite que nous nous sommes imposée dans ce livre et aller à quelques lieues de Dijon, dans la commune de Fixin, on trouverait une dernière impression de l'épopée impériale, la plus saisissante peut-être. Un ancien grenadier de l'Ile d'Elbe, à qui Coignet aurait fait un fameux accueil s'ils avaient pu voisiner, avait défriché à Fixin un terrain encombré de rochers. Autour d'un mur, qu'il avait crénelé, il enferma un petit bois qui semble monter à l'assaut. Du fond de sa retraite, ce grenadier capitaine, appelé Noisot, rêvait encore de places fortifiées et de batailles. Il avait combattu à Waterloo ; il avait tristement suivi Davout à l'armée de la Loire ; il avait connu, lui aussi, toutes les humiliations d'un officier en demi-solde. Le grand statuaire bourguignon, François Rude, avait été plus d'une fois le confident du souvenir que ce capitaine gardait à la mémoire de Napoléon vaincu, exilé, mort à Sainte-Hélène : « Eh bien ! dit un jour Rude à son vieil ami, je vous le ferai, moi, votre empereur ! » Rude se mit à l'œuvre. Lorsque après avoir monté un sentier rocailleux, on arrive sous les sapins d'un petit parc triste comme un jardin de cimetière, une statue de Napoléon apparaît. Couché sur un bloc de bronze et enveloppé dans un suaire, Napoléon écarte de la main un coin de ce drap qui lui pèse. Une morne sérénité est répandue sur le visage de ce spectre dont la tête est couverte de lauriers. A ses pieds est étendu un aigle, son aigle, mort, le bec entr'ouvert, la serre crispée. Dans le silence de ce parc, au fond de cette commune perdue, le demi-réveil de celui qui s'est endormi à Sainte-Hélène et semble se lever lentement sur cette terre de France où dorment tant de morts héroïques de ses grandes armées, cause une impression de profonde mélancolie.

# DERNIERS SOUVENIRS

Chateaubriand dans le Morvan. — Joubert à Époisses. — Le Petit-Manteau-Bleu. — Eugène-Sue. — Portraits de Louis Veuillot et de Paul Bert.

Un excellent homme, professeur de sixième au collège d'Avallon, qui avait passé sa vie à recueillir un très grand nombre de vieilles pièces et de vieilles médailles pour les offrir à la ville, le père Bardin, comme l'appelaient tous ses élèves, avait copié une citation que l'on peut voir encore au second étage de la Tour de l'Horloge, dans le modeste musée où sont rangées des petites haches qui remontent à l'âge de pierre, des fragments de statues qui viennent du Montmarte, des armes trouvées autour de Cravant et tant d'autres objets qui peuvent avoir un intérêt pour les habitants d'Avallon : « Quelle plus belle tâche pour une ville, lit-on sur cette note, que celle de rassembler les monuments de sa propre histoire, et combien un tel musée nous paraît supérieur à celui qui emprunte à toutes les régions l'ameublement de ses vitrines et de ses casiers. »

Dans ce livre, qui est comme un minuscule musée de souvenirs et où nous avons essayé de grouper hommes et choses qui se rattachent à notre sol, on peut, en poursuivant une enquête à travers les livres et les témoignages, retrouver encore la trace de quelques hommes célèbres du XIX° siècle. C'est ainsi que le grand ordonnateur de la prose décorative, l'admirable écrivain que l'on oublie très injustement aujourd'hui, Châteaubriand, relève, si l'on y met un peu de bonne volonté, de ce livre local. En 1803, l'auteur du *Génie du Christianisme*, dans le premier éclat de sa gloire, parcourait une partie du Morvan. Au lieu d'une nature sombre, âpre et sauvage, comme se la représentent ceux qui ne l'ont jamais vue, Chateaubriand admira ces petites montagnes boisées qui se succèdent et s'estompent à l'horizon en teintes bleuâtres : « Je me suis trouvé, écrivait-il dans une lettre intime à son conseiller et ami Joubert, je me suis trouvé engagé dans les monticules, partie de jour et partie de nuit : les oiseaux chantaient de tous côtés, et j'ai entendu à la fois les trois passagers du printemps, le coucou, la caille et le rossignol. Un petit bout du croissant de la lune était dans le ciel, tout justement pour m'empêcher de mentir, car je sens que, si la lune n'avait pas été là réellement, je l'aurais toujours mise dans ma lettre. »

Chateaubriand rêva sans doute à quelque description romantique bonne à placer dans un livre, mais ce ne fut qu'une pensée rapide. Que d'ingrats ont passé ainsi sans rien faire de tous ces paysages! Si dans une partie de la France on peut se donner le plaisir d'emporter comme compagnons de route des livres qui évoquent telle ou telle scène; si chaque province a ses auteurs de naissance ou de passage, le Morvan reste à découvrir en littérature. L'école descriptive, qui s'est exercée longuement, parfois impitoyablement dans d'autres régions, sans faire grâce au lecteur d'un bouquet d'arbres ou d'un sentier, a négligé ces montagnes qui s'entre-croisent souvent en amphithéâtre, ces groupes de vieux et sombres rochers, qui ont vu naître tant de légendes, ces églises du moyen âge, ces étangs aux grands roseaux, aux larges fleurs qui éclatent à la surface, étangs mystérieux cernés par des bois qui viennent mourir sur les rives. Pays inconnu, qui offre tant de contrastes, qui garde tant de souvenirs et que des escouades d'Anglais se mettent à traverser en tous sens, tandis que les Français vont à cent lieues de là chercher dans le fracas des villes d'eaux un motif d'excursion.

Était-ce cette lettre de Chateaubriand qui donna à Joubert l'idée de venir en 1807 en Bourgogne?

Était-ce tout simplement le désir de faire un pèlerinage de lettré aux lieux où vécut M^me de Sévigné? Ce penseur profond et doux qui cachait non seulement sa vie, mais son talent et ne publia rien, un peu par paresse, beaucoup par modestie, plus encore par le désir d'atteindre la perfection, fut reçu au château d'Époisses. On fit fête à cet esprit des causeries intimes. D'Époisses, Joubert visita le château de Bussy, se rendit à Bourbilly, emportant de ce voyage et de ce séjour un souvenir heureux dont on retrouve les traces dans sa correspondance. M^me de Guitaut, la tête pleine encore des anecdotes que Joubert lui avait contées sur ce XVII^e siècle, qui était l'atmosphère morale de ce très délicat écrivain, ne tarda pas à le réinviter et lui demanda d'amener Chateaubriand qui se laissa prier, mais ne vint pas.

Il est d'autres souvenirs moins connus encore. Sauf les habitants de Châtel-Censoir, peu de gens savent qu'Edme Champion, que son costume avait fait appeler le Petit-Manteau-Bleu, est né dans cette commune, qui est située à l'extrémité de l'arrondissement d'Avallon. Edme Champion n'était pas parti pour Paris en sabots : il était parti nu-pieds. Un de ses compatriotes, M. Emile Pallier, a raconté l'origine, la fortune et quelques aventures du Petit-Manteau-Bleu. Dans la période révolutionnaire, Champion acheta des diamants, des pièces d'argenterie et tous les trésors compromettants dont les nobles cherchaient à se défaire. Marié à la fille d'un petit joaillier de Versailles, son commerce prospéra. Le souvenir des années difficiles où il était orphelin, sans feu ni lieu, lui fit comprendre ce que devait être l'assistance publique. Le grand principe que la société doit aide et protection aux enfants abandonnés, aux infirmes et aux vieillards sans ressources et que leur famille ne peuvent secourir, le Petit-Manteau-Bleu fut un des premiers à le mettre en pratique et à en provoquer l'application. Pendant l'hiver si rude de 1829, il gagnait les plus hautes mansardes, entrait dans les plus misérables taudis et laissait derrière lui des aumônes de toutes sortes, en promettant de revenir, ce qui ne tardait guère. Il en est de la bienfaisance comme de la malfaisance : on ne s'arrête pas à moitié chemin. En 1831 et en 1832, il fit distribuer, d'abord sur le quai de Gesvres, puis, dans tous les autres quartiers de Paris, des soupes aux malheureux. Ce petit homme aux allures vives, le chapeau sur l'oreille, promenant partout un regard malicieux et bon, tel que l'a peint M. Émile Pallier, arrivait souriant et portait, accrochée à sa boutonnière, une cuillère d'argent dont il se servait pour goûter la soupe des pauvres. Un jour que la foule s'empressait pour l'acclamer, quelqu'un lui vola sa cuillère : il la remplaça par une cuillère de bois. Dans cette vie de générosité parisienne où il était sans cesse à la recherche de nouvelles misères, il n'oubliait pas la commune de Châtel-Censoir. Il y fonda une école, en homme qui souffrait de ses lacunes d'instruction. Peut-être sa main gauche n'ignorait-elle pas toujours ce que donnait sa main droite. Il aimait un peu trop qu'on parlât de lui. Mais ce léger défaut profitait encore à l'humanité.

En 1832, au moment où le Petit-Manteau-Bleu était l'homme le plus populaire de Paris et de Châtel-Censoir, arrivait au milieu des premiers bois du Morvan, dans le château de Marrault, un homme qui ne songeait guère alors à une célébrité socialiste. C'était Eugène Sue. Filleul du prince Eugène, il avait été dès sa jeunesse embarqué sur un vaisseau de l'État, par l'ordre de son père, ancien chirurgien en chef de la garde impériale et médecin du roi. Ce titre du père avait tenu lieu au fils de tous les diplômes et Eugène Sue, avec le grade de chirurgien, fit presque le tour du monde sans avoir écrit la moindre ordonnance, mais après avoir composé ses premiers romans maritimes. Il venait rejoindre à Marrault M. Legouvé qui, dans ses *Soixante ans de souvenirs*, a raconté qu'ils avaient tous deux la même sœur, Flore Sue, bien qu'ils ne fussent pas parents. Ce petit problème de famille a son explication dans le divorce du père et de la mère de Flore Sue. « Je la vois encore, écrivait M. Legouvé en se rappelant le séjour près de leur sœur dans cette solitude, je la vois encore, enfouie dans son fauteuil, déjà pâlie par la maladie, ses doux yeux bruns fixés sur nous, satisfaite et un peu troublée de nous voir si différents. » Elle était leur confidente et leur conseillère et on pourrait retrouver la trace de cette influence dans leurs œuvres. Elle les dirigeait chacun dans sa voie, devinant déjà qu'il y avait dans M. Legouvé un moraliste et dans Eugène Sue un romancier qui ne devait pas s'attarder à des scènes maritimes comme celles de *Plik et Plok*, quel qu'en fût alors le succès. Dans le meilleur roman d'Eugène Sue, dans *Mathilde*, il y a, en dehors de la partie mélodramatique fausse et forcée, des idées de composition qui remontent à cette époque de 1832, quand sa sœur encourageait Eugène Sue à regarder autour de lui le monde où il vivait, pour prendre ses personnages en pleine réalité.

I

Mais ces souvenirs tiennent à la Bourgogne par un lien trop faible pour nous y arrêter longtemps. Il est, au milieu du second Empire, une figure se détachant plus nettement, parce qu'elle appartient à ce coin de Bourgogne, à la fois par droit d'origine et par le souvenir de l'hospitalité reçue au château d'Époisses, un écrivain qui a été un des plus attaqueurs et des plus attaqués de notre époque, un homme dont le nom seul faisait perdre toute mesure en bien ou en mal à ceux qui le lisaient, regardé par quelques catholiques comme un nouveau Tertullien, pendant que les libres-penseurs le mettaient sur le rang d'un Vadé de sacristie, enfin Louis Veuillot. Sa famille avait longtemps habité la petite commune d'Anstrude que l'on a débaptisée pour l'appeler d'un nom plus sonore de Bierry-les-belles-fontaines. « C'est là, écrivait Veuillot, dans une de ses plus jolies lettres, que mes illustres ancêtres, plus heureux que moi, ont gardé les vaches. Comme on connaît peu les aventures de leur temps, il est probable que j'ai une belle suite de grands-pères dans la poussière du pauvre petit cimetière qui entoure la pauvre petite église. Ces mêmes grands-pères ont dû s'aventurer aux environs, à la suite de leurs bestiaux. J'aime à croire qu'il y en avait quelques-uns dans l'auditoire de saint Bernard lorsqu'il a prêché la croisade, pas bien loin de leur chaumière, à Vézelay... Je me flatte encore que sainte Chantal, dame de Bourbilly, a pu en rencontrer dans ses courses de charité ou les recevoir dans son hôpital domestique et les panser de ses mains... »

Il y a encore des Veuillot à Anstrude; ils demeurent près de l'église. Le nom du célèbre écrivain qui remplissait la presse du bruit de ses polémiques n'a guère laissé d'écho dans toutes ces maisons de paysans. Mais pour les lettrés le souvenir de cette figure tourmentée, à la lèvre méprisante dont la voix était cependant douce et le regard droit, ce souvenir vous poursuit. On cherche quelque rapprochement entre le talent de l'écrivain et l'aspect de cette petite commune. Elle aussi est âpre. Mais il y a çà et là de jolis effets de verdure. C'est comme dans le tempérament de ce polémiste. A travers sa rude et incessante politique de combat, il y a des refuges charmants de littérature.

Son père, ouvrier tonnelier, allait de village en village : il cerclait les tonneaux et réparait les cuves, frappait à tour de bras, contribuait dans sa mesure à ce bruit joyeux que l'on entend à l'époque des vendanges, bruit agréable aux oreilles bourguignonnes, bruit qui remplit la ville d'Avallon et fait remonter à la mémoire les premiers souvenirs d'enfance, les journées passées en plein air, les déjeuners au milieu des vignerons, les défilés des hottes chargées de raisins et l'entassement des grappes d'où monte déjà une odeur qui vous grise.

Un jour que ce François Veuillot avait été bien au delà de la Bourgogne, il rencontra une jeune fille qui lui plut. Tous deux étaient pauvres, mais tous deux pleins de jeunesse et de bonne volonté. Ils se marièrent. C'est à Boynes, dans le Loiret, que le 13 octobre 1811 naissait celui qui devait être plus tard le chef du parti catholique, non sans avoir passé dans son enfance et dans sa vie de journaliste par des chemins qui ne semblaient pas, tout d'abord, devoir le mener à Rome. Mais, converti comme saint Paul, en y mettant un peu plus de temps, il employa, pour défendre l'Évangile, des arguments où la charité chrétienne n'avait rien à faire. Il transporta pour la défense de ce qu'il regardait comme les vérités éternelles, les habitudes de la polémique courante. Quand on l'accusait de faire le curé, l'évêque ou même le pape, il se contentait de revendiquer un rôle de suisse, chargé, disait-il, « de faire taire les mauvais drôles et de mettre les chiens à la porte, afin que le service divin ne fût point troublé ». Après avoir rempli cette consigne, qu'il se donnait à lui-même, il aimait à regarder le spectacle de la rue et à poursuivre de ses sermons ou de ses quolibets ceux qui ne s'inclinaient pas avec respect en passant devant son église. Mélange de Bourdaloue et de Turlupin, voilà sa manière, disait Émile Augier, et Veuillot, toujours prêt à répondre, écrivait : « Il faut les deux genres et varier suivant les sujets. La Turlupinade peut avoir une forme littéraire. C'est encore l'ironie, c'est encore le sifflet. » Il aimait la lutte. L'idée de rouler et de désosser littérairement un contradicteur lui était très agréable. « Il ne me déplait pas, proclamait-il un jour dans une préface, de faire quelquefois écumer tels et tels à qui je songe en écrivant. »

Ravi de prendre le contre-pied de son siècle en toutes choses, il était l'ennemi de la science moderne en général et de l'Université en particulier. Dans ses affirmations absolues, il frappait les esprits simples par la hardiesse de certaines formules. L'Église seule, et c'est assez. Il ne discutait pas, il tranchait, il n'examinait pas, il jugeait. Pour persuader les autres, ceux qu'il appelait les bourgeois incrédules, Veuillot n'enfermait pas l'église dans tel ou tel système politique, mais il usait d'un argument destiné à faire confondre les intérêts de la société avec la puissance de l'église. « La première croix qui tombera d'un clocher écrasera les maisons d'alentour, écrivait-il. Dans le premier tabernacle violé, l'émeute n'ira pas chercher et ne prendra pas autre chose que la clef du coffre-fort bourgeois déposée là sous l'unique sauvegarde qui puisse encore défendre la famille et la propriété. »

Son meilleur livre, au point de vue littéraire, bien que Veuillot les plaçât tous sur la même ligne, s'appelle *Les Odeurs de Paris*. Jamais ce maitre ouvrier, qui disait un jour dans un excellent vers :

O prose! mâle outil et bon aux fortes mains!

ne fut mieux outillé. Certes, il n'est pas une de ses idées qui ne soulève de violentes objections, mais on est emporté par sa fougue et sa gouaillerie. C'est un La Bruyère de la petite presse mêlant au flot pur d'un style puisé aux sources du xvii° siècle les affluents de son ruisseau de la rue du Bac et d'autres ruisseaux de Paris. D'ailleurs, quel que soit son sujet, l'écrivain qui est en lui exerce un tel attrait que Sainte-Beuve lui consacra deux *causeries du lundi*, que Prévost-Paradol, qui savait la valeur des mots, l'appelait un écrivain éminent, épithète qui à cette époque n'était pas galvaudée et que Rémusat, d'un esprit si indépendant, comme doit l'être tout véritable homme de lettres, disait un jour à Sainte-Beuve : « Que voulez-vous? J'ai un si grand faible pour le talent qu'il n'est pas jusqu'à ce diable de Veuillot à qui je ne pourrais m'empêcher, je crois bien, de donner ma voix, s'il se présentait à l'Académie française. »

C'est au lendemain du grand succès de vente des *Odeurs de Paris*, faisant contraste avec *Le Parfum de Rome*, que Veuillot vint se reposer au château d'Époisses, chez ses amis de Guitaut. On lui réservait toujours la belle chambre, dite la chambre du grand Condé. Tout chrétien qu'il fût, son humilité n'en souffrait pas. Dans une de ses premières lettres datée d'Époisses, il annonçait dans une ligne formant paragraphe à part cette réception princière : « Ma chambre est celle du grand Condé. » Au bas de cette même lettre, il signait avec un petit grain de fatuité : « L'enfant du peuple. » Se donner ce titre et être reçu en pleine intimité dans un château, « entouré de deux enceintes, château à la fois grand seigneur et bon enfant, qui comprenait dans sa clôture l'église et le presbytère, où la cour est un jardin, où le pays est un parc »; être sous le toit d'un vrai gentilhomme, non loin d'un curé aux cheveux roux — le signalement est de Veuillot — curé qui prenait les vieux articles du journal l'*Univers* comme autant de paroles d'Évangile, c'était une rare et double surprise dans sa vie d'écrivain. Il avait d'autres joies, des livres à pleines mains et surtout la collection d'autographes de Mᵐᵉ de Sévigné, toutes les lettres de la marquise à la vieille famille de Guitaut. Peu d'écrivains ont adressé au même point que Veuillot des déclarations enthousiastes à Mᵐᵉ de Sévigné. Le style, qu'il définissait un jour cette chose spontanée et savante avec quoi Mᵐᵉ de Sévigné fait sa lettre, La Fontaine sa fable, Molière son dialogue, Mᵐᵉ de Sévigné lui en avait appris sans doute plus d'un secret. « J'ai conservé l'habitude, écrivait-il dans un chapitre de *Çà et là*, intitulé Confession littéraire, d'avoir toujours son livre sous la main, et de l'ouvrir au hasard. Heureux livre! qui n'a que des pages charmantes et pures, semblables à une campagne pleine partout d'épais gazons, de grands arbres et d'eaux vives, où l'on s'aventure sans aucune appréhension de rencontrer ni reptiles, ni mares infectes, ni chiens enragés, et pas même un seul visage désagréable, puisque enfin cette marquise est toujours là, vive, fine, joyeuse et attendrie, pour donner un tour plaisant aux importuns et les congédier avant qu'ils ennuient. »

Quand Veuillot rencontrait sur son chemin un de ceux qu'il trouvait importun, il ne le congédiait pas aussi vite, il ne le lâchait pas et s'acharnait sur lui. Un jour, à Époisses, tout en admirant les tilleuls en fleurs, il formait le vœu de tomber à coups de nouveaux articles sur Dupin aîné : « Si je pouvais, écrivait-il dans une lettre à Mᵐᵉ de Pitray, lui lâcher toutes les abeilles qui butinent en Bourgogne, je n'en retiendrais pas une et je le verrais enfler avec plaisir. » Dans cette même lettre où il se sentait en veine, voici comment il parlait de son ancien ami, Montalembert, qui était alors à La Roche-en-Brenil. « L'un des plus proches voisins de campagne, à quatre ou cinq lieues, écrivait-il, est l'acariâtre Charlotte, plus connue sous le nom de comte de Montalembert. Si j'allais le voir, il me recevrait mal, et depuis que je suis venu ici, il n'y vient plus. Ce grand homme est trop rageur, il s'attirera des chagrins. »

Brouillé ainsi avec ceux qui avaient été ses premiers compagnons d'armes, s'enfermant dans son journal comme dans une citadelle d'où il tirait à boulets rouges sur les révolutionnaires et sur les libéraux, Veuillot était convaincu qu'il n'y avait d'avenir dans le monde que pour les socialistes les plus déterminés, ou pour les catholiques avant tout, s'imaginant que « le monde est arrivé à un point où il doit périr ou renaître et que tous les entre-deux seront broyés par la destruction ou rejetés avec dédain par la reconstruction. »

En pleins désastres de la guerre, Veuillot, du fond de l'abîme où était plongée la France, s'attendait toujours à une intervention divine et s'écriait désespéré : « Dieu juste ! votre France sous la botte d'un uhlan ! » Puis, à la fin de mai 1871, au lendemain de la semaine de sang et de feu, il se rejeta tristement dans les lointains du passé. Plus tard sa main paralysée ne put continuer le combat qu'il avait soutenu pendant quarante ans pour persuader au monde que la civilisation des consciences ne pouvait relever que de l'Église.

II

Tandis qu'il entrait dans les ombres de la maladie et de la mort, un autre homme, un autre bourguignon, qui représentait des idées bien différentes et qui devait, lui aussi, aller par la fougue de sa polémique au-devant des attaques les plus passionnées, être aux yeux des catholiques ce que Veuillot était aux yeux des libres-penseurs, Paul Bert, se levait impatient de lutte, de science, de politique, de tout ce qui le jetait dans le grand courant de la vie contemporaine. Convaincu que les antiques organisations sociales qui reposaient sur la foi s'écroulaient au milieu de cruelles angoisses, il proclamait qu'il fallait désormais, pour reconstruire l'édifice social, s'adresser à la science et la regarder comme la grande directrice intellectuelle et morale. Remplacer la résignation par la lutte contre les difficultés, s'habituer à examiner, à comparer, à analyser, ne rien avancer qui ne puisse être prouvé, admirer, au lieu d'un monde restreint, un univers incommensurable, donner enfin à l'amour de la science les proportions de plus en plus grandes et faire que cet amour et ce culte se confondent avec le dévouement à l'humanité, tel était dans ses grandes lignes, dégagé de tous les incidents de la polémique quotidienne et de la poussière du combat, le programme de Paul Bert.

Ce savant qui, en dehors de ses délicates et ingénieuses recherches sur la greffe animale et sur la vitalité des tissus animaux, avait, par ses belles études sur la pression barométrique et par sa découverte sur l'action toxique de l'oxygène comprimé, obtenu le grand prix biennal de l'Institut et une place à l'Académie des sciences, savait se mettre à la portée des plus simples et des plus humbles. Quand il venait passer quelques jours de vacances à Vézelay, chez son hôte et son ami, le peintre Guillon, il aimait, dans ses promenades faites en famille, à être interrogé par un enfant sur une fleur cueillie, sur une pierre trouvée. D'une voix chaude et vibrante, de sa voix bourguignonne, il faisait, sans l'ombre de pose, une causerie-conférence qui charmait non seulement l'élève improvisé, mais tous ceux qui écoutaient cet instituteur de l'Institut de France.

Au mois d'août 1885, Paul Bert aurait pu rencontrer dans son auditoire de Vézelay un de ses plus chers et de ses plus grands confrères. Après avoir tenté les premières épreuves des inoculations contre la rage sur un enfant alsacien, qui s'appelait Joseph Meister, M. Pasteur était venu passer quelques temps près d'Avallon où l'attendaient ceux qui avaient voulu l'arracher aux soucis, aux inquiétudes qui le poursuivaient. Cet enfant sera-t-il sauvé? se demandait-il avec angoisse. Un jour que l'on avait organisé la promenade classique de Vézelay, si bien faite pour reposer l'esprit le plus tendu en le rejetant hors des préoccupations du présent : « Y a-t-il un bureau télégraphique à Vézelay? » demanda-t-il d'abord. Il ne voulut accepter cette journée de repos que quand il fut bien certain qu'il pourrait recevoir le bulletin de santé de Meister. Il ouvrit avec un battement de cœur la dépêche qui le rassurait une fois de plus, et ce n'est qu'après avoir quitté ce petit bureau qui contint un instant toute son émotion qu'il put aller regarder le portail de la basilique. C'est à propos de M. Pasteur et du spectacle de cette vie consacrée tout entière à des conquêtes scientifiques pouvant être utiles à l'humanité que Paul Bert écrivait un jour cette phrase cordiale et pleine d'enseignement. « C'est une chose si bonne et si salubre que l'admiration. »

Avec son large front, ses cheveux noirs rejetés en arrière, son regard aiguisé, ses fortes épaules, Paul Bert se montrait à Vézelay sous son meilleur jour, heureux de vivre, de parler, de démontrer et d'apprendre aux enfants. N'a-t-il pas dit jadis, dans une modeste et première publication offerte à ses compatriotes de l'Yonne? « Je me suis toujours préoccupé de cette grande vérité que j'aurai présente à l'esprit pendant ma vie entière : il n'y a pas de véritable progrès sans la vulgarisation. » L'enseignement primaire, il aurait voulu qu'on l'étendît très loin. Il aimait à rappeler une phrase d'un physiologiste anglais, Huxley : « Se borner à enseigner à l'enfant l'écriture et la lecture, c'est absolument comme si l'on plaçait devant un affamé un couteau et une fourchette, mais sans rien mettre dans le plat. » Sciences naturelles, physiques et mathématiques, rien ne lui paraissait compliqué. Un jour qu'il parlait sur l'instruction dans une démocratie : « Oui, disait-il, il faut enseigner de bonne heure la botanique, la zoologie, la minéralogie, la physiologie, la géologie et même la paléontologie; oui, toutes ces sciences aux noms féroces, et qui au premier abord feront peut-être peur à l'enfant, il faut qu'il les apprenne... et bien plus, il faut qu'il s'amuse en les apprenant. Et cela est bien facile. Quand vous découpez sous les yeux d'un enfant un rond et un carré de papier, quand vous lui faites remarquer que le rond est circonscrit par une ligne courbe, tandis que le carré est délimité par des lignes sur lesquelles on vise, et que séparent des écartements appelés des angles ; quand vous repliez ensuite le carré de papier de manière à former deux triangles égaux, et que vous faites remarquer à l'enfant que les angles se superposent exactement les uns sur les autres, et que les côtés du carré ont la même longueur ; qu'est-ce que vous avez fait alors, sinon de la géométrie, et non de la moins difficile, puisque tout cela fait partie des 2° et 3° livre Euclidiens ?

« Lorsque vous prenez un miroir, que vous recevez sur sa surface un rayon de soleil, si vous montrez à l'enfant — qui saisit cela très vite et sait parfaitement s'en servir à l'occasion, — qu'en faisant osciller le miroir, il fait osciller le point lumineux, et qu'il peut à volonté le promener sur le mur ou faire cligner les yeux de ses camarades ; lorsque vous lui apprenez ainsi qu'il y a un lien entre la façon dont est placé le miroir et la manière dont on fait mouvoir le point lumineux ; qu'est-ce que cela, sinon de la physique ? Car vous ne lui avez appris rien de moins que les lois de la réflexion de la lumière. »

Placé ainsi au centre de tous les enseignements, armé d'une curiosité infatigable, il était fait pour être secrétaire perpétuel de l'Académie des sciences. La politique l'entraîna. Au moment où il accepta d'être résident général au Tonkin, parce qu'il regardait comme un devoir d'aller défendre de sa personne et par ses actes tout ce qu'il avait approuvé dans la Chambre, il inaugura peu de jours avant son départ la statue de celui qui avait été son maître et son ami, du grand physiologiste Claude Bernard. « Combien de fois à cette place même, disait Paul Bert, debout sur les marches du Collège de France, combien de fois le maître m'a aidé de ses encouragements et de ses conseils! Plus heureux sans doute et plus utile à ma patrie, ajoutait-il avec un sentiment de regret, si je les avais toujours suivis. » Puis, esquissant ce qu'il essaierait de faire là-bas : « Dans ces régions lointaines où le devoir me conduit, ton souvenir sera vivant pour moi, car là-bas, comme ici, je serai ton élève, m'inspirant de la méthode précise, prudente, docile aux faits et aux conditions, la méthode scientifique, la méthode expérimentale. »

Il semblait, en entendant ce discours, que l'on eût encore devant les yeux la physionomie méditative, douce et grave de Claude Bernard, cet admirable visage de savant plein d'une mélancolie sereine. Tous ceux qui avaient connu ce grand homme disparu en 1878, emportant avec lui tant de travaux inachevés, se rappelaient qu'il avait été veillé, soigné filialement sur son lit de mourant par le disciple qui était là, qui parlait ainsi et qui ne reviendrait peut-être plus.

Le lundi 8 février 1886, dans la salle de l'Académie des sciences, Paul Bert se leva pour demander à l'Académie de vouloir bien lui accorder un congé dont il ne pouvait exactement indiquer le terme. « La longueur du voyage, sa durée, les périls de l'entreprise autorisent presque, disait-il, à prendre le langage des adieux. J'en profite pour exprimer à l'Académie, prise dans son ensemble, et à chacun de mes maîtres et amis, ma gratitude et mon respect. De tous mes titres d'Occident, je n'en garde là-bas qu'un seul : membre de l'Institut de France. »

Regardant désormais toutes les discussions politiques intérieures comme secondaires, il n'avait plus qu'un souci purement français : il voulait, après la conquête militaire, organiser une conquête civilisatrice : il espérait que dans le Tonkin, désormais pacifié, quelques jeunes savants viendraient le rejoindre. Dans cette mission de chef qui aurait pu prendre pour devise : par la paix et la science, il était accompagné de toute sa famille, de tout son clan, —comme il disait avec bonne humeur dans les jours à jamais disparus où il arrivait à Vézelay.

L'œuvre de Paul Bert était à peine commencée,

quand le 11 novembre 1886 éclatait la nouvelle de sa mort. Les funérailles qui lui furent faites à Auxerre, sa statue que l'on inaugura et où il revit en pleine force, l'histoire locale et l'histoire nationale ont enregistré tous ces détails ; mais il y a quelque chose de plus émouvant que les paroles dites, que les honneurs rendus, c'est la vue du masque pris sur son visage de mort. Cette tête si puissante était tellement amaigrie qu'il semblait que vingt ans eussent passé sur ces traits creusés, abimés par la souffrance.

FIN

# TABLE DES MATIÈRES

Pages.

Préface. . . . . . . . . . . . . . . . . . . . . . . . . . . . . . . . . . . . . .   v

## LES GROTTES D'ARCY-SUR-CURE

Stalactites et stalagmites. — Du grand Désert au trou du Renard. — La grotte des Fées. — L'homme préhistorique. . . . . . . . . . . . . . . . . . . . . . . . . . . . . . .   1

## DRUIDES, GAULOIS ET MOINES

Vue d'Avallon. — Évocation des Druides. — Vercingétorix et César. — Temples et villas. — Triomphe du Christianisme. — Monastère de la Pierre-qui-Vire. .   11

## VÉZELAY

Pages.

Aspect de la basilique. — Comment fut fondé le premier monastère. — Girart de Roussillon. — Pouvoir de l'abbaye. — Saint Bernard et la seconde Croisade. — Luttes de l'abbaye et de la commune de Vézelay. — Passé détruit. — Reconstitution. — Mérimée et Viollet-le-Duc. — La basilique. — Autrefois et aujourd'hui. . . . . . . . . . . . . . . . . . . . . .   35

## LES DUCS DE BOURGOGNE

Le système féodal. — Le duché de Bourgogne. — Philippe de Rouvre et le traité de Guillon. — Les ducs de la seconde race. — Philippe le Hardi, Jean-sans-Peur, Philippe le Bon, Charles le Téméraire. — La fin de la féodalité en Bourgogne. . . . . . . . . . . .   60

## GUERRES RELIGIEUSES

Le commencement du protestantisme. — Calvin et Théodore de Bèze. — Le colloque de Poissy. — Jugement d'Étienne Pasquier sur les huguenots et les catholiques. — La religion réformée en Bourgogne. — La Saint-Barthélemy. — Le président Jeannin. — La Ligue. — Avallon pendant cette période. . . . . . . .   113

## FIGURES DU XVIIᵉ SIÈCLE

Le grand Condé à Avallon. — Mᵐᵉ de Sévigné à Bourbilly et à Époisses. — Bussy-Rabutin en exil au château de Bussy. — Le père de Vauban à Saint-Léger.
— Le maréchal Vauban à Bazoches. . . . . . . . . . . 157

## UN GRAND SEIGNEUR ET UN PAYSAN DU XVIIIᵉ SIÈCLE

Le château de Chastellux. — Son aspect. — Ses souvenirs. — Histoire d'une famille. — Le chevalier de
Chastellux. — La fin du xviiiᵉ siècle. — Restif de la
Bretonne. — Une famille de paysans. — Impressions
d'enfance et de jeunesse. — Restif précurseur du naturalisme, réformateur de l'orthographe et de la
société.. . . . . . . . . . . . . . . . . . . . . . 213

## UN MARÉCHAL ET UN SOLDAT SOUS LE PREMIER EMPIRE

Les premières années de Davout. — Les volontaires de
l'Yonne. — Trahison de Dumouriez. — La Terreur. —
Enthousiasme de Davout pour Marceau et Desaix. —
Campagne d'Égypte. — Davout général et Coignet
soldat. — L'Empire vu à travers leurs impressions. —
Le retour de l'île d'Elbe. — Davout ministre de la

guerre. — Son rôle et sa fin. — Un tombeau de Napoléon. . . . . . . . . . . . . . . . . . . . . 253

## DERNIERS SOUVENIRS

Chateaubriand dans le Morvan. — Joubert à Époisses. — Le Petit-Manteau-Bleu. — Eugène Sue. — Portraits de Louis Veuillot et de Paul Bert. . . . . . . . . . . 311

www.ingramcontent.com/pod-product-compliance
Lightning Source LLC
Chambersburg PA
CBHW060455170426
43199CB00011B/1209